教育部人文社科规划年度项目
教育部名校长领航班工作室项目
全国教育科学 "十三五" 规划教育部课题
湖南省教育科学规划 "十三五" 重点项目
湖南师范大学博士出版基金资助 (2018BQ3481)

U0454932

课堂变革研究丛书

总主编　张传燧

从课程到课堂

——新世纪基础教育课程改革的未来趋向研究

张绍军　著

湖南大学出版社 · 长沙

HUNAN UNIVERSITY PRESS

内 容 简 介

全书主要由 5 部分组成，即绪论、基础教育课程改革中课程与课堂关系的新认识、中国新世纪基础教育课程改革现状分析、中国基础教育课程改革从课程到课堂走向之必然、中国基础教育课程未来改革之主体及行为分析、中国基础教育课程改革从课程到课堂走向之实践策略和基础教育课程改革的经验借鉴——一个亲历者的体验。全书分析与探索了从"制度课程"到"文本课程"再到"实践课程"，即从课程到课堂的重要性。

图书在版编目（CIP）数据

从课程到课堂：新世纪基础教育课程改革的未来趋向研究/张绍军著. —长沙：湖南大学出版社，2021.12
（课堂变革研究丛书）
ISBN 978-7-5667-2342-0

Ⅰ.①从… Ⅱ.①张… Ⅲ.①基础教育—课程改革—研究—中国
Ⅳ.①G632.3

中国版本图书馆 CIP 数据核字（2021）第 223417 号

从课程到课堂——
新世纪基础教育课程改革的未来趋向研究
CONG KECHENG DAO KETANG——
XIN SHIJI JICHU JIAOYU KECHENG GAIGE DE WEILAI QUXIANG YANJIU

著　者：张绍军
责任编辑：严小涛
印　装：长沙创峰印务有限公司
开　本：710 mm×1000 mm　1/16　　**印　张**：14.75　　**字　数**：257 千字
版　次：2021 年 12 月第 1 版　　**印　次**：2021 年 12 月第 1 次印刷
书　号：ISBN 978-7-5667-2342-0
定　价：50.00 元

出 版 人：李文邦
出版发行：湖南大学出版社
社　址：湖南·长沙·岳麓山　　**邮　编**：410082
电　话：0731-88822559（营销部），88823547（编辑室），88821006（出版部）
传　真：0731-88822264（总编室）
网　址：http://www.hnupress.com
电子邮箱：yanxiaotao@hnu.cn

总　序

本丛书是教育部人文社科规划 2013 年度课题《从课程到课堂：新世纪基础教育课程改革的未来趋向研究》、全国教育科学"十三五"规划课题《中小学"三养教育"综合实验研究》、教育部名校长领航班"左鹏工作室"项目和湖南省教育科学"十三五"规划重点资助课题《基于小学生核心素养培育的"4S课堂"教学模式研究》的结题成果。这几个课题有一个共同点，那就是都以"课堂"为对象展开研究。除此之外，之所以将该丛书取名为"课堂变革研究丛书"，是因为随着我国教育进入优质均衡发展新时代，无论是均衡发展还是优质发展，基础、重心、途径与主要阵地都在课堂。无论是"课堂革命"还是"双减"，最根本的途径和阵地依然在课堂。

无须讳言，新世纪基础教育课程改革（简称"新课程改革"或"新课改"）以来，无论是课程理念、课程制度、课程标准、课程结构、教材体系、教师队伍等都发生了很大改变，课堂状况及课堂面貌却不容乐观，知识、考试、分数、升学是课堂教学的主要价值观，教师讲、学生听是课堂教学的主要方式，死板、沉闷、枯燥、低效是课堂教学的普遍情形。同时，尽管学术界对课堂教学也有不少研究，但深入课堂内部去具体研究师生教学行为表现的并不多。可以说，对课程、教材、学科的研究胜过对课堂、教师、学生的研究。所以中小学存在着"理念先进，理论丰富，制度完善，课程完备，课堂依旧，面貌未改"的严重现象，课堂教学模式要不是落后陈旧的，就是照搬移植西方的"翻转课堂""智慧课堂""走班制""大单元教学"，缺乏创新性的本土教学模式！这种状况不改变，就难以推动基础教育优质均衡高效地发展，就难以适应新时代落实立德树人根本任务的需要。

我关注课堂很久了，早在王姣姣读博时，我就指导她把课堂师生的教学行为研究作为她博士学位论文的选题，后应《湖南师范大学教育科学学报》主编徐超富先生之约撰写了一篇短论发表于该刊 2013 年第 2 期上，明确提出了"课堂比课程更重要"的鲜明独特观点。同年，我以《从课程到课堂：新世纪基础教育课程改革的未来趋向研究》为题，申报教育部人文社科规划年度项目，提出了"三个转向""三个中心"的观点。我自学生起就对人们习以为常的大中小学课堂教师讲、学生听的教学模式感到不满意，当大学老师后，我力图改变这种课堂教学状况，自觉嵌入了"讨论""合作""探究""实践"等要素，强调学生"主体""自主""主动"等作用；后来，为了改变学生"课堂上积极发言的不多、课堂外自觉看书的不多、学习中联系现实生活的不多"的"三不多"现象，在长期实践探索和理论研究基础上融合中外古今教学理论，提出"生为本、学为主、大主题、全开放"的课堂教学模式，后进一步凝炼为"生命性、生长性、生活性、生成性"课堂教学模式，即"四生课堂"教学模式。

为什么我要关注、研究和改革课堂？因为我认识到，立德树人是学校教育的根本任务，学校是以培养人为专门职能的地方，学校培养人的中心和主阵地在课堂！离开了课堂教学这个中心和主阵地，培养人就无从谈起，学校就不成其为学校了。《学记》曾言："呻其占毕，多其讯言，及其数进，而不顾其安。使人不由其诚，教人不尽其材。其施之也悖，其求之也佛（拂）。""故隐其学而疾其师，苦其难而不知其益也。"这种教师讲、学生听的满堂灌注入式课堂，绝对不是好课堂！而《论语·先进》"子路、曾皙、冉有、公西华侍坐"一章所描述的孔门师徒主体主动、平等对话、民主开放、关注现实的"言志"教学情形，则是理想的课堂教学情形！

理想的好课堂应当具备以下特性：第一，整个课堂都充满着生命性。每个人的主体地位都得到高度尊重，每个人的作用都得到充分发挥，师生全身心投入，充满热情、激情、活力和朝气，积极性、主动性很高，想教想学，爱教爱学。第二，整个课堂都充满着生长性。课堂不仅达成了课程计划、课程标准规定的预设的"双全"（全体学生、全面发展）"双基"（基础知识、基本技能）教学任务，而且满足每个学习者不确定性、差别性的个性化发展需要。"生长"不仅意味着纵向的向上、向前发展，即水平的提高，着眼于未来，指向终身学习和未来生活；还意味着横向的向左、向右发展等，着眼于知识能力的提高，还指向道德、审美、个性、人格、情感、态度和价值观念的完善。第三，整个课堂都体现出生活性。课堂教学不仅着重记忆背诵、熟读诗书，传递和掌握书本上现成的知识，还能关注、联系和将所学知识运用于现实生活（生成性知识、活的知识），又能关注现实生活并将其引入教学内容以作为补充，并且突破课堂空间的限制，将现实生活作为实施教育教学的重要途径和方式。第四，整个课堂都呈现出生成性。教学过程不仅是教学设计（课程计划、标准、教案）的落实、执行过程，而是在执行、落实教学计划的同时，随时随地（适时）根据实际情况加以调整、校正和改变，使其呈现出开放性、多元性和灵活性。"四生课堂"合乎"保证教学质量的好课堂"的四大标准，即具有生命性、生长性、生活性和生成性，所以"四生课堂"是提高课堂教学效率、保证教学质量的好课堂。通过《基于学生发展核心素养培育的"四生课堂"建构研究》（《陕西师范大学学报》哲学社会科学版2017年第5期）、《"四生性"：我的课堂教学观》（《湖南师范大学教育科学学报》2019年第1期）等论文，我对"四生课堂"的内涵、理念、特点、理论依据、结构模式、操作程序、实施策略等做了比较全面、系统、深刻的理论阐述。我还指导研究生对"四生课堂"做了实证研究，从实践上证明了"四生课堂"在中小学实施的可能性和有效性。

湖南长沙高新区明华、麓谷小学校长左鹏博士作为校长，自然知道课堂对于教育质量和人才培养的重要意义，所以一直抓住课堂教学不放，始终把课堂教学置于学校全部工作的中心位置。特别是当他接触到"四生课堂"理论后，他认为在教育高质量发展的现代，"四生课堂"能够改变中小学死板、沉闷、低效的课堂教学情形并且非常适合中小学，表示愿意将其引入小学课堂，落实到小学教育实践中，开展课堂教学改革实验。我俩合作的《基于小学生核心素养培育的"4S课堂"教学模式研究》申报并获批湖南省教育科学"十三五"规划重点资助课题后，他带领湖南长沙高新区明华实验小学和麓谷中心小学师生开展小学全科"四生课堂"教学模式实验，并以此带动学校工作的全面推进，促使全校教职员工观念的全面更新，全体师生参与教改行动，各科课堂面貌全面改观，学生发展丰富多元，教师专业全面提升，学校办学面貌焕然一新。目前，"四生课堂"教学模式实验正以"教育部名校长领航班左鹏工作室"为组织形式，以"四生教育研究院（筹）"为科研平台，继续深化"四生课堂"实验，并向"四生德育""四生管理"拓展，向"四生教育"联盟学校延伸推广。"四生教育"将成为一项创新未来学校建设的伟大事业！

本丛书一共 7 册，围绕"课堂"展开理论与实践研究。

第一册《从课程到课堂：新世纪基础教育课程改革的未来趋向研究》，采用思辨与实证的方法，从历史、现实与未来相交汇的三维坐标视角，着重论述分析了新世纪基础教育课程改革的未来趋势问题，为了促进基础教育优质均衡高效发展，提出必须实现"三个转向"，即从"课程"转向"课堂"、从"教材"转向"教师"、从"学科"转向"学生"，核心和重点是转向课堂。随着高新技术的飞速发展，特别是网络技术、AI 技术、虚拟成像技术、远程数据传输技术等在教育领域的广泛应用以及随之而来的教育现代化，课堂的时空都会发生较之传统课堂的显著变化，师生教学活动的场所不限于狭隘的教室而是整个世界。即是说，凡是有人教有人学的地方就是课堂，无论它是虚拟还是实体，是线上还是线下，是人为还是 AI。可以说，离开了课堂，教育即不存在。所以无论任何时代，也无论技术多么发达，课堂永远是教育质量的根本保证。

第二册《理念·行动·建构：兼论"四生课堂"理论建构与实践探索》，主要从理性思辨的角度论述未来基础教育课程改革必须有先进的教育理念引领和根植于本土的正确科学的课程教学理论指导，着重从理论上论述"课堂比课程重要、教师比教材重要、学生比学科重要"三个重要新理念；着重从传统、理论、实践和借鉴四个方面对本土课程教学理论，特别是"四生课堂"教学模式的理论进行建构性阐发。

第三册《主体·行为·策略：新课改背景下中小学师生教学行为研究》，首先在明确师生是课堂教学的共同主体或曰双主体基础上，采用问卷、观察、访谈等实证方法，用大量篇幅研究了新课程改革背景下城乡中小学生的学习行为状况，并对师生课堂上教学行为的表现进行了具体分析。在本册中，无论对师生教学行为的优化还是对教师综合素养提升、教学能力的训练，以及专业水平的发展，作者都提出了一些可供参考的策略建议。这些策略建议经过一定的理性思考、实践检验和经验反思，具有一定的针对性、可行性和适切性。

第四册《"四生课堂"教学模式的小学校本整体实验研究》，反映的是湖南长沙高新区明华实验小学和麓谷中心小学师生开展小学全科"四生课堂"教学模式实验的成果。两校围绕立德树人的根本任务和学生发展核心素养培育的目标，以全科"四生课堂"教学模式实验为核心，以科研课题研究驱动学校各项工作的全面推进。就"四生课堂"教学模式实验而言，学校在"四全"（全科、全面、全体、全员）基础上做到"四有"（有研究规划、有实施方案、有专家引领、有全员赛课），教师的教学也应做到"四有"（有教学设计或教案、有课堂实录、有专家指导、有教学反思）。

第五册《基于"四生"理念的课堂教学生成性评价理论与技术研究》，它是在"四生课堂"教学模式实验基础上，基于 AI 监测技术，对"四生课堂"教学模式评价的理论与技术进行理论和实证研究。生成性评价是立足过程指向生成促进发展的全程进行检测和评估的理论和方法，是与诊断性、形成性、增值性、目的（结果）性、发展性等评价既有联系又有区别的评价，具有过程、结果和发展的统一，个体、群体和全体的统一，学生、教师和学校发展的统一，现在与未来的统一，单一与综合的统一等特征。生成性评价具有与已有评价不同的目标、内容、理念、体系及方法，探索建立体现"四全"的新型评价指标体系，其技术可以根据其功能分为工具开发、信息采集、信息分析三类。

第六册《"四生课堂"模式下"三养"教育综合实验研究》，所谓"三养"，即养身、养心、养德。"三养"涉及培养什么人以及怎样培养人这个教育的根本问题。"养"的思想由来已久。孟子是中国古代"养"思想的主要代表，他的"养"思想主要体现在"养性"和"养气"两方面。"养性"即如他所说的"尽心知性"与"存心养性"，"养气"则如他所说"善养浩然之气"。近代教育家王国维从培养"精神与身体""调和发达"的"完全人物"的教育宗旨出发，认为精神又分为"知力、感情及意志"三部分，与之相对的教育就是智育、美育和德育。王国维的思想与孟子有不谋而合之妙。两人的不足在于未设计身体教育即"养身"的问题。"三养"教育之"养心"与"养德"与孟子的"养性""养气"、王国维的智育、德育、美育异曲同工。"养身"教育实则体育。传统教育的一大缺陷就是忽视体育。因此，"三养"教育弥补了传统教育的不足，适应了新时代教育优质均衡高效发展的需要，与现代教育强调个体人格德智体美劳健全和谐发展相吻合。"三养"教育的基础和重要途径在课堂。深化课堂教学改革，推行"四生课堂"教学模式，是实施"三养"教育、落实立德树人要求、培养和谐健全发展的人的根本要求。

第七册为《新世纪基础教育课程改革背景下农村中小学教师课堂行为研究》。教师及其行为直接影响着课堂教学的状况、质量和效率。农村中小学教师的质量直接影响着农村中小学教育的质量，本书运用问卷、访谈等实证方法研究了新课程改革背景下农村中小学教师的教学行为状况、存在的问题及其原因，在此基础上提出了针对性强、切实有效的改善和优化农村中小学教师的教学行为、教学能力、综合素养和专业水平的对策措施。

教育的根本目的和任务是育人，育人的基本途径和主要阵地是课堂。课堂研究既是教育领域古老的命题，也是课程教学论领域前沿的课题。只要育人的教育永在，课堂就永在。《周易·系辞·上》曰："生生之谓易。"事物虽永恒存在，却处在永恒变化之中。为了适应社会、科技和人的发展变化的需要，教育特别是课堂必须进行调整和变革，课堂变革永远在路上！丛书虽然花费了我们团队不少心血，但还有待我们拓展和深入，而且现实和未来的课堂也还会出现新现象、新问题和新矛盾，需要我们不断探索、不断发现、不断解决。我们不会停止课堂探究的脚步！期待有志有识有能之士与我们一起不懈努力，为理想课堂、美好教育而奋斗！

张传燧

目　次

绪论 基础教育课程改革未来趋向研究之源动力

　　20世纪末，美、英、德、法、日、俄等世界主要教育发达国家及众多发展中国家相继或同时进行着面向21世纪的基础教育变革。我国于1999年和2001年分别颁布了《中共中央国务院关于深化教育改革　全面推进素质教育的决定》《国务院关于基础教育改革与发展的决定》等文件，以推动基础教育课程改革。2001年《基础教育课程改革纲要（试行）》［以下简称《纲要（试行）》］的颁布，标志着我国新一轮基础教育课程改革的正式实施。

第一节 课程改革的国际化与本土化之间的张力

为提高中小学教育质量进而增强综合国力，在世纪之交，全球掀起一股基础教育改革的浪潮。各国基础教育改革在时间和进程上同步进行又继承发展，在课程目标、结构、内容、管理、评价等具体改革内容上呈现出诸多共同趋势。我国新一轮基础教育课程改革[①]处于这一浪潮之中，受其影响，各种"国际化"的课程与教学理念、制度规范、文本设计等因素充斥着我国新课改，以致传统优秀的理论基础和实践经验亦有意无意地遭到忽视。然而新世纪近20年的课改实践证明，单一的国际化参照谱系不能从根本上解决实践层面的课程与教学问题，"国际化"不是简单的"拿来主义"，也不是盲目地"削足适履"，而应该在坚守本民族优秀的课程与教学传统及文化基础之上进行变革与创新，是基于国际视域的基础教育课程改革本土化。

一、 国际背景与国际趋势

20世纪末到21世纪初，随着社会政治经济格局的变化，特别是信息技术和知识经济的兴起，美、英、德、法、日、俄等主要发达国家进行了面向未来的基础教育变革。基于自身实情，各国均制定了切合本国实际的基础教育改革政策，颁发了系列文件，采取了相应措施，助推了改革进程。各国的基础教育改革几乎处于同一时期，且大都将基础教育课程改革作为改革的重点。

（一）国际背景

《国家处于危机之中：教育改革势在必行》调查报告的发表，吹响了美国20世纪末新一轮教育改革的号角。其后，为保证基础教育改革的持续性和连

---

① 根据2001年国家颁发的《国务院关于基础教育改革与发展的决定》，教育部制定并颁发了《基础教育课程改革纲要（试行）》，标志并启动了我国内地第八次基础教育课程改革，俗称"新课改"。

贯性，一系列基础教育改革文件①陆续颁行。与此同时，英国也开始了新一轮基础教育改革，并颁布了相关基础教育的一些法令②。德国于 20 世纪 80 年代制定了《综合教育计划Ⅱ》，对小学课程和中学课程改革提出了一些建议，标志着德国新一轮基础教育课程改革的开始。法国继 1985 年初等教育课程改革之后，制定了 1989 年《初等教育方向指导法》，进一步深化其基础教育改革。日本于 1987 年提出《关于教育改革的第四次咨询报告》，制定了《关于当前教育改革的具体政策——教育改革推进大纲》，1996 年发表了一份新的教育咨询报告③，1998 年颁布了新的《学习指导纲要》，正式开始了新一轮课程改革。俄罗斯于 1992 年颁布了《俄罗斯联邦教育法》《俄罗斯民族教育方针》，2000 年又签署了《联邦教育发展纲要》。此外，澳大利亚、印度、韩国、新加坡等均在同一时期拉开了基础教育课程改革的大幕，全球的基础教育改革呈现出浪潮叠涌之势。

世界各国的基础教育改革在时间和进程上同步进行又继续发展，在战略上旨在"提高中小学教育质量进而增强综合国力"，在切入点上聚焦发展学生"对自我的认识作为课程改革的重要目标"、促进学生"对多元文化的学习和了解"④ 等问题，在目标上瞄准基础教育改革对社会发展的促进作用，以及对学生"成人"的"基础性"作用，通过改革而达成个人与社会的和谐统一发展。

（二）国际趋势

课程改革的实质是课程如何现代化的问题，进一步看，还是如何促进教育现代化的问题。随着世界政治、经济、文化等领域竞争的加剧，各国的基础教育课程改革正往纵深发展，在改革的具体内容上呈现出诸多共同趋势：①课程

---

①　在乔治·布什、比尔·克林顿、乔治·沃克·布什、奥巴马四个政权时期颁发的文件包括《普及科学——美国 2061 计划》（1990 年）、《美国 2000 年教育战略》（1991 年）、《2000 年目标：美国教育法》和《初等与中等教育法》（1993 年）、《美国国家科学教育标准（NSES）》（1996 年）、《1997 年重建美国学校伙伴关系法》、《小班化计划》（1998 年）、《学校为社区中心：规划与设计公民抉择指南》（2000 年）、《不让一个儿童落后》（2002 年）、《2009 年美国复苏与再投资法案》等。

②　在保守党政府（1979—1997 年）、布莱尔政府（1997—2007 年）和布朗政府（2007—2010 年）时期颁发的改革法令有《学校课程》（1981 年）、《国家统一课程》（1987 年）、《1988 年教育改革法》、《1993 年教育法》、《2000 年新国家课程》、《2002 年教育法》、《儿童计划》（2007 年）及《2009 年教育与技能议案》等。

③　即《关于面向 21 世纪的我国教育》。

④　国家教育行政学院. 基础教育新视点 [M]. 北京：教育科学出版社，2003：93-95.

目标不断调整。德国先是对中等初级教育领域的共同课程目标作了 4 项说明，之后又提出了 7 项文科中学高级阶段的课程目标。① 英国政府在《2046 年教育计划》中提出了教育和课程需要完成三大总体目标：为每一个人创造深入学习的机会；发掘人的潜能，以更大限度地提高其学习能力；实现教育标准和技能水平最优化。② 日本于 1987 年 11 月提出改善课程标准的 4 项目标：培养学生成为心灵纯洁、情操高尚的人；重视基础知识和基本技能，充实和完善发展个性化教育；培养学生适应社会变化的能力和创造精神；培养适应国际社会的日本公民素质。③ ②课程结构不断优化。德、法、日、韩等国在课程结构方面倾向于在"保证共同基础的前提下，设置多样化的课程"。④ 日本在课程设置上，增加了分层次、分类别的选修课程；德国在课程设置上，注重不同类型中心的教学任务侧重，其改革的总趋势体现为"更为灵活的课程设置和课时分配"⑤。另外，英、美等国在课程设置上，强化了国家统一课程，减少或取消了地方杂乱课程。③课程内容日益综合。美国在内容标准上不仅制定了幼儿园至 12 年级各个年级核心的必修科目，甚至在课堂教学上还提出了 6 项科学教师课堂教学标准⑥；英国在课程内容上，引入了关键技能课程；德国在教学内容的改革中强调学生的知识、信息管理、艺术、交往等能力；⑦ 日本在课程内容上提出"综合学习时间""包容多种难以完成的教育内容，如环境教育、人口教育、国际理解教育、青少年心理教育等"。⑧ ④课程管理弹性平衡。当前课程管理整体上走向平衡，以克服原有中央集权或地方分权模式所带来的弊端，如英国在中小学课程管理上，逐渐形成了"以国家课程为主体，地方课程、学校课程和

---

① 冯生尧. 课程改革：世界与中国 [M]. 广州：广东教育出版社，2004：245-246.

② 冯生尧. 课程改革：世界与中国 [M]. 广州：广东教育出版社，2004：310.

③ 冯生尧. 课程改革：世界与中国 [M]. 广州：广东教育出版社，2004：184，308.

④ 李其龙. 国际普通高中课程改革趋势 [J]. 全球教育展望，2003（7）：54-59.

⑤ 刘丽丽. 德国基础教育的课程改革 [J]. 比较教育研究，2005（7）：23-26.

⑥ 六项标准："标准 A，科学教师为学生规划探究性的科学课程计划"；"标准 B，科学教师指导和促进学习"；"标准 C，科学教师对教师的教学、学生的学习进行持续的评价"；"标准 D，科学教师设计和管理学习环境，为学生学习科学提供时间、空间和资源"；"标准 E，科学教师创设科学学习的社区，它反映了科学探究的学术严谨性，也具备助于科学学习的态度和价值观"；"标准 F，科学教师积极地、持续地参与计划和开发学校科学课程计划"。冯生尧. 课程改革：世界与中国 [M]. 广州：广东教育出版社，2004：154-155.

⑦ 李其龙，徐斌艳. 德国中小学课程改革动向与启示 [J]. 全球教育展望，2001（4）：25-31.

⑧ 高峡. 当前日本义务教育的课程改革及其特点 [J]. 课程·教材·教法，1999（6）：52-58.

个人课程并存的新特点"，① 这种中央和地方分权管理课程的举措有利于课程管理的民主化、弹性化。⑤课程评价逐步优化。德国在课程评价方面，提出课程整体评价六趋势②；英国在教学评价上，实行"证书制为中心"的考试来保障教育质量、构建终身教育体系；美、日等国注重过程性评价，美国在学生评价上主要是"用成长记录袋的方式评价学生"，而日本采取的是"学生指导要录"。③

总的来看，各国基础教育课程改革体现出以下特点和趋势：把基础教育课程改革作为增强综合国力的战略措施，全面关注学生的发展，实行课程编制、实施、评价一体化的整体改革，课程结构的整合性和均衡性，课程内容的综合性和现实性，关注学习方式的转变，课程管理的民主化和规范化，强调信息技术的教育，注重道德、价值观和国际理解教育等。④ 各国在改革的具体内容和举措上相互借鉴，使得 20 世纪末到 21 世纪初的基础教育课程改革成为世界教育改革的亮点和中心点。

二、 本土与本土化

每一次重大的历史变革都带来政治、经济、文化的深刻变化，教育改革亦受此推进。经历辛亥革命、军阀割据、新民主主义革命，从"废科举，兴学校""中体西用"到新文化运动，从学习赫尔巴特的"传统教育"理论到杜威"实用"思想影响下蔡元培、黄炎培、晏阳初、陈鹤琴等的教育实验，植根于中国传统文化和特定社会土壤中的中国 20 世纪上半叶的教育改革始终坚持着本土化的路径，既没有完全"西化"也没有全盘"苏化"，而是建立起"既包括课程设置标准也包括课程结构形态，如兼容分科课程与综合课程、学科课程与活动课程、必修课程与选修课程、学术课程与职业课程等"的"以分科的必

---

①　冯生尧. 课程改革：世界与中国 [M]. 广州：广东教育出版社，2004：308.

②　六趋势：①课程的宽广性增加；②加强有关欧洲的教育；③完善双语教学体系；④加强作为思想方向的价值观教育；⑤采用水平测试，强化课程质量管理；⑥把信息与通讯技术教育渗透进各门课程。冯生尧. 课程改革：世界与中国 [M]. 广州：广东教育出版社，2004：265-268.

③　李其龙. 国际普通高中课程改革趋势 [J]. 全球教育展望，2003（7）：54-59.

④　《基础教育课程改革通览》编委会. 基础教育课程改革通览 [M]. 北京：中央民族大学出版社，2002：5-8.

修课程形式为主要特征"① 的现代课程体系，开启并延续了我国本土教育现代化的进程。这种教育改革"从本质上说，并不是什么以谁为师，而是人类历史上各民族都要经历的一种社会转型，一种历史大转折"②。

中华人民共和国成立后的50年内，我国进行过七次基础教育课程改革③。初期主要是改革旧课程并重建新课程体系，包括课程设置、教学大纲、教材三方面的改革；"一五"期间的课程体系改革增加了教法的改革；1958年至"文革"前，首先在基础教育领域采取了"下放课程管理权力""改革教材和教学方法""设立生产劳动课程""强化思想政治教育和对教师的思想改造"等举措，之后又做出"复归国家基础教育课程的统一管理""制定新的教学计划"以及"教材编写"等策略调整；④"文革"期间，课程"革命化"，教科书"政治化""形式化"，课程实施"实践化"，考试制度"开门化"，脱离了基础教育课程改革的正轨。从1949年到改革开放这30年间，基础教育改革在课程体系初步建构方面做出了一些尝试，但课程改革显然还没有真正步入正常轨道。

改革开放以后，我国基础教育课程改革逐步纠偏走正，并于1985年开始了新时期的教育改革，大致涵盖以教育体制改革为中心的宏观改革（1985—1996年）、以推进"素质教育"为中心的教育改革（1997—2003年）及以提高质量、均衡发展和制度系统创新为重点的教育改革（2004年至今）三个阶段⑤。其中，从1985年至20世纪末，我国基础教育课程改革取得了一些突破性的成就：⑥ 如提出小学、初中和高中的培养目标，加强了德育，优化了课程结构，增强了课程设置，提出了课程三级管理构想，规定了考试考查内容等。具体表现：第一，课程管理三级平衡。1989年吕达等在其撰写的英国考察报告中就曾提出"三级课程、三级管理"⑦ 的建议；1992年我国首次提出了课程

① 黄书光. 中国基础教育改革的历史反思与前瞻 [M]. 天津：天津教育出版社，2006：79.

② 胡德海. 论20世纪中国的教育改革 [J]. 教育研究与实验，2003（1）：16-20.

③ 这七次基础教育课程改革时间分别为：1949—1952年，1953—1957年，1958—1965年，1966—1976年，1977—1985年，1986—1991年，1992—2000年。参见叶澜. 中国基础教育改革发展研究 [M]. 北京：中国人民大学出版社，2009：266-268.

④ 彭泽平. 1958—1965年我国基础教育课程改革的重新考察与评价 [J]. 东北师大学报（哲学社会科学版），2005（2），155-160.

⑤ 叶澜. 中国基础教育改革发展研究 [M]. 北京：中国人民大学出版社，2009：65.

⑥ 黄甫全. 新中国课程研究的回顾与展望 [J]. 教育研究，1999（12）：21-28.

⑦ 吕达，张廷凯. 试论我国基础教育课程改革的趋势 [J]. 课程·教材·教法，2000（2）：1-5.

由中央、地方和学校三级共同管理的思想；1996 年颁布的《关于印发全日制普通高级中学课程计划（试验）的通知》［以下简称《课程计划（实验）》］对这一管理形式进行了确认；1999 年 6 月颁发的《中共中央国务院关于深化基础教育改革全面推进素质教育的决定》（以下简称《决定》）第 14 条再次肯定了这一形式：“调整和改革课程体系、结构、内容，建立新的基础教育课程体系，试行国家课程、地方课程与学校课程。”① 第二，课程设置趋向综合。1986 年《义务教育全日制小学初级中学教学计划（初稿）》［以下简称《教学计划（初稿）》］除了开设常规的小学、初中必修课外，还提出“根据条件和需要，开设职业选修课或文化选修课，发展学生的兴趣和特长”②，对课程类型进行了必修和选修的初步划分；1992 年《九年义务教育全日制小学、初级中学课程计划（试行）》［以下简称《课程计划（试行）》］设置了国家课程（含“活动”）和地方课程，并提出“地方课程可以安排必修课，也可以安排选修课。可以开设适应地方经济建设需要的短期课，可以开设文化基础课”，“还可以为准备就业的学生提供职业预备教育或劳动技艺教育”。③ 国家、地方两级课程结构的提出与设置较之于 1986 年的《教学计划（初稿）》，本身即是重大改进。1996 年颁发的《课程计划（试验）》在课程设置上更明确地提出“普通高中课程由学科类课程和活动类课程组成”。④ 这一时期还出现了“从课外活动到第二课堂、第二渠道再到活动课、活动课程”⑤，从活动课程到借鉴国外经验、总结我国经验而“开设的各类活动课程整合起来的综合实践活动课程”。⑥ 此外，课程设置上的另一重大举措是学科综合课程的开设。中华人民共和国成立后至 20 世纪 80 年代，“分科课程一直占据主导地位”⑦。20 世纪 80 年代末到 90 年代初，教育界及主管部门日益重视综合课程问题，并为此进行

---

① 李建平. 基础教育课程改革项目启动［N］. 中国教育报，2000-07-18（001）.
② 义务教育全日制小学初级中学教学计划（初稿）［J］. 人民教育，1986（12）：12-13.
③ 九年义务教育全日制小学、初级中学课程计划（试行）［J］. 人民教育，1992（9）：2-8.
④ 关于印发《全日制普通高级中学课程计划（试验）》的通知［J］. 课程·教材·教法，1996（6）：1-4，9.
⑤ 张传燧. 综合实践活动课程论［M］. 广州：广东教育出版社，2004：104.
⑥ 张传燧. 综合实践活动课程论［M］. 广州：广东教育出版社，2004：108.
⑦ 白月桥. 我国中学综合课程研究现状与改革前景［J］. 教育研究与实验，1992（2）：5-8，39.

教学研讨，开展了系列综合课程改革实验，① 其中上海综合文科课程改革实验中《社会》课程的设置"打破了传统的史、地分科界限，综合程度较高。尤其是中学阶段的融合型《社会》课程，在国内尚属首例"。② 综合实践活动课程纳入中小学课程计划必修课当中，以及学科综合课程的开设正是在教学实际的基础上本土化发展的必然行为。第三，课程评价日益全面。1992 年《课程计划（试行）》首次全面提出了评价的内容、方式、类型、时间、制度等；1996年《课程计划（试验）》在规定评价的内容、方式、时间、制度外，又创造性地提出将部分必修学科作为考试科目，部分为考察学科，活动课程只进行考评。第四，课程目标逐步完善。1992 年《课程计划（试行）》在 1986 年的《教学计划（初稿）》的基础上分别对小学和初中的培养目标进行了提升：1992 年的小学阶段目标补充了"初步养成关心他人、关心集体、认真负责、诚实、勤俭、勇敢、正直、合群、活泼向上等良好品德和个性品质"③ 等要求；初中阶段的目标内容又充实为"具有守信、勤奋、自立、合作、乐观、进取等良好的品德和个性品质，遵纪守法，养成文明礼貌的行为习惯"④ 等。第五，课程内容适时调整。1986 年《教学计划（初稿）》在制订教学计划的原则中提出"调整课程内容，适当降低数学、物理、化学等课程的理论要求和适当降低习题难度，适当拓宽知识面，增加一些新的知识和实验，力求课程内容难易适度"。⑤ 1999 年《决定》指出，"抓紧建立更新教学内容的机制，加强课程的综合性和实践性、重视实验课教学，培养学生实际操作能力"⑥。

　　20 世纪的我国基础教育课程改革，取得了诸多成就，促进了社会发展，虽然改革本身还远没有达到预期目的，"固有的知识本位、学科本位问题没有

　　① 这一时期关于综合课程的实验主要有：东北师大和东北师大附中的"初中课程设置与综合教材的研究实验"，上海师大和上海师大附中的"初中综合理科研究和实验"，华中师大和华中师大附中的"初中课程改革"，辽宁教育学院和辽宁实验中学的"初中生物课综合开设的研究与实验"，上海市中小学课程教材委员会制订的"全日制普通高中课程改革实行方案"等。参见白月桥. 我国中学综合课程研究现状与改革前景［J］. 教育研究与实验，1992（2）：5-8, 39.

　　② 张肇丰. 中小学社会学科综合课程研究：下［J］. 课程·教材·教法，1995（5）：10-16.

　　③ 九年义务教育全日制小学、初级中学课程计划（试行）［J］. 人民教育，1992（9）：2-8.

　　④ 九年义务教育全日制小学、初级中学课程计划（试行）［J］. 人民教育，1992（9）：2-8.

　　⑤ 义务教育全日制小学初级中学教学计划（初稿）［J］. 人民教育，1986（12）：12-13.

　　⑥ 中华人民共和国教育部. 中共中央国务院关于深化基础教育改革全面推进素质教育的决定［EB/OL］. ［2015-03-13］. http：//old. moe. gov. cn/publicfiles/business/htmlfiles/moe/moe_177/200407/2478. html.

得到根本的转变"，[①] 但在吸取历次课程改革教训、借鉴国外课程改革经验并基于"现实存在的课程与教学"实践基础，我国基础教育课程改革在很大程度上对传统的优秀改革思路与改革成果进行了继承和发扬，在实践中逐渐形成了自身的特点：[②] 以探究我国素质教育课程体系的内在性格为立足点；以探究世纪课程改革的整体走势为基本内容；以课程改革专题研究（包括一般课程改革专题和学科课程改革）与国别研究纵横交织为逻辑线索。面向 21 世纪，受国际基础教育改革浪潮的助推，也因应加入 WTO 后教育面临人才标准、课程体系、教师功能、教育观念、教育服务等领域越来越国际化的挑战和压力，我国于世纪之交陆续颁布了《九年义务教育全日制小学、初级中学课程计划》（1993 年）、《全日制普通高级中学课程计划（试用）》（1996 年）、《中共中央国务院关于深化教育改革　全面推进素质教育的决定》（1999 年）、《国务院关于基础教育改革与发展的决定》（2001 年）以及《基础教育课程改革纲要（试行）》（2001 年）等文件，开始了新一轮基础教育课程改革。

三、　国际化与本土化的博弈

我国新一轮基础教育课程改革实践已十年有余，然改革似乎并没达到预期成效，伴随新课改的深入，各种论争聚焦于课程改革的方向性、理论基础及策略选择等，尤其是课程改革的"适应性"问题。是"削足适履"的国际化？还是"不必外求"的本土改良？抑或基于国际视域的本土化改革？全盘"国际化"，实际上是"唯西方中心"，也就是放弃了民族化和本土化；"不必外求"实际上是"唯我独尊""闭关锁国"，无须借鉴，盲目自信，也就会丧失在全球化改革浪潮下赶超先进国家教育水平的良机。我国 20 世纪前 10 年的课改实践尽管仍显现出国际化与本土化的博弈，但毋庸置疑，坚持基于国际视域下的基础教育课程改革本土化应是我国未来课程改革的必然路径。

（一）"削足适履"的国际化不适合我国基础教育课程改革的实情

新课改实施以来，新的课程理念、课程体系建设如火如荼，大有否定传

---

① 朱慕菊. 走进新课程——与课程实施者对话 [M]. 北京：北京师范大学出版社，2002：7-8.
② 钟启泉，张华. 世界课程改革趋势研究 [M]. 北京：北京师范大学出版社，2001：前言.

统、推倒现行教学体系而重建之势，如新的课程、教学、知识概念的厘定，自主、探究、合作学习理念的倡导，过程性、生成性、常模性、多元性评价的借用，还有对话、发现、范例、交往教学模式的引进等，无一不反映出课程与教学体系重建的特色。且不说这些新理念和新体系究竟在多大程度上可以反映并指导教学，单凭一个"新"字就使得某些概念似有从我国古代先贤典籍中析出之嫌，如合作学习、探究学习、对话教学等；另一方面，上述诸多理念都具有"非制度化"的特征，在现实的改革中，我们常常"以制度化的方式驾驭非制度化目标的变革，从而为变革造成了双向两难的困境"，① 在"拿来"的时候，拿到了"形"却没有弄到"质"；再者，我们期待新课改的新理念、新方案、新设计、新内容、新模式、新评价等能给我国的基础教育带来翻天覆地的可喜变化，然而事与愿违，"十年声势浩大的课程改革所表现出来的种种证据表明，新课程所倡导的先进理念得到了很大限度的认同，但先进的理念与残酷的现实之间的'两张皮'现象不仅存在，而是十分严重"②。当"先进理念"不能在中国的土地上开花结果的时候，这至少说明了这样两个问题：一是西方先进的"理念种子"不适应中国基础教育课程改革的土壤实际，二是不顾长期耕耘的本国基础教育课程改革土壤实际去迎合西方的"理念种子"。前一个问题可视为"外在提供"，后一个问题则属于"内在选择"，一旦选错了路径，背离了方向，后果自然"十分严重"。

我们轰轰烈烈地模仿西方各国的课程建设，搬用其课程理念，不问其体系和理念是如何建立在他国课程改革和教学实际基础之上，更不问其体系和理念究竟如何能动适应我国的课程与教学实际"土壤"，不加甄别地进行推广，将西方的改革经验作为我国课改的"不二法宝"，唯西方之"优良品种"是瞻，放弃自己长期耕耘的"责任田"，甚至要求"种田人"也抛弃固有的哪怕是先进的"农耕文化"，这种对现实的不尊重所导致的直接后果只能是前文提到的"两张皮"现象而非其他。"星星还是那个星星，月亮还是那个月亮"，理念是理念，实践归实践。盲目地追求国际化，削自己足去适别人履，不但在事实上背离了过往我国在优秀传统文化引领下所积累起来且行之有效的基础教育课程改革经验，在现实性上忽视了当前我国基础教育课程改革不同区域对不同层次

---

① 杨启亮. 课程与教学变革中的继承与借鉴［J］. 教育研究与实验，2007（6）：25-28.
② 崔允漷. 基于课程标准：让教学"回家"［J］. 基础教育课程，2011（12）：51-52.

不同教育资源的客观需求。"削足适履"的国际化犹如失去本国土壤的"国际花",没能生长在自己的土壤上,缺乏生命力,枯萎凋谢亦在所难免。由此看来,我国的基础教育课程改革必须从本国的国情出发,追求一种"合适的变革"。

(二) 坚持基于国际视域下基础教育课程改革本土化

基础教育课程改革本土化,首先是一种"继承中的变革",即建立在坚守本国优秀的课程与教学传统及文化基础之上的变革与创新,选择一条民族化的路向。批判地继承我国优秀的课程与教学传统及历史绵长的民族或本土文化,包括古代的课程与教学智慧、近代以来的教育改革理论与实践经验,以及中华人民共和国成立后特别是改革开放以来历次课程与教学改革的理论与实践经验等,是不断推进我国基础教育课程改革向前发展的根本内原动力。比如"正业"与"居学"相结合的课程内容观,教学相长、循序渐进、启发诱导、因材施教以及"豫""时""孙""摩"的教学原则观,"善教善学"的教学方法观,"考校视察"的教学评价观等;又如清末社会转型时期洋务派、维新派的教育革新与实践,壬戌学制在壬寅学制、癸卯学制、壬癸学制基础上的制定并完善,蔡元培的"五育并举"方针与实践、黄炎培的"手脑并用"的教学原则与"敬业乐群"的职业道德标准,陶行知的生活教育、师范教育和创造教育思想,晏阳初的平民教育和乡村改造运动,梁漱溟的乡村教育与实践,陈鹤琴的儿童教育与"活教育"理论等;再如我国 20 世纪 80 年代课程结构的调整,20 世纪 90 年代三级课程管理的提出,综合课程的开设,21 世纪初综合实践活动课程的实施等,这些皆为实践所证明行之有效且至今仍熠熠生辉的我国本土课程教学理论与实践,亦同样证明,只有植根于优秀文化传统的课程教学理论与实践才能焕发出巨大的现实生命力,否则,再好再先进的理论及体系若抛弃了对优秀传统的继承和创新,也都只能如建构主义、后现代主义等课程理论一样风靡一时,无法触动我国基础教育课程改革的根基。

其次是一种国际化视域下的本土改革与发展,即在比照、借鉴的基础上博采众长,"美人之美",取人之长,将外在的"化"为本土的,让西方的"种子"适合中国的"农田"。从这个意义上讲,基础教育课程改革本土化不是"不必外求""坐井观天"式的本土改良,而是以"发明本心"继承优良传统为主体,立足本国实际,批判吸收国外先进的课程与教学理论与实践经验,以至

"洋为中用"。处于世界基础教育改革大潮之中的我国基础教育课程改革，不仅离不开国际化而且也需要国际化，还将带着本土特色走向国际化。在保有民族特性的同时，以"国际化视域"来审视我国的基础教育课程改革，承认国际差异，尊重并吸收他国优秀理论与文化，使其合理的成分能有机地融入本土，"美美与共"，促进本土文化发展与课改实践创新，不仅必要，也是必须。

国际化视域下的基础教育课程改革，是"在国际化视域中生成本土化"[①]，是"外铄式"吸收与内源性发展的恰切结合，也是我国未来基础教育发展及教育现代化的必然路径。国际化与本土化相辅相成，国际化是外因，本土化是根本，"外铄"的国际化只有回归本土的教育理论与实践中，才能更好地促进我国基础教育的本土化生长。因此，必须坚持继承本民族优秀的教育传统和本土实践，坚持基于国际化视域下的我国基础教育课程改革本土化，走有中国特色的基础教育课程改革新路。如此，本土的也就是国际的，民族的也就是世界的。

第二节　课程改革的理想与现实之间的张力

与以往历次基础教育课程改革[②]不同，新世纪基础课程改革主要围绕《纲要（试行）》展开了一场相当复杂和艰辛的理论体系建构与实践探索过程。10多年来的新课程改革取得了相当显著的成就，然而，残酷现实证明，课程改革并没有给基础教育课堂教学实践带来实质性的变化。

一、课程理念与教学实践："两张皮"

一位高二语文老师在写给查有梁先生的信中这样说道："也许他的理念是对的，但没有一个学校能'忠实'实现他的理念，以至于无法看出他的理念究

---

① 杨启亮. 守护家园：课程与教学变革中的本土化 [J]. 教育研究，2007（9）：23-28.

② 指前七次基础教育课程改革，时间分别：1949—1952 年，1953—1957 年，1958—1965 年，1966—1976 年，1977—1985 年，1986—1991 年，1992—2000 年。参见叶澜. 中国基础教育改革发展研究 [M]. 北京：中国人民大学出版社，2009：266-268.

竟能否改革中国的教育，也许……都该到一线的学校去听听随堂课（不是事先准备过的观摩课）或悄悄考察看看（不是大张旗鼓地）。"① 伴随新课程改革实践的进行，对指导新课程改革的理念及课改实施的理论基础的论争一度成为改革的焦点议题，尤其是"先进理念"与残酷的教学现实"两张皮"② 的问题。时至今日，由于指导实践的理论基础不明，课堂教学"涛声依旧"，教学实践并没有发生质的变化，"山还是那道山，梁还是那座梁"。教的模式、学的方式、评价活动等，均没有发生根本变革。

（一）基础教育课程改革：理论基础之辩

基础教育课程改革的"两张皮"现象，究竟是课改理念问题，还是实践操作的问题，是基础教育课程改革进行过程中及阶段性总结时所要回答的问题。时至今日，引领基础教育新课程改革的理论基础是什么依然让人困惑，这也直接导致教学实践的盲目与不适。

新一轮基础教育课程改革究竟需要什么样的理论基础？指导新课程改革的理论要不要"破"和"立"？如何"破"和"立"？本土教学理论的取与舍以及西方课程理论引进的适切性如何权衡？新课改究竟是以"西方后现代主义、建构主义等理论为指导"还是"坚定不移地以马克思主义认识论和全面发展学说作为理论依据"？③ 2001 年颁布的《纲要（试行）》中并没有直接对新课程改革的理论基础作出说明，只是在阐述课程改革的目标时谈到了基础教育课程改革的指导思想是"邓小平同志关于'教育要面向现代化，面向世界，面向未来'和江泽民同志'三个代表'的重要思想"。④ 华东师范大学张华提出以"五种理念"来主导基础教育课程改革，即"教育民主""国际理解""回归生活""关爱自然""个性发展"。⑤ 西南师范大学靳玉乐等人认为，"马克思个人全面发展的学说，是改革不可动摇的理论基础"。⑥ 高天明等认为马克思主义

① 查有梁. 课程改革的辩与立 [M]. 重庆：重庆大学出版社，2009：219.
② 崔允漷认为，新课程改革倡导的先进理念得到很大程度的认同，但先进的理念与残酷的现实之间存在着十分严重的"两张皮"现象。参见崔允漷. 基于课程标准：让教学"回家"[J]. 基础教育课程，2011（12）：51-52.
③ 王本陆. 当前课程与教学改革理论之争 [N]. 中国教育报，2006-08-26.
④ 教育部. 基础教育课程改革纲要（试行）[N]. 中国教育报，2001-07-27（002）.
⑤ 张华. 主导基础教育课程改革的五种理念 [J]. 江苏教育，2001（19）：28-30.
⑥ 靳玉乐，艾兴. 新课程改革的理论基础是什么 [N]. 中国教育报，2005-05-28（003）.

认识论并不是指导课程改革的直接理论基础，"课程理论首先必须在知识、文化和社会三个维度去解决课程建构的理论大厦"。① 崔国富等则认为"新课程改革本身就是两种根本不同的教育观的交汇和妥协"，其理论基础是马克思主义社会实践哲学思想"指导下的生成教育思想和理论。这种生成教育理论的核心就是'引导生成人'的教育观"。② 针对以上不同课程改革理论基础的探讨，吴永军指出"相关研究对新课程改革理论基础多有误解或曲解"，需要"将现代性与后现代性整合起来，全面理解新课程改革新的理论基础"③。由上述论争看来，新课程改革的理论基础问题仍有待进一步明晰。

随着 2011 年义务教育各学科课程标准的修订及 2016 年我国学生发展核心素养内容框架的发布，基础教育课程改革似乎又蹚过了改革的"深水区"，而有关"核心素养"和学科核心素养的相关理论及应用研究正热潮般袭来。

（二）先进理念与残酷现实："亢奋的头脑拖着疲惫的身躯"

不可否认，新课程改革取得了许多了不起的成就。然而，当我们反观现实的时候会发现，新课程所倡导的课堂教学出现了"三维目标虚化""教学内容泛化""教师使命的缺失""教学过程形式化"④ 等现象。这些现象令新课程改革的设计者和推动者们都感到困惑和不解。不仅如此，许多奋战在一线的教师们也竟然"不知道该怎么上课了"，⑤ 甚至都不愿意再做教师了。有调查显示，"课程改革以后，教师的工作量明显增加，70％以上的教师反映工作量比以前增加了"⑥。还有调查显示，新课程改革让老师们感到力不从心，开发课程对他们来说"更是额外负担"，超负荷的工作量使部分教师对个人的职业选择产生了疑虑。"调查中，高达 36.5％的教师表示，如果有重新选择职业的机会，他们将'不会再做教师'"⑦。十余年来轰轰烈烈的新课改，"以建构主义心理

---

① 高天明，马福迎，蒋建华，等. 新课程改革的理论基础究竟是什么 [N]. 中国教育报，2005-08-13（003）.

② 崔国富，胡志坚，武镇北，等. 新课程改革的理论基础究竟是什么 [N]. 中国教育报，2005-10-22（003）.

③ 吴永军. 正确认识新课程改革的理论基础及其价值取向 [J]. 教育科学研究，2010（8）：5-8.

④ 余文森. 新课程教学改革的成绩与问题反思 [J]. 课程·教材·教法，2005（5）：3-9.

⑤ 杨启亮. 课程与教学变革中的继承与借鉴 [J]. 教育研究与实验，2007（6）：25-28.

⑥ 马云鹏. 基础教育课程改革：实施进程、特征分析与推进策略 [J]. 课程·教材·教法，2009，29（4）：3-9.

⑦ 周正，温恒福. 教师参与课程发展：调查与反思 [J]. 课程·教材·教法，2009，29（7）：73-78.

学、后现代主义哲学以及多元智能理论为基础，强调以学生为中心、重视学生的个人经验、强调课程实施过程中的个人体验"，"虽然穿上了新鞋，却没有走上新路，甚至不会走路了"①。

二、　课程改革实践："涛声依旧"

《纲要（试行）》明确指出，课程改革的培养目标是使学生成为"体现时代要求"的人。具体目标有六项，即实现课程功能的转变，体现课程结构的均衡性、综合性和选择性，密切课程内容与生活和时代的联系，改善学生的学习方式，建立与素质教育理念相一致的评价与考试制度，试行三级课程管理制度。然而，这六项具体目标的达成不尽如人意。

（一）课程功能方面

在课程功能上，《纲要（试行）》指出：改变课程过于注重知识传授的倾向，强调形成积极主动的学习态度，使获得基础知识与基本技能的过程同时成为学会学习和形成正确价值观的过程。"然而，由于认识上的偏差，在不少课堂上，最应该明确的知识、技能目标，反而出现缺失或变得含糊。"② 就学生价值观的形成而言，"却有教师像讲解知识要点一样，通过讲解这类教的办法，把情感、态度、价值观直接'教'给学生，这种教育只是一种知识教育或技能教育，而不会成为有效的情感、态度、价值观教育"③。一项覆盖 29 省、自治区、直辖市城乡学校，涉及 4 000 名中小学教师的网络调查发现，74％的教师在实际教学中仍然采用"讲授式教学"方法。④ 过于注重知识传授的倾向没有转变，实现课程功能的转变亦非一朝一夕之功。

（二）课程结构方面

在课程结构上，《纲要（试行）》指出：改变课程结构过于强调学科本位、科目过多和缺乏整合的现状，整体设置九年一贯的课程门类和课时比例，设置

①　郭华. 新课改与"穿新鞋走老路"［J］. 课程·教材·教法，2010，30（1）：3-11.
②　余文森. 新课程教学改革的成绩与问题反思［J］. 课程·教材·教法，2005，25（5）：3-9.
③　余文森. 新课程教学改革的成绩与问题反思［J］. 课程·教材·教法，2005，25（5）：3-9.
④　查有梁. 十年新课程改革的统计诠释［J］. 教育科学研究，2012（11）：5-15.

综合课程，以适应不同地区和学生发展的需求，体现课程结构的均衡性、综合性和选择性。尽管本次改革在初中阶段设置了理科综合课程"科学"和文科综合课程"历史与社会"，在整个义务教育阶段设置了"艺术""综合实践活动"，考虑了必修课程与选修课程、分科课程与综合课程、学科课程与活动课程，以及国家、地方、学校三级课程等不同类型课程的权重关系与具体科目之间的比例关系等，但据本研究前期对各访谈学校的课程表调查来看，课程结构亦并没发生根本改变，一些学校至今还没有开设综合课程，而进入课堂的校本课程更是罕见。

（三）课程内容方面

在课程内容上，《纲要（试行）》指出：改变课程内容"繁、难、偏、旧"和过于注重书本知识的现状，加强课程内容与学生生活及现代社会科技发展的联系，关注学生的学习兴趣和经验，精选终身学习必备的基础知识和技能。新课程内容"繁""难""偏""旧"有所改观，然而，当原本"繁""难"的一门课程教材"化整为零"为几本教材时，课程内容又显得"碎片化""零散化"，这从另一方面来说又不利于学生知识结构的全局性、统整性的发展。有调查发现，"73％的教师认同'新课改后学科知识体系不够系统，教学难度加大'的看法"；"78.3％的教师认为对'繁、难、偏、旧'的课程内容的改变上，新课程没有作出改变"[①]。为加强课程内容与学生生活、现代社会和科技发展的联系，有的课堂上，教师可能会牵强地联系实际，这反而会阻碍学生对知识的恰当理解。

（四）课程实施方面

在课程实施上，《纲要（试行）》指出：改变课程实施过于强调接受学习、死记硬背、机械训练的现状，倡导学生主动参与、乐于探究、勤于动手，培养学生搜集和处理信息的能力、获取新知识的能力、分析和解决问题的能力，以及交流与合作的能力。一项在全国范围内回收了 3 403 份的关于学生学习方式的抽样调查发现，学生更倾向于机械学习和意义接受学习，而在研究性学习和合作型性学习中，"自主性和创造性一般""自主性、创造性和社会性都没有很

---

① 查有梁. 十年新课程改革的统计诠释 [J]. 教育科学研究，2012（11）：5-15.

好地表现出来"。① 本研究的前期调查同样发现，接受学习、机械训练的状况依然没有改变，"主动探究，乐于探究，勤于动手"的倡导更多地体现为一种口号。

（五）课程评价方面

在课程评价上，《纲要（试行）》指出：改变课程评价过分强调甄别与选拔的功能，发挥评价促进学生发展、教师提高和改进教学实践的功能。新课程改革至今，单一的课程评价并没有改观。分数仍然是课程评价的"焦点"，追求高分不仅是学生和家长的共同心向，也是一些学校招录学生的"一贯"参考。然而，分数至上的评价取向"其实隐含着实质性的不公平"②。这种单一的考试评价，反过来又进一步加剧了以分数为导向的课堂教学。

（六）课程管理方面

在课程管理上，《纲要（试行）》指出：改变课程管理过于集中的状况，实行国家、地方、学校三级管理，增强课程对地方、学校及学生的适应性。尽管实行了三级课程管理制度，增加了地方和学校的课程权力，但将地方课程和学校课程义务教育阶段总课时比例"控制在 16%—20%（含综合实践活动课时），其影响是有一定限度的"。显然，学校教学从根本上看仍然是以国家课程为基准，地方课程和校本课程为辅助。当然，我们还要清醒地看到，有的学校特别是广大农村学校，他们几乎没有校本课程，课程管理对他们而言只是个理念而已。

三、 课堂教学主体："戴着镣铐跳舞"

课堂教学主体，直白地说，指课堂教学中的教师和学生。教学主体的主体性，主要"表现为能动性、自主性、创造性、独特性等特征"③。师生课堂教学主体性的发挥对课程实施状况和教学质量有着重要影响。如何让新课程理念

---

① 孙智昌，郑葳，卿素兰，等. 中小学生学习方式的现状分析与对策建议［J］. 课程·教材·教法，2011，31（8）：35-42.
② 金晓明. 高考改革：从形式公平走向实质公平——推进新一轮高考改革的思考与建议［J］. 浙江工业大学学报（社会科学版），2015，14（4）：430-434.
③ 张传燧. 现代教育学［M］. 重庆：西南师范大学出版社，1997：142-146.

落实于课堂，与教学实践"共舞"，是基础教育课程改革成败的关键所在。然而，由于长期以"教"为中心的控制性的教学习惯及相应课堂教学文化的影响，现实课堂教学主体的活力并不尽如人意。

在长期的学科教学过程中，由于学生对各学科的发展脉络、学科结构、思维方式和方法论知之甚少，在新的知识结构、原理、功能等学习方面对教师尤其依赖，客观上使教学过程表征为"学科知识—教师教学—学生获知"的单向度知识传递形态。在我国大班额教学①和长期学科中心教学思想的主导下，学生"学习时间有限、学习内容高度结构化、很大程度上是显性学习"，② 作为"先知"的教师不仅掌控着知识输出的容量与进度，也掌控着知识输出和发展的难易度，这进一步强化了教师教学的控制性取向。

显然，这种控制性的教学习惯客观上是以牺牲对学生态度和动机的关注为代价的。尽管教师在课堂教学中扮演着关键作用，但不可否认的是，没有学生主体的参与，学生的积极性和主动性没有被激发出来，课程改革就不可能取得成功。一旦学生主体地位"阙如"，教师则沦为教"新课程"的角色，学生也是被动地学"新课程"，"新课程"成了"主角"，教师和学生却成了完成"新课程"的参与者。

如何确立新课程改革中教师和学生的"主角"身份，如何让他们演绎好自身角色并发挥其应有活力，如何真正重视课堂场域下的师生及其在教学活动中的相互作用，如何促进教师专业自主发展和学生自主学习并激发出"教""学"活力，正是未来课程改革深入推进中切实要关注的问题。只有以"实践导向，聚焦学生学习，合作，实践者研究以及专业文化变化"等教学理念引导的课程改革，才"能够更好地激励老师反思课堂教学实践和学生的学习"，才能"成功地支撑新课程整体教学活动发展的方向"，③ 才能从根本上回答为什么"课程虽好，课堂依旧"和"新课程只是换了本教材而已"之类的问题。

---

① 教育部 2018 年 9 月 27 日在《关于政协十三届全国委员会第一次会议第 3121 号（教育类 303 号）提案答复的函》中指出，"确保 2018 年底基本消除 66 人以上的超大班额（控制在 2% 以内）、2020 年底基本消除 56 人以上大班额（控制在 5% 以内）"。

② 马拯. 二语习得年龄效应研究的共同记忆：内容、问题和启示 [J]. 外语研究，2016，33（5）：52-57，112.

③ PONTE J P. A Practice-oriented Professional Development Programme to Support the Introduction of a New Mathematics Curriculum in Portugal [J]. Journal of Mathematics Teacher Education，2012，15（4）：317-327.

第一章 ‖ 基础教育课程改革中课程
与课堂关系的新认识

　　课程与课堂的概念随时代发展而不断变迁，中外学者对此有诸多不同注解。课程概念的析出既有立足"国家基准"的社会本位约束，又有基于学校范畴的学科本位取向，还有对教学主体生命意义的应然关照。在现代课程与教学改革中，课程概念的澄清带来了课堂概念的丰富：课堂不再囿于"环境说"与"活动说"的常解，而被赋予更多"生态性"和"生命性"的注脚。在廓清概念的基础上理顺彼此之间的关系，不仅有助于明晰课程概念的脉络及其内涵发展，也有益于教育实践中课堂概念范畴的界定及教学问题的针对性解决。尽管课程与课堂的概念生发机制各异，并由此而引发各自话语体系之不同建构，但双方在互动机理上是统一的：课程走进课堂、施于课堂并引领课堂，课堂选择课程、检验课程并发展课程。这种统一性既是基于彼此逻辑关系的考量，也是教学改革中的实践理性主张，还有课程与课堂互动的"教学生命"立场。因此，两者不仅内涵相通，而且鹄的同一。

第一节　课程概念廓清

一、课程注解

"课程"一词早先是分开使用的。如"课"字，《管子·七法》中说："成器不课不用，不试不藏。"《南齐书·武帝纪》中有"宜严课农桑"的表述。其中"课"为考核、督促之意。又如"程"字，《荀子·致士》说："程者，物之准也。"《说文解字》曰："十发为程。"其中"程"为标准、里程、过程等意。"课程"作为词的合用，据考证载于我国唐代孔颖达为《诗经·小雅·小弁》所作的疏中，其意为"寝庙"，寓宏大事业。[①] 宋代朱熹在《朱子语类》中提及读书时讲，"小作课程，大施功力……宽著期限，紧著课程"。其中"课程"所指亦大抵与教学的范围、内容、进程、期限、目标等相关。现代汉语词典中"课"的注释为赋税、征收（赋税），占卜，教学科目，有计划的分段教学等；[②]"程"为规训、法则，程序，道路，路程、距离，衡量、估量等意。[③] 课程即"学校教学的科目和进程"。[④] 改革开放后新课程改革[⑤]前，见诸各种教育教学文献中的"课程"含义[⑥]基本沿袭了上述传统。

---

① 孔颖达疏《诗经·小雅·巧言》篇"奕奕寝庙，君子作之"句，谓"教护课程，必君子监之，乃得依法制"。将"课程"喻作"寝庙"，寓意宏大的事业。参见顾明远. 教育大词典［M］. 上海：上海教育出版社，1900：257.

② 中国社会科学院语言研究所词典编辑室. 现代汉语词典［Z］. 第 5 版. 北京：商务印书馆，2005：776.

③ 中国社会科学院语言研究所词典编辑室. 现代汉语词典［Z］. 第 5 版. 北京：商务印书馆，2005：177.

④ 中国社会科学院语言研究所词典编辑室. 现代汉语词典［Z］. 第 5 版. 北京：商务印书馆，2005：776.

⑤ 指以《基础教育课程改革纲要（试行）》（2001 年）的颁布为标志的第八次基础教育课程改革。

⑥ 这些文献如 1979 年上海师范大学编写的《教育学》，1981 年戴伯韬在《课程·教材·教法》上发表的《论研究学校课程的重要性》，1984 年董远骞、张定璋及裘文敏合著的《教学论》，1988 年瞿葆奎主编的《课程与教材》，1985 年王策三著的《教学论稿》，1986 年吴杰出版的《教学论——教学理论的历史发展》，1989 年陈侠著的《课程论》，1991 年李秉德主编的《教学论》，1993 年李定仁主编的《教育思想发展史略》，1996 年施良方著的《课程理论——课程的基础、原理与问题》，1996 年靳玉乐著的《潜在课程论》等。参见刘旭东. 课程的价值取向研究［M］. 兰州：甘肃教育出版社，2002：12-17.

20 世纪末到 21 世纪初，受世界基础教育课程改革浪潮的影响，学者们对课程内涵有了一些新的认识。如吕达将课程描述为"受教育者在走向社会之前的过程中所经历的全部经验"[1]。施良方将课程归纳为教学科目、有计划的教学活动、预期的学习结果、学习经验、社会文化的再生产和社会改造等六种典型定义。[2] 黄甫全认为课程在"描述性"上"是指学校教学的科目及其进程"，[3] 在实质性上是"一种预期教育结果的重新结构化序列"，[4] 广义上是"一切有目的、有计划、有程序的实践状态的人的学习生命存在及其活动"[5]，狭义上专指"学校课程"。刘旭东将课程理解为"教育内容"或"教育性经验"之总和，既是"教程"又是"学程"，既有"显著性""规范性"又有"隐性""潜在性"，还"隐含了标准和评价的成分"。[6] 王道俊等认为课程有广义和狭义之分：广义的课程是指"为了实现学校培养目标而规定的所有学科（即教学科目）的总和，或指学生在教师指导下各种活动的总和"；[7] 狭义的课程指数学、历史等某一门学科。张华认为，"课程概念的内涵主要包括三个方面，即课程作为学科，课程作为目标或计划，课程作为经验或体验"，[8] 其概念内涵随着课程理论与实践的发展还不断有一些新的趋势出现。[9] 钟启泉在研究课程的基本命题时认为，"'课程'指的是国家的基准以及地方层面和学校层面的制

---

① 吕达. 独木桥？阳光道？——未来中小学课程面面观 [M]. 北京：中信出版社，1991：3.

② 六种典型定义：课程即教学科目；课程即有计划的教学活动；课程即预期的学习结果；课程即学习经验；课程即社会文化的再生产；课程即社会改造。参见施良方. 课程理论——课程的基础、原理与问题 [M]. 北京：教育科学出版社，1996：3-7.

③ 黄甫全. 关于教学、课程等几个术语含义的中外比较辨析 [J]. 课程·教材·教法，1993（7）：54-57.

④ 这一定义有四个基本概念和四层含义。四个基本概念指的是"教育结果""预期""重新结构化""序列"。四层含义：第一层是课程来自社会发展要求和个人发展要求及人类知识体系；第二层是课程生成于教育活动之前而实现于教育活动之中；第三层是课程渗透着教育主体的能动性；第四层是课程既表征了教育主体的行为，又表征了教育者和学习者相互作用的媒体。参见黄甫全. 课程与教学论 [M]. 北京：高等教育出版社，2003：99-100.

⑤ 黄甫全. 课程与教学论 [M]. 北京：高等教育出版社，2003：101.

⑥ 刘旭东. 课程的价值取向研究 [M]. 兰州：甘肃教育出版社，2002：18.

⑦ 王道俊，王汉澜. 教育学 [M]. 北京：人民教育出版社，1999：154.

⑧ 张华. 课程与教学论 [M]. 上海：上海教育出版社，2000：71.

⑨ 这些趋势有：从强调学科内容到强调学习者的经验和体验；从强调目标、计划到强调过程本身的价值；从强调教材这一单一因素到强调教师、学生、教材、环境四因素的整合；从只强调显性课程到强调显性课程与隐性课程并重；从强调"实际课程"到强调"实际课程"与"空无课程"并重；从只强调学校课程到强调学校课程与校外课程的整合。张华. 课程与教学论 [M]. 上海：上海教育出版社，2000：71-72.

度化的'公共教育课程'，更广义的课程概念则包含了'潜在课程'在内"①。这一观点与日本学者佐藤三郎观点一致。张传燧认为，"广义的课程指课程计划中规定的所有教学科目及其进程的总和"而"狭义的课程特指一门具体的教学科目，如语文、数学、综合实践活动等"②。此外，陈玉琨、沈玉顺等从广义与狭义两方面来理解课程。③ 廖哲勋、田慧生从学校教育活动的下位概念来阐释课程。④ 张楚廷认为课程源于文化，是学校教育活动的子系统成分。他还将教育作为课程的上位概念，通过对总课程两大部类即显性课程与隐性课程的界定来阐释课程。⑤ 等等。

从国外来看，加里森认为，"课程"来源于拉丁文"curare"，意为"跑的过程"，它作为学习过程的教育意义即源于此。而且只有完成了过程，才知道"符号的意义"。⑥ 斯宾塞在其《教育论》（1861）中将"课程"称之"教学内容的系统组织"。⑦ 阿普尔认为课程至少包括以下三方面：日常交往的隐性课程中潜移默化的标准与价值观，公开教授的多种多样的学校文本材料，教育者计划、组织和评估教学等的基本理念。⑧ 泰勒对课程的理解包含在下列四个问

---

① 钟启泉. 课程概念与课程研究——与日本佐藤三郎教授的对话 [J]. 全球教育展望，2002，31（12）：3-6.

② 张传燧. 课程与教学论 [M]. 北京：人民教育出版社，2008：4.

③ "从广义来说，课程是指学生在学校获得的全部经验。其中包括有目的、有计划的学科设置，教学活动，教学进程，课外活动以及学校环境和氛围的影响。""从狭义上来说，课程是指各级各类学校为了实现培养目标而开设的学科及其目的、内容、范围、活动、进程等的综合，它主要体现在教学计划、教学大纲和教科书之中。"陈玉琨，沈玉顺，代蕊华，等. 课程改革与课程评价 [M]. 北京：教育科学出版社，2001：4-5.

④ "课程是在一定学校的培养目标指引下，由具体的育人目标、学习内容及学习活动方式组成的，具有多层组织结构和育人计划性能、育人信息载体性能的，用以指导学校教育、教学活动的育人方案，是学校教育活动的一个组成部分。"廖哲勋，田慧生. 课程新论 [M]. 北京：教育科学出版社，2003：43.

⑤ 课程与教学活动、考试活动和学校教育管理活动共同构成学校教育活动的子系统。"课程是在学校指导下学生获得的全部经验，或者说，课程是学生从学校文化中的全部习得。我们又称之为总课程。""课程或总课程由显性课程和隐性课程两部分组成。显性课程即由一定的教学计划安排、与一定的学科相联系并由教师教授或指导的学习内容，这就是传统的课程，我们又称之为具体课程的综合。""隐性课程则是非传统课程，它并不见诸教学计划，亦不一定与学科相联系，且非直接由教师所教授，而是学生通过学校文化的其他部分所习得的内容。"张楚廷. 教学论纲 [M]. 北京：高等教育出版社，1999：166.

⑥ GARRISON J. Curriculum, Critical Common-Sensism, Scholasticism, and the Growth of Democratic Character [J]. Studies in Philosophy and Education，2005，24（3）：179-212.

⑦ 钟启泉. 现代课程论 [M]. 上海：上海教育出版社，2003：227.

⑧ APPLE M W. Reproduction, Contestation, and Curriculum: An Essay in Self-Criticism [J]. Interchange，1981，12（2-3）：27-47.

题构成的"泰勒原理"中：① 学校应力求达到何种教育目标？要为学生提供怎样的教育经验才能达到这些目标？如何有效地组织这些教育经验？我们如何才能确定这些目标正在得以实现？佐藤学认为课程有作为"公民框架"的课程和作为"教育计划"的课程。作为"公民框架"的课程借助"学科"与"教材"来规定国民共同的"文化素养"，借助教科书得以具体化并且发挥作用；作为"教育计划"的课程通过教育目标来规定社会有用的知识技能，借助"教学计划"与"教学大纲"得以具体化并且发挥作用。作为"公共框架"的课程形成了学校制度的框架；作为"教育计划"的课程则形成了学校实践与管理的体制。② 此外，他还从学习者的视角将课程视为每一个个体的经验轨迹表现出来的"学习经验的履历"。③

尽管国内外学者对课程含义的表述有较大差异，但各个"学者群"均有各自趋同的总体内涵表达。如阿普尔、泰勒、佐藤学、钟启泉等人提出了课程的目标、理想与构想：阿普尔看重"日常交往"的标准和价值观，并据此设置课程，标明其实施理念；泰勒提倡基于目标导向的课程设计与实施；佐藤学提出"公民框架"课程和"教育计划"课程，注重将课程价值构想与课程制度及个体体验结合起来理解课程，描绘了一幅"上—中—下"紧密衔接的课程概念机制；钟启泉强调"国家基准"和"制度化课程"，强调"自上而下"的课程概念发生图式。又如，王道俊、张传燧、张华、陈玉琨、斯宾塞、廖哲勋、张楚廷等从课程的实施或操作层面来探讨课程的发展，他们着力将概念聚焦于学校教育范畴。其中王道俊、张传燧、陈玉琨等在学校教育这一层面里对课程的概念做了广义和狭义的理解：广义上，王、张持"学科说"④，陈持"经验说"；狭义上，他们观点一致。廖哲勋、张楚廷等从学校教育活动的下位概念来阐释课程，张楚廷将课程分解为"显性"和"隐性"两大部类，而廖哲勋依然立足学科教学笼统地说明了课程的属性。再如，黄甫全、加里森等从课程本身的价值取向及其本质来定义课程：黄甫全既倾向于"社会本位"又看到了个体的

---

① 泰勒. 课程与教学的基本原理：英汉对照版 [M]. 罗康，张阅，译. 北京：中国轻工业出版社，2014：1.

② 佐藤学. 课程与教师 [M]. 钟启泉，译. 北京：教育科学出版社，2003：78.

③ 佐藤学. 课程与教师 [M]. 钟启泉，译. 北京：教育科学出版社，2003：178.

④ 王道俊将广义课程定义为"所有科目的总和"，较之于钟启泉、陈玉琨、张传燧、黄甫全等的"广义课程"而言，实际上是比较"狭义"的。他谈到的只是"学科性"课程，即学科群。

"学习生命存在"，其课程的四层含义中的第一层即是根据"社会发展要求"及"人类知识体系"来厘定的，是社会对人的"预期教育结果"，但同时他又说明课程在广义上是人的学习生命存在及其活动；加里森则从过程的观点来定义课程，将课程作为一个动态的学习过程，突出了学习的主体和主体学习的过程性和能动性，体现了基于学习本身的概念生发机制，以及一种动态的课程生命意义。

二、 课程含义、 所指与能指

基于上述分析发现，现时的课程大致有四重含义：一是制度意义的课程，指的是由课程理念与目标、课程标准与价值观、课程制度与管理、课程方案与设计、课程资源及开发、课程组织与实施、课程模式与课程评价等所构成的课程理论体系综合体。持此观点的学者有阿普尔、泰勒、佐藤学、钟启泉等。二是学科意义的课程，指的是在学校指导下学生所学学科（包括学科群和单一学科课程）及学习目的、内容、范围、活动、进程等的总和。这类观点的学者如斯宾塞、廖哲勋、王道俊、张传燧、张华等。三是文化意义的课程，指的是学校的核心文化载体，即学生从学校文化（包括显性的和隐性的）中的习得经验及其过程和意义。相关论述的学者有张楚廷、陈玉琨、刘旭东等。[①] 四是生命意义的课程，认为课程主要是一种人的生命活动，尽管课程本身带有一定的社会本位倾向性。涉此观点的学者有加里森、黄甫全等。

课程的上述四重含义所指的重心各不相同：其一，基于"课程中心"的总体课程理论体系。这一体系中，课程展现的是其"宏观"概念。它关涉的主体包括国家与地方层面的课程决策与推动机构、课程理论专家和学者、学校层面的课程实施者及课程实施对象等。其二，基于"学科中心"的学科知识体系。学科知识体系展现的是课程的"中观"和"微观"含义。课程"中观"上指学校范围内的课程设计与设置、课堂教学、课程评价或教学反馈；"微观"上指的是学科群或具体的学科课程。这一体系关涉的主体主要是学校内的教师和学

---

① 根据前文论述，在谈及文化和课程内容的呈现方式时，阿普尔、钟启泉认为课程概念也涵盖"潜移默化的标准与价值观"与"潜在课程"的观点。另外，佐藤学、陈玉琨、施良方、张华也分别持有一定的"经验说"，即课程是"学习经验的履历""学生在学校获得的全部经验""学习经验""经验或体验"。

生。其三，基于"文化中心"的课程内容体系。课程内容是学校的核心文化载体，这一体系关涉的是课程内容体现怎样的课程文化，通过发展课程又能形成怎样的学校文化。其四，基于"生命意义"的课程体系建构。这一体系的中心是学生，该体系所关涉的是学校该准备什么样的知识课程以飨学生，教师需要何种教育理念、能力、素养以实施教学、激发学生，学校和教师该如何成为围绕学生核心主体的关键主体。

第二节　课堂概念延展

一、课堂含义溯源

"课堂"一词亦可拆分使用。"课"作为动词，意为考核、督促；作为名词，意为有计划的分段教学。前文对此已有详述。"堂"[①] 作为名词，指的是"正房""专为某种活动用的房屋""旧时官府中举行仪式、审讯案件的地方"等；作为量词，指的是"用于分节的课程"；作为形容词，则表意为尊严感，"形容体面或气派大"。"王坐于堂上""吾见封之若堂者矣"中的"堂"，分别为名词与形容词。可见，"课""堂"两字合用，其大意为在某个体面的地方对某件事情或某个活动进行督促和检查。

"课堂"一词何时合用暂不作考，但依《学记》记载，有"古之教者，家有塾，党有痒，术有序，国有学"的学制系统设置，我们大抵可以推定课堂与课堂教学早已是一种客观存在。塾、痒、序、学等教学实施机构所表明的正是古代教学的具体场合，其中自然蕴藏着"课堂"。然古时对"课堂"这一词汇的注解仍十分鲜见。

《现代汉语词典》认为，"教室在用来进行教学活动时叫课堂，泛指进行各种教学活动的场所"[②]。这里，课堂所指实际上是一种物理环境——地方、场

---

① 中国社会科学院语言研究所词典编辑室. 现代汉语词典［Z］. 第5版. 北京：商务印书馆，2005：1327.

② 中国社会科学院语言研究所词典编辑室. 现代汉语词典［M］. 第5版. 北京：商务印书馆，2005：776.

所。有学者认为，课堂广义看是"只要能起到教育作用的地方"；狭义看是"班级授课制状态下的班级教学"，即由学生、教师、教学内容、教学设备组成的、在规定时间和空间里的教学活动。① 此处狭义的理解与《中国大百科全书·教育》对课堂教学的表述②基本一致：课堂即课堂教学。而此处广义的理解实际上并不存在，因为这是一种"无边界"的界说，也就是与其他任何事务的概念都会产生"冲突"，不具有特质性，不能将课堂与其他活动区分开来。也有学者将课堂作出三层界定③：一是把课堂理解为教室，④ 是指学校教学活动发生的主要场所，即作为教学环境；二是把课堂理解为学校的教学活动；三是把课堂理解为课程与教学活动的综合体，包括课程实施、课程资源开发、教学活动、师生关系、教学环境等多种教育要素及他们之间的相互关系。

二、 课堂之"形""质" 内涵

随着社会的发展、教学改革的推进以及教育理念的更新，课堂概念的内涵不再禁囿于传统课堂的"物理性"标注或"环境说"注解，具有了动态的历时性；特别是当概念的析出立足于师生主体及其生命意义的视角时，其内涵变得更为复杂。基于此，我们提出对课堂进行"形""质"的理解："形"的课堂指的是一定教学组织形式下师生在一定时间内围绕教学内容进行的有目的的活动；"质"的课堂主要是指学生在教师指导下学习人类文化科学知识、获得身心发展的特殊场域。无论是"形"的课堂还是"质"的课堂，它们都包含教

---

① 袁金华. 课堂教学论 [M]. 南京：江苏教育出版社，1996：9-10.

② 《中国大百科全书·教育》认为："课堂教学也称'班级上课制'。与'个别教学'相对。把年龄和知识程度相同或相近的学生，编成固定人数的班级集体；按各门学科教学大纲规定的内容，组织教材和选择适当的教学方法；并根据固定的时间表，向全班学生进行授课的教学组织形式。"吴庆麟. 国际教育百科全书 [M]. 贵阳：贵州教育出版社，1990：568.

③ 王鉴. 课堂研究引论 [J]. 教育研究，2003 (6)：79-84.

④ 《现代汉英词典》将"课堂"译为 classroom 或 schoolroom。《牛津现代高级英汉双解词典》将 classroom 译为"教室"，不过其英文注释为 room where a class is taught，此处 class 意为学生的班、级、课。鄙以为，按照"room where a class is taught"的英文注解，room 既为可数又为不可数名词，那么注释可译为"某班（学生）接受教育的地方/空间"，这就表达了两种概念：教室与课堂（即作为一抽象名词指称）。文中"把课堂理解为教室（classroom）是对课堂"物理场域"的静态理解，也是对课堂的一种简单日常口语指称。

师、学生、内容三个教学关键要素。同时，它们的指向也是一致的："形"的课堂是一种"有目的的活动"，这种"目的"与"质"的课堂中提出的"学习人类文化科学知识、获得身心发展"相吻合。我们认为，那种没有目的的活动是不能称为课堂的；而且，活动的根本目的是让学生"身心发展"，也就是说，不能让学生身心得到发展的亦不能称为课堂。"形"的课堂表征为教学目的、教学内容、教学计划（方案）、教学过程、教学模式、教学环境、教学评价等；而"质"的课堂表征为课程设计、课程资源、教学交往、教学体验、生命尊重、个性发展等。在这个意义上讲，"形"是表象的，即课堂教学活动；"质"是内在的，即文化与生命的流动。"形""质"统一于课堂。

课堂的上述"形""质"理解打破了人们对"课堂教学"这一概念范畴的束缚，直接将概念的触角和原点搭建在透过课堂教学表象的"形"而直通课堂教学内在的"质"的载体——关键主体（教师）和核心主体（学生）身上，即从教学主体的生命本义出发来理解课堂，并赋予课堂教学以更丰富的意义。这与新课程改革倡导的"课堂教学应该关注在生长、成长中的整个生命"[①]的理念是不谋而合的。于此，课程与课堂在主体生命发展上便建立起一种鹄的同一的关系，而这一隐含关系恰恰是两者互动的基础。

第三节　课程与课堂的互动机理

无论是制度意义、学科意义的课程，还是文化意义、生命意义的课程，其本旨还是为了学生，离开了教学中的师生，课程的意义将不复存在。同样，无论是"形"的课堂还是"质"的课堂，缺乏对人生命的关照、缺乏人与人之间的交往互动亦称不上真正意义上的课堂。课程与课堂都因为学生而存在，"一切为了学生"成了课程与课堂互动的共同前提，这也是课程与课堂能够互动的基础。

---

① 钟启泉，崔允漷. 基础教育课程改革纲要（试行）解读［M］. 上海：华东师范大学出版社，2001：278.

一、 课程走进课堂、 施于课堂并引领课堂

课程走进课堂、施于课堂，这是一个"由外而内""由表及里"的过程机制：将静态的制度课程、文本课程引入具体的课堂教学当中，即将课程设计、内容、资源、评价融进具体的课堂教学设计、目标、内容、评价等过程和活动当中，特别是让"外围"课程主体（课程制定者、推动者，课程专家、学者，课程理论与实践人员，校长，教学委员会等）的集体智慧和意志，集中在师生教学主体（即课程核心主体）身上并通过教学主体而显现出来，如下图所示。

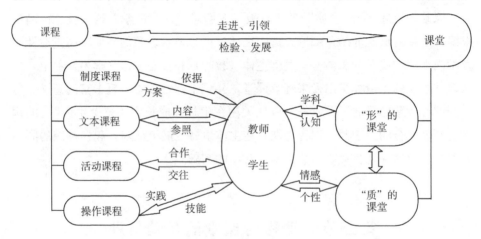

课程与课堂

课程，无论是国家课程、地方课程还是校本课程，都只能走向课堂。理念化、制度化、文本化的课程若不走进课堂，不与课堂中的教学主体产生"链接"，不成为学生的生活经验以及他们"生活世界独有的东西"，[①] 那就不能实现课程的动态化、实践化和行为化。课程仍停留在我们前文所讲的课程四重含义中的第一层含义，仍然是游离于"人"之外的"他者"，是"静止"的、没有生命力的课程，是意识形态化的课程。因此，走进课堂是课程的唯一选择。

课程施于课堂，课程走进课堂，就其实质而言，两者是一回事。课程走进课堂是将先进的理念、文本、体系请进课堂，"武装"师生的头脑；课程施于课堂则是将理念、文本、体系付之于课堂教学实践，让静态的课程变成动态的

---

① 郭元祥. 课程观的转向 [J]. 课程·教材·教法，2001（6）：11-16.

活动课程、实践课程，并接受实践的检验，同时获取教学主体对课程理念、文本、体系的反馈和建构效应。当前，我国文本的课程形态正在朝着实践的课程形态转变，"课程的理念、理想必须落实到课堂教学实践才能得以实现"[①]。如果课改思想不落实到课堂，不能让课堂教学发生相应的变化，那么"即使再完美的课程方案，也只能止步于美好的设想而已"[②]。从这个意义上来看，课堂不仅是课程与教学实践的中介，更是检验课程是否真正具有引领教学实践的"实验场"。

课程引领课堂，体现了课程本身的目的和社会发展的目的，是人们对未来人才成长的美好期待。课程之所以能够引领课堂，首先是因为它是基于历史的教学实践经验总结描绘而成的"蓝图"并体现于文本；其次是因为课程在课堂这一特殊场域中经历了与教学实践的相互作用并不断完善，既有实践针对性，又有学科发展性；再次，课程在施于课堂的进程中，能够带动课堂生活的重构及课堂文化的创新；此外，课程的根本旨意是为人的，为人格健全的人、为全面发展的人，课程所关照的除了发展知识、技能以外，同样关注个体成长的群体意识、合作意识、服务意识、生命意识等，在更高的层面上还关注人与自然、人与社会的互动和谐。因此，基于历史与现实实践的课程是可以且能够引领课堂的。

二、 课堂选择课程、 检验课程并发展课程

尽管制度性、文本性课程一旦制定并付诸实施，在短期内具有相对的稳定性和引领性，然而，课程本身并不是放之任何课堂而皆准的准绳，因为在我国，不同地域不同民族的教育实情各不相同。而且，在各类课程特别是活动课程、实践课程、实验课程等的开展过程中，教学主体由于其主观能动性，也在客观上不停地自主建构、反思重构并发展着课程。

课堂无处不在，且形式多种多样，有什么样的课堂就有什么样的课程。虽然理想的课程寄托了人们的期待，但不同学科的课堂仍需对其进行"筛查"，

[①]　张建琼. 课堂教学行为优化研究［D］. 兰州：西北师范大学，2005：3.
[②]　姚志敏. 课程改革背景下的教师课程执行力研究［D］. 上海：上海师范大学，2011：摘要.

以求彼此调适和谐，这就需要从实际出发，"以追求合适为境界"[1]，毕竟合适的才是高效的。对合适的追求，选择合适的课程，所反映的其实也是在尊重差异，尊重师资的差异，尊重学情的差异，尊重地域教学资源的差异；同时，也是基于课堂本身的多样化、层次性和复杂性的考量。

课堂对课程选择的同时，伴随着对课程的检验，这是一个"选择—检验—再选择"的过程，如下图所示，其重心在课堂中的"检验"。以学科课程为例，各类课程首先经过初步的"规定性选择"（教育主管部门提供的规定性课程，如语文、数学等）和"开放性选择"（学校、学生、教师自主选择的课程，如一些地方课程、校本课程等），然后进入课堂并进行阶段性的教学实践。各类课程在课堂教学实践的进行中及教学的一段时期内接受着不同方面的检验，包括课程理念的转变程度、课程目标的达成与否、课程结构的调整状况、课程内容的更新效用、课程实施的手段方式、课程评价的全面多元等。各相关课程主体包括课堂中的教学主体将参照课程标准，依据课程功能的转变情况，并结合教学中的实际效果，对"规定性课程"和"开放性课程"进行再评估，将课程的不合理成分进行淘汰，对优质的课程资源进行整合或做再度开发。课堂对课程的检验能极大地提高课程的课堂适应性和生命力，同时也进一步促进教学质量的提升。

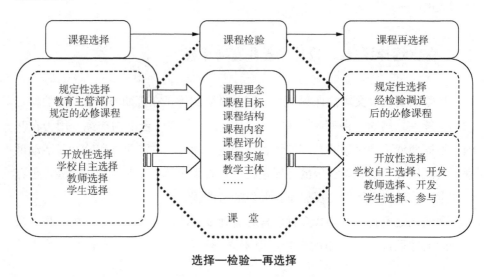

选择—检验—再选择

① 杨启亮. 追求合适：课程与教学变革中的"同"与"异"[J]. 当代教育科学，2006（21）：3-6.

课堂发展课程主要有两大方面：其一是课程（包括制度的、学科的、活动的、实验的课程等）只有在课堂教学实践中接受时间和效用的检验才能不断丰富、调适、完善，去伪存真，得到"真"发展；其二是只有课堂中的教学主体最直接地体验并发展着课程，它们是课程发展的中坚力量，当然也最有资格对课程的发展状况作出回应和评判。课堂发展课程既有课堂生态系统内的自组织的一面，又有这个系统外不同课程主体的"外铄性"的一面，但都是为了课程与课堂的和谐以及更好地服务于学生的成长。

第四节　课程与课堂关系之价值关涉

一、 概念析出的逻辑关系考量

如前所述，课程概念的析出大都源于制度、学科、知识论的视角，从学校、社会发展本位出发对学生提出规定性的目的预设和目标期待。这从课程制定者和制度性、学科性课程的立场来说并无不妥，而且也是合理的诉求。但如果我们将关注的重心放在学生如何更有效地理解课程掌握知识、教师如何更高效地利用课程教授知识，而不是引导教学主体关注谁的知识、知识来源于哪、知识何以传承等问题，那么概念内涵的析出就很可能受到"国家基准"的社会本位和学科本位的约束，远离课堂中的教学实践生活，远离教学主体的探究和创新原动力，从而失去课程的内在生命性。概念的起始一旦理想化甚或意识形态化，则概念的内涵就会是"静态"的、僵化的，就会缺乏生成性和包容性。正是基于以上省察，我们遂根据课程的不同"立场"对其概念进行了分类阐释，也进一步对课程的所指与能指进行了适性范围的界定，以期在与课堂概念的比照中找到彼此内涵的交叉点及概念生发的共同立场。

课堂概念的"传统"注释并不如课程那样丰富，鲜有可考。随着新世纪教育教学改革的发展，人们对课堂的理解超出了静态的"教室"和动态的"活动"的"两分法"，从教育学、社会学、生态学等多学科视野来进行探讨。虽然这些视野中的探讨并没能让新时期课堂教学体系的概念形成，但是课程走进课堂、融于课堂确是不争的事实。课程的客观存在，多层次、多立场、"动"

"静"结合的课程观亟须与之对等的课堂实践观来因应，以规避理论在指导实践时的不适以及教学中对于理论及其体系的误用。基于此，我们提出了既关照课程体系在教学中实施样态的课堂的"形"的概念，又给出了对于课程文化、"生本"课程赋予教学主体以"流动的生命意义"的课堂的"质"理解。

课程与课堂的上述逻辑比照，有利于彼此概念体系的理清及双方互动机理的疏通，不但为学校、教师、学生选择课程、体验课程提供了决策依据和实践指南（特别就教学主体对"形""质"两个维度的课堂把握而言），也为课程瞄准课堂而甄选文本、开发资源、完善体系及发挥自身的引领作用提供了可"放矢之的"，还为广大课程与教学理论研究者呈现了一种比照意义下的课程与教学分析框架。

二、 教学改革中的实践理性主张

在课程与教学改革中，我们究竟该改课程与教学的哪些方面？如何让课程更好地走进课堂、引领课堂？如何让课程与课堂产生"共振"而产生最优化的教学效果？如何科学地选择课程、检验课程并有效地发展课程？课程与课堂之间彼此联系又相互区分，在目的上还具有高度的统一性，但并不是所有类型的课程都会走进同一个或同一类课堂，也并不是所有的课堂都需要所有类型的课程，更不是所有的课堂都只需要某一类课程。当前我国基础教育领域在不断地深化教学改革，多类型多层次的"新课程"层出不穷，若不理清实践过程中课程与课堂的关系，胡乱、想当然或自以为然地将本不适于某种课堂的课程套用于该课堂之中，"牛头不对马嘴"，不但会造成"教育规模不经济"，而且与现行的教育改革南辕北辙。

新世纪我国基础教育领域课程与教学改革仍在深化调整之中，摆在我们面前的问题是如何将课程的"蓝图"、计划、框架、方案运用到课堂之中，并通过课堂情境中的师生共同"演绎"来发挥其功能，打破"课改虽好，课堂依旧""穿新鞋走老路"[①] 等怪现象。这不仅是一个认识论的问题，更重要的是基于课堂教学实践合理行为基础上的实践理性问题。对于教育实践工作或教育理论研究而言，一种本然和应然的视角就是"从课程转移到课堂（教学），从

---

① 郭华. 新课改与"穿新鞋走老路"[J]. 课程·教材·教法，2010（1）：3-11.

课程决策者、课程设计者、教材编写者转向课程实施者即师生"。① 很显然，这关乎课程与课堂的互动机理，关乎我国基础教育课程改革的未来走向。

三、 课程与课堂互动的"教学生命" 立场

课程与课堂的关系若不理顺，双方互动的基点就很难找准，随之而来的问题是，课程不适应课堂，课堂也拒斥课程。"十年课改，基本失败"② 的震撼结论表明，问题的症结在于没有真正地认识教师和学生各自的功能和地位，并将课程与教学两大范畴体系生硬地割裂开来。我们将新的课程体系放在课堂这架"天平"左端的时候，或许没想到天平的右端早已承载着教学体系，何况一端的某些"砝码"还源于另一端，如下图所示。我们在赋予师生以课程主体身份的时候，或许以为他们教学主体的身份就会自动"卸妆"。我们将课程推进课堂的逻辑的时候，或许没想到同样在课堂场域内存在着"广大师生对某些片面、偏激的所谓'新课改理念'的自发纠偏"③。然而，在这个过程中我们还在单向地自上而下地要求教师和学生怎么做、做什么而"选择性地"忽略了他们本来就是"天平"的支点，是课程与教学发展的原动力和最鲜活的生命力，忽略了他们本身即作为一定意义上的课程以及课程建构者和课程建设者的角色。倘如此，失去了对课堂主体的尊重与关照，也就失去了课程与课堂互动的关系支点，课程与课堂只能是"两张皮"④ 的存在。

课程与课堂能够互动的根基恰恰就在于课程与课堂两类体系中存在着共同的"教学生命主体"——教师和学生。一方面，教师和学生既作为"课程人"又作为"课堂中的人"将课程与课堂紧密地联结在一起，并发挥着实质性的作用：只要师生的观念和行为没有改善，再好的课程也只是理想；另一方面，在课程与课堂交织的教学生活中，教师和学生既作为目的又作为手段在不断地实

---

① 张传燧. 课堂比课程更重要 [J]. 湖南师范大学教育科学学报，2013（2）：2.

② 查有梁. 十年新课程改革的统计诠释 [J]. 教育科学研究，2012（11）：5-15.

③ 郭华. 新课改与"穿新鞋走老路"[J]. 课程·教材·教法，2010（1）：3-11.

④ 崔允漷教授在谈"教学现在何处"时指出："十年声势浩大的课程改革所表现出来的种种证据表明，新课程所倡导的先进理念得到了很大程度的认同，但先进的理念与残酷的现实之间的'两张皮'现象不但存在，而是十分严重。"参见崔允漷. 基于课程标准：让教学"回家"[J]. 基础教育课程，2011（12）：51-52.

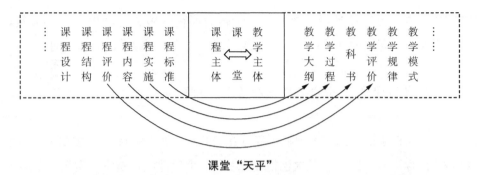

课堂"天平"

践着自身的"双主体"（课程主体和教学主体的同一）价值，完善着各自的生命意义。所以，是教学中的生命主体成就了课程与课堂的互动，让课程走进课堂，让"蓝图"落到实处；又让课堂孕育课程，让生命发展课程。

关注课程，聚焦课堂，让课程融于一种真正的课堂生活，让课堂选择真正适合"自己"的课程，如此，鲜活的主体生命才能绽放，教学相长才能顺理成章；与此相向，课程走进课堂同样要面对课堂对课程的审慎批判，因为课堂在筛查、抉择并践行课程的过程中，课堂会产生对课程的一种批判性互动。课堂生活的真正价值，恰恰就存在于这种对课程的理性审视和对课堂生活的批判态度之中。由此，正确认识课程与课堂之相依相向关系，恰当理解并把握两者之良性互动机理，有助于消除当前我国教学改革中形上理论与实践操演的阻隔，有助于弥合先进理念与课堂教学的不适现状，从而更有效地导引下一步我国教学改革的应然走向。

第二章 | 中国新世纪基础教育
课程改革现状分析

以政府主导、专家引领、教师参与等方式进行的新世纪基础教育课程改革自 2001 年全面启动以来，经历了试点实验、全面铺开、总结经验等几个阶段。其改革范围之广、推进速度之快、受重视程度之高，远胜于以往历次基础教育教学改革。多年来，新课程改革在一些领域得了巨大成就，然而在很多方面却依然存在着严峻问题。正视成绩，发现问题，并对问题进行归因分析，这能为我国基础教育的下一步科学发展提供经验参照和决策参考。

第一节　新世纪基础教育课程改革之成就

新世纪基础教育课程改革取得了巨大成就：既有总体目标的初步实现，又有具体目标的显著变化；既有课程改革自身内部要素的丰富和完善，又有课程改革外在条件的保障与支持。具体来说，成就主要表现在以下方面：其一，先进的教学理念得到了广泛传播；其二，新课程的基本体系得到了基本构建；其三，课改实验与实践稳步且有序推进；其四，政府对新课程改革给予了强力支持；其五，新课程改革获得了一定的社会舆论支持。对这些成就进行梳理，亦即探明新课程改革"已经做到了些什么"，有助于进一步把握新课程改革之目前发展状况，有助于把脉新课程改革之前进方向和深入路径。

一、 促进先进教育理念的广泛传播

（一）自主性、合作性、探究性学习理念

《纲要（试行）》就教学过程的问题指出，要"培养学生的独立性和自主性，引导学生质疑、调查、探究，在实践中学习，促进学生在教师指导下主动地、富有个性地学习"，实现学生的学习理念转变，促进学生学习方式的变革，即从接受、被动、压抑的学习转变为自主、探究、合作式学习。新课程改革实施后，"教育观念正在发生明显的变化，素质教育、全人教育的理念正逐渐为广大教育工作者所接受……新课程在教与学的方式上已经发生了明显的变化，以自主、合作和探究为特征的新型学习方式正在形成"。[①]

1. 自主性学习

相对于传统的接受式学习或"他主学习"而言，自主性学习指的是自己拟定学习目标、制订学习计划、开展学习过程、发展学习策略、进行自我评价的一种学习方式。在学习的过程中，学生根据学习目标进行主动学习、自我要

[①] 崔允漷，王少非. 关于新课程的评议：一种视角 [J]. 教育发展研究，2005（9）：12-17.

求、自主安排、选择学法、探究内容、自我监控、自我激励等。自主性学习具有独立性、能动性、发展性、创造性等特点，其指导思想是以人为本，尊重学生主体的积极性和创造性，赋权学生并信任学生。新课程倡导自主性学习，即倡导学生"自己成为学习的主人"，这种学习理念很自然地受到欢迎。

新课程改革实施以后，有研究数据表明：71.2％的教师认为，学生的"学习方式有所改进"；64.1％的老师认为，学生"解决实际问题能力提高了"。[①] 一项对学生个体学习方式的调查表明，学生自主学习的决断权在增加，"46.7％的学生完全同意在学习过程中会根据自己的兴趣爱好来选择喜欢的学习方式，24.9％的学生对这一陈述表示同意，这两项占总数的71.6％，而对这一问题持反对意见的学生比例仅为9.5％"[②]。另外一项关于新课改背景下中学生学习方式的调查研究发现：学生的自主性增强了，能主动做笔记、复习或查资料的占73.0％，请教同学、老师的占76.7％，选择自主与他主（学习方式多样化）的占66.6％。[③] 2001—2005年三次课程调研也反映出相应的变化："学生更加喜欢学习，绝大部分的学生表示对学习感兴趣。学生收集、分析和处理信息的能力等方面都有提高，做学习的主人。"[④] 学生通过自主学习，不仅提高了兴趣、发展了能力，还能增加人的主观幸福感。一项新旧课程条件下高一学生主观幸福感的调查显示，"新课程条件下学生的自主学习水平及主观幸福感都显著高于非课改条件下的学生"。[⑤]

新课程改革倡导自主性学习，促进学生在教师的指导下主动地、富有个性地学习，一方面增强了学生的主体意识，另一方面培养了学生的自主性，为学生的终身学习、学会学习、获得可持续发展能力提供坚实的基础和前提条件，是对传统原有学生单一接受式学习方式的有力突破。

---

① 范魁元. 论学生学习方式的转变 [J]. 教育科学研究，2012（2）：20-23.

② 李本友，李红恩，余宏亮. 学生学习方式转变的影响因素、途径与发展趋势 [J]. 教育研究，2012（2）：122-128.

③ 潘洪建，丁传炜，金其宝. 新课改背景下中学生学习方式的调查研究 [J]. 当代教育论坛，2005（14）：32-33.

④ 崔允漷，汪贤泽. 基础教育课程改革的意义、进展及问题 [J]. 全球教育展望，2006，35（1）：31-35.

⑤ 张承芬，唐本钰. 新旧课程条件下高一学生自主学习水平及主观幸福感的研究 [J]. 课程·教材·教法，2007，27（5）：27-30.

2. 合作性学习

合作学习自 20 世纪 70 年代在美国兴起以来，便受到世界各国教育教学理论与实践界的关注和欢迎，其中一个重要原因"即在于它有着非常坚实的理论基础"[①]。其内容涉及社会互动理论、选择理论、动机理论、凝聚力理论、发展理论、认知理论、接触理论等。进入 21 世纪，以学习小组为基本活动形式的合作学习已成为全球主流学习方式之一。在合作学习中，小组成员之间彼此互助、多向交流，超越了传统教学的师生单向交流形式，"在充分激发学生的学习动机、增强学生的自尊心、有效提高学生的学业成绩、发展学生的深层次思维品质、锻炼学生的社交技能和合作意识等方面具有积极作用"[②]。

我国为增加学生学习的自主性、主动性，增进学生间的交往互助与同学友谊、改善人际关系，同时也为改变传统主流、过度使用的讲授式课堂教学方式，积极提出合作性学习方式。事实证明，新课程实施一段时间后，合作性学习理念得到认可，学生在课堂活动参与度和凝聚力得到增强。有调查显示：教学活动中常常与同学一起讨论的学生占比 46.1%；参与小组讨论的学生占比 61%；参与角色扮演的学生占比 20.4%；同时采用独立学习与合作学习的学生比例为 19.3%。[③] 这表明，学生学习的合作性正在增强。中央教科所孙智昌等对东中西部 3 000 多名中小学生取样调查发现，"学生合作型研究学习上的主动性发展良好"，"大部分合作学习为互助型，达到 85.2%"[④]。

在新课改革的推进过程中，一些学校自发地采用合作学习教学策略和模式，在学科教学中取得了令人欣喜的成绩，如湖南岳阳某校的"提出目标—小组合作活动—监控、调节与反馈—合作学习评价"模式。通过这一模式在课堂教学中的应用研究发现，"实验班在进行一个学期合作学习模式干预后与对照班在社交行为、人际关系（自我评定、接纳度、被接纳度）、学习兴趣、学业成绩动机、归因信念及期末成绩上，Z 检验结果都表现出显著性差异，特别是

---

① 王坦. 合作学习的理论基础简析 [J]. 课程·教材·教法，2005，25（1）：30-35.

② 卢瑞玲，孙静. 合作学习：21 世纪重要的学习方式 [J]. 教育理论与实践，2010，30（12）：58-61.

③ 潘洪建，丁传炜，金其宝. 新课改背景下中学生学习方式的调查研究 [J]. 当代教育论坛，2005（14）：32-33.

④ 孙智昌，郑葳，卿素兰，等. 中小学生学习方式的现状分析与对策建议 [J]. 课程·教材·教法，2011（8）：35-42.

在社交行为方面（Z＝2.59，P＜0.01），差异特别显著，学习成绩也有明显提高"[1]。可见，符合学生发展的教学观念变革，有助于改变传统教学"满堂灌"的陋习，能有效促进课堂教学改革与实践。

3. 探究性学习

探究性学习是指学生通过自主或在教师指导下进行探究活动，体验并掌握知识、解决问题、形成技能，进而促进心智发展的一种学习方式。探究性学习以问题研究为核心，涉及问题解决方案的设计、论证、操作（实验）、验证等环节，"具有开放性、自主性、过程性、实践性和任务驱动型等特点"[2]。探究性学习有多种分类，《美国国家科学教育标准》将其分为科学探究、基于教学的探究和以探究为本的教学三类；根据探究的领域划分，可分为科学探究、社会探究、技术探究、符号探究、数学探究、心理探究等；根据学生在探究活动主体作用的大小，可分为定向探究与自由探究；根据思维的逻辑类型，可分为归纳探究与演绎探究。[3] 根据教学目标和教学内容的需要，探究性学习一般采用"动手做"学习模式、情景探索学习模式和调查、实验、历史、设计等研究方法。探究性学习有助于学生批判、质疑和创新精神的培养。

新课程在学习方式上改革的一个重要目标，就是要改变长期在课堂教学中存在的被动接受、反复操练的学习方式，倡导学生"从做中学"主动学习和发现学习。近年来，探究性学习已在一些地方的教学中取得了明显的成效，发现大多数学生越来越喜欢实验、调查、活动等形式的探究性学习方式。有调查显示，学生在"作业形式上，喜欢动手操作的占64.9％，喜欢社会调查的占34.0％。在学习方法的有效性方面，做实验有效的占53.1％"，"希望安排活动的占56.5％"。[4] 一项对温州市区、县城和乡镇部分中学化学教学的问卷调查和访谈交流情况显示：有54.7％的学生喜欢"互动讨论"或"实验中学习"；"大多数学生（占77.3％）要求给予更多的参与或自己动手实验的机

---

① 何志学，何军辉. 合作学习模式在课堂教学中的应用研究 [J]. 教育理论与实践，2003，23（20）：29-31.

② 高凌飚，张春燕. 探究性学习的特点——一个国外案例的分析 [J]. 课程·教材·教法，2002（5）：16-21.

③ 高佩. "探究性学习"的概念、分类及意义 [J]. 现代教育科学，2003（6）：17-19.

④ 潘洪建，丁传炜，金其宝. 新课改背景下中学生学习方式的调查研究 [J]. 当代教育论坛，2005（14）：32-33.

会";"大部分学生认为探究性学习的实施对他们的学习是有一定益处的⋯⋯学生对探究学习的实施前景看好"。① 本研究的调查显示,51.4%的教师赞同(15.3%的教师"十分赞同",36.1%的教师"比较赞同")新课程倡导的"现代教育理念已经深入心中"。虽然数据不一定能完全反映不同地域不同学校的真实状况,但总体上看还是具有一定的代表性,相当比例的师生已经知道、了解并运用新课程所倡导的教学和学习方式,获得了一定的成效。

总体上看,新课程各种先进学习理念的倡导和传播,促使广大基础教育领域教育教学观念和教学行为也发生了明显变化:和谐平等的主体关系开始构建,人本教育理念渐入人心。"广大中小学教师积极探索运用启发式、探究式、合作学习、实验操作、社会调查和信息技术等手段开展教学活动,影响着学生学习方式的转变",② 学生的学习方式也正在由单一性学习方式朝着多样化的学习方式转变。这种变革似乎正在全国范围内的中小学出现,其中典型范例有山东杜郎口中学、江苏洋思中学等。2010年,《国家中长期教育改革和发展规划纲要》中再次提出,要创新教育教学方法,"倡导启发式、探究式、讨论式、参与式教学,帮助学生学会学习",亦在最大限度地肯定并弘扬自主、探究、合作的学习方式。

(二)主体性、体验性、差异性教学理念

20世纪最后20年,教育教学不能很好地适应时代巨变对我国社会发展的应然需求,"困扰我们的教学方式单一、学生被动学习、个性受到压抑等顽疾均未能从根本上得到有效的医治;教学实践中,过于强调接受学习、死记硬背、机械训练的状况普遍存在"③。为此,新课程改革在教师的教育教学上大力倡导主体性教学、体验性教学和差异性教学等理念。

1. 主体性教学

主体性学习理念即在教学过程中确立学生学习的主体地位,使学生具有自我教育、自我管理和自我完善能力,从而成为课程教学的主体和自我发展的

---

① 马志成,胡秦琼,朱赛赛. 温州地区高中化学课程探究性学习情况的调查研究 [J]. 内蒙古师范大学学报(教育科学版),2009(22)2:107-112.

② 关松林. 关于基础教育课程改革成效、问题与对策的思考 [J]. 课程·教材·教法,2010,30(7):14-17.

③ 朱慕菊. 走进新课程——与课程实施者对话 [M]. 北京:北京师范大学出版社,2002:111.

主体。

新课程改革倡导增强学生的主体意识。《纲要（试行）》在"教学过程"一节中指出："注重培养学生的独立性和自主性，引导学生质疑、调查、探究，在实践中学习，促进学生在教师指导下主动地、富有个性地学习。"增强学生的主体意识，即增强作为认识与实践活动主体的学生对于自身的主体地位、主体能力和主体价值的一种自觉意识，包括主体的自我意识和对象意识，意识到发展自己的权利并能利用外部的条件来发展自己。学生主体的发展意识越强，学生"在学习活动中实现自己的本质力量的自觉性就越大"[①]，对自身发展的责任就会越大，对自身发展的要求也会越高。

新课程倡导发展学生的主体能力。仅仅发展学生的主体意识是不够的，还需要发展与主体意识相匹配的能力，即主体能力——使自身的主体性品质得以不断发展的能力。主体能力的发展包括两个部分：一是学生主体自身通过积极地汲取前人的文化知识经验，主动地在对象性世界中发展和提高自己，让学生学会学习，让能力"内在生成"；一是教师秉持"以活动促发展"现代教学观念，尊重、鼓励学生的各种自由、自主的活动，通过为学生组织各种创造性活动，提供适宜的成长机会、条件、场所和其他更多的各种成长可能性选择，组织并亲自参与、指导学生的学习活动，来"教会学生学习"。倡导发展学生的主体能力，实际上指的后一方面。教师进入课堂的根本目的是让学生最终摆脱教师的"教"，使学生学会学习，能独立、自主地获取知识，发展能力，形成品格，即"教是为了不教"。正如联合国教科文组织所指出的，"受教育的人必须成为教育他自己的人；别人的教育必须成为这个人自己的教育"[②]。

新课程倡导培养学生的主体性人格。主体性教学要求，教学不仅要考虑学生的认知发展，更重要的是要发展学生的非认知能力，关照学生的态度、兴趣、爱好、个性、情绪、情感、意志、价值观等方面，其核心是培养主体的独立人格。非认知因素是学生主体性品格发展的重要内容，没有非认知因素的发展，学生很难形成正确的世界观、人生观，不太可能获得人的身心和谐全面的

---

① 张天宝. 新课程与课堂教学改革［M］. 北京：人民教育出版社，2003：121.

② 联合国教科文组织国际教育发展委员会. 学会生存——教育世界的今天和明天［M］. 北京：教育科学出版社，1996：200.

发展。列宁指出，"没有人的感情，就从来没有也不可能有人对真理的追求"①，因此，在教学过程中，应创设一种轻松、自由、民主的课堂教学氛围，用情景交融的教学方式方法，让学生发展认知因素的同时，更注重非认知因素的发展，并逐步培养学生的独立完满的主体性人格。新课程知识与技能、过程与方法、情感态度价值观三维目标的提出，即涵盖了人的认知与非认知发展两大方面，其本旨是促进学生的全面发展。

2. 体验性教学

新课程倡导体验性教学。教学不仅是根据教学计划、教学大纲来教课程、教文本，而更是师生对课程的实在体验、感受和领悟、思考；教学不是唯本而教，是从人出发，以人为本。体验活动主要是通过改变主体的意识和心理世界来进行的，而不仅仅是通过某种外在的形式或活动。可以说，体验是"素质形成与发展的核心环节"②。体验性教学是从一种以人的生命发展为依归的教学，尊重生命，关怀生命，提升生命。"它所关心的不仅是人可以经由教学而获得多少知识、认识多少事物，更在于人的生命意义可以经由教学而获得和扩展。"③ 体验性教学的根本要求是在教学中关照生命的整体性、善待生命的自主性、理解生命的生成性、尊重生命的独特性，通过教学对话和交往，达成师生间的"我—你"关系而不是单纯的"授—受"关系，促进师生双方知识和智慧的交流、精神和意义的沟通，促进彼此的理解与回应，增进互信与友谊，获得体谅与支持，体验生命的活力与价值。

3. 差异性教学

新课程提出人本化的教育理念。"以生为本"是这次课程改革的核心理念，"一切为了学生，为了学生的一切，为了一切学生"。"以生为本"即"以人为本"，也就是说，课程教学工作必须以学生个体的生命发展为基础，彰显每个个体的生命意义。

《纲要（试行）》在课程改革的目标中提出要"全面推进素质教育"。素质教育的"面"是全体学生，素质教育的落脚点是每个个体学生的发展，而要实现每个个体学生的发展，就必须要有实现每个个体学生发展的教学策略，这就

---

① 列宁全集：第20卷 [M]. 北京：人民出版社，1963：255.
② 陈佑清. 体验及其生成 [J]. 教育研究与实验，2002 (2)：11-16.
③ 辛继湘. 体验教学研究 [M]. 长沙：湖南大学出版社，2005：21.

是差异性教学。显然，差异性教学的前提是对每个个体生命的尊重，因为每个学生的个性、兴趣、爱好不一样，认知能力有差异，基础也不一样。新课程将发展的主动权赋予了每一个有个性的学生个体，因此，我们在教学中需要大力倡导差异性教学和个别化教学，对学生进行分类指导、分层教学，使教育教学适应每个学生，促进学生充分、自由、独特地发展。差异性教学就是适合于每个学生身心发展的教学。

（三）课程资源理念

课程资源既有客观的又有主观的，既是静态的又是动态的，既有地域的性又有时间性的，既有国内的又有国外的，既有显性的又有隐性的。课程资源的多样性带来了教学的多样性。但不管课程如何多样，课程始终离不开师生主体并通过师生产生作用。

新课程在课程资源观上倡导师生主体的"自在"、自觉、自为参与——体验和交往。由于教师和学生在"体验课程"的过程中，对给定的教学内容给予了不同的理解，融进了各自对文本或内容的意义解读，并不断对其进行变革和创新，将给定的内容转化为"自己的课程"，因此，教师和学生从一开始就不是外在于课程的，而成了课程及课程发展的有机构成部分，成为课程的创造者和主体。课程教学过程实质上成为教师和学生共同参与课程开发的过程。从这个意义上说，课程教学不仅是课程的执行过程，同样是课程的开发过程。

体验和交往的课程资源观给师生的教学方式、交往方式、活动角色都会带来更加积极的影响。教学过程成为师生双方基于文本解读或各种活动而构建起一种特殊的交往、探究与合作的学习场域，或是主题讨论，或是问题解决。在这一过程中，教师不再是文本解读的权威和交往的主导者，而是"平等中的首席"，问题解决的合作者、促进者，甚或"学生式的教师。"

实际上，师生不仅是作为教学主体的存在，在课程资源观上，师生主体各自的个性、风格以及教学活动本身还是一种特殊的课程资源，它既是显性的又是隐性的。从一定意义上讲，师生主体及其活动方式是教学过程甚至人生中重要的课程资源。

二、 建立具有中国特色且符合时代要求的新课程制度

(一) 课程管理制度

我国传统的课程管理有几个弊端：课程权力过于集中，缺乏民主性；课程目标过于抽象，缺乏操作性；课程内容过于统一，缺乏适应性；课程实施规定过死，缺乏灵活性。[①] 长期以来，这种课程管理权力的高度集中已越来越不适应新时期我国课程管理的实际，阻碍了地方和学校课程管理积极性的发挥。为此，《纲要（试行）》明确指出："改变课程管理过于集中的状况，实行国家、地方、学校三级课程管理，增强课程对地方、学校及学生的适应性。"[②]

课程管理改革是我国基础教育课程改革的一个重要目标。我国根据变化了的实际情况，实行国家、地方、学校三级课程管理，采取"自上而下"和"自下而上"的双向管理体制，将课程管理的权力由中央向地方和学校逐步下放，让地方和学校拥有部分课程权力。这是对管理制度的一种"平衡性"诉求，寻求课程管理的民主化、规范化、弹性化、社会化。事实上，课程权力的下放能增强课程对地方、学校及学生的适应性，有助于教材的多样化，有益于课程资源的因地制宜开发，有利于满足地方经济、文化发展的特殊性和学生个性的发展。

随着三级课程管理制度的实行，地方、学校课程管理的权力有逐渐增大的趋势，课程实施的灵活性和开放性也得到增强。尽管各地、各校的资源不同、发展水平有差异，课程管理及实施效果不一，但学校、教师和学生能够拥有部分课程权力，"使校长和教师乃至学生和家长、社区人士享有参与基础教育课程建设的机会"[③]。这一课程权力从义务教育课程设计及比例表中可以获得证明：地方与学校开发或选用的课程占九年课时总计比例的 10%—12%。经过不断探索和改革，我国"在课程管理方面逐步建立和完善了国家、地方、学校

---

① 《基础教育课程改革通览》编委会. 基础教育课程改革通览：通识部分 [M]. 北京：中央民族大学出版社，2002：57-58.

② 朱慕菊. 走进新课程——与课程实施者对话 [M]. 北京：北京师范大学出版社，2002：192.

③ 朱慕菊. 走进新课程——与课程实施者对话 [M]. 北京：北京师范大学出版社，2002：194.

各司其职的三级课程管理体制，坚持国家、地方、学校共同建设课程"①。

（二）课程审定制度

新课程教材承载着国家意志、民族精神和科学文化知识；新课程教材是课程目标和教育内容的具体体现，是师生开展教学活动的主要媒介，为学生的身心发展起着奠基性作用。

长期以来，我国中小学校的课程都是由国家统一规定，实行"全国统一"的管理制度。随着课程与教学改革的不断深入，这种做法已越来越不适应我国经济、社会、文化、教育发展的实际。1985 年国家颁布了《中共中央关于教育体制改革的决定》，教材从编审合一转变为编审分离，从一纲一本到一纲多本、多纲多本，并于 1986 年成立了全国中小学教材审定委员会，下设 19 个学科，负责审查审定教学大纲和全国中小学教材。1987 年，教育部颁布了《全国中小学教材审定委员会工作章程》，提出"在统一教学基本要求的前提下，有领导、有计划地实现教材的多样化，以适应不同地区的需要"。随着教材"审定制"的施行，北京、上海、浙江、广东等省市开始组织本省市中小学教材的编写，"一纲多本"的政策雏形开始显现。1999 年，国家颁布《面向 21世纪教育振兴计划》，明确提出实施素质教育工程、提高国民素质和民族创新能力、改革课程体系和评价制度，争取经过 10 年左右的时间，在全国推行 21世纪基础教育课程教材体系。

2001 年，国家颁布了《国务院关于基础教育课程改革与发展的决定》，指出要"加快构建符合素质教育要求的基础教育课程体系"；2001 年 6 月，教育部颁布了《基础教育课程改革纲要（试行）》，规定"实行国家基本要求指导下的教材多样化政策，鼓励有关机构、出版部门等依据国家课程标准编写中小学教材"②。同月，教育部颁布了《中小学教材编写审定管理暂行办法》，对教科书编写的资格和条件、教材编写的立项和核准、教材的初审和实验、教材的审定等方面作了规定。其中第四条规定："编写教材事先须经有关教材管理部门批准；完成编写的教材须经教材审定机构审定后才能在中小学使用。"第五

---

① 田慧生. 中国特色社会主义课程体系的成功探索与实践——十六大以来我国基础教育课程改革回顾与展望 [J]. 人民教育，2012（19）：10-13.

② 钟启泉，崔允漷，张华. 为了中华民族的复兴　为了每位学生的发展——《基础教育课程改革纲要（试行）》解读 [M]. 上海：华东师范大学出版社，2001：8-9.

条规定："教材的编写、审定，试行国务院教育行政部门和省级教育行政部门两级管理。国务院教育行政部门负责国家课程教材的编写和审定管理；省级教育行政部门负责地方课程教材的编写和审定。"[①]

从审定的视角看，国家对新课程教材管理试行两种制度：其一，教科书立项核准制度，即审核教科书主编和编写人员资质；审核教科书编写方案，确保教科书编写和课程改革的目标一致，防止教科书编写的低水平与重复。其二，教科书国家审定制度，即审定委员会是中小学教材审查的最高权威机构，负责对国家课程教科书的审查；地方课程教材由省级中小学教材审定委员会审定。新课程教材的审定程序：审定办受理送审教科书—审查专家审读教科书—教育部组织审查会议—确认教科书审查结果—报主管部长批准—下发审查结果通知。新课程改革实施后，"一纲多本"新的审定制度初步形成，基本保证了新课程教材的品质，保障了基础教育课程改革人才培养的基本质量。

（三）课程评价制度

课程评价改革是新课程改革的重要环节，建立与新课程改革相适应的评价体系是实现课程变革的重要条件。新课程评价在理念上倡导"立足过程，促进发展"——学生发展、教师发展、课程发展——发展是评价的根本目的；在功能上超越单纯甄选而更关注学习的过程与方法以及情意品质的养成；在内容上注重对对象综合素质的考查；在方法上强调多样化，突出质的评价，既做定性评价又做定量评价，既有过程性评价又有生成性评价；在主体上强调评价主体多元化，有自评，有他评；等等。课程评价的范畴主要包括学生评价、教师评价、新课程实施评价以及考试改革等方面，如下图所示。

随着新课程改革的不断深入，课程评价改革初步建立起较为规范的评价体系，有效地保障了新课程的顺利推行。根据下图我们可以看出：学生评价方面，考察范围不再过重地囿于学科知识，特别是文本知识本身，而较多地关照评价对象认知与非认知素质的平衡性，涵盖道德品质、学习能力、实践

---

① 中小学教材编写审定管理暂行办法 [EB/OL]. [2014-12-04]. http：//www. moe. gov. cn/publicfiles/business/htmlfiles/moe/moe＿621/201412/xxgk＿180472. html.

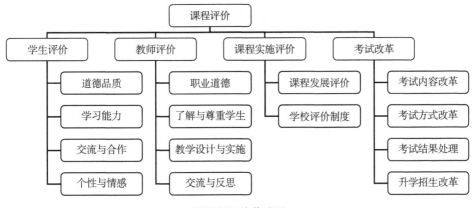

新课程评价范畴图

能力、情意品质等。教师评价方面，打破过去以成绩论业绩的褊狭做法，建立起一套包含教师职业道德素养、教育能力素养、交往能力与心理素养在内的综合评价指标体系。课程实施评价有两方面，一是课程自身的发展，二是学校评价制度的完善。考试改革在某种程度上已成为制约当今素质教育发展的瓶颈。为此，新课程改革尝试性地作出"突破"：将考试内容更紧密地与社会实情和学生实际结合起来；给予学生多次考试机会，实行多样化的考试方式；分类指导考试结果；摒弃"分数中心"的录取和招生取向，关注对象综合素质发展。

三、　制定并颁行新的课程计划与课程文本

（一）课程计划与课程设置

1. 课程计划的颁行

1999 年 6 月颁发的《中共中央国务院关于深化教育改革　全面推进素质教育的决定》提出"调整和改革课程体系、结构、内容，建立新的基础课程体系，试行国家课程、地方课程和学校课程"；"改变课程过分强调学科体系、脱离时代和社会发展以及学生实际的状况"；"抓紧建立更新教学内容的机制，加强课程的综合性和实践性，重视实验课教学，培养学生实际操作能力"；"要增强农村特别是贫困地区义务教育的课程、教材与当地经济社会发展的适应性"；"促进教材多样化，进一步完善国家对基础教育教材的评审制度"；"积极推进

教学改革，提高课堂教学的质量"①。针对基础教育改革与发展，在世纪之交国家又颁发了《国家基础教育课程改革指导纲要草稿》《全日制普通高级中学课程计划》（试验稿和试验修订稿）等文献。

2001 年 5 月 29 日，国务院发布的《关于基础教育课程改革与发展的决定》提出，要"加快构建符合素质教育要求的新的基础教育课程体系""试行国家、地方、学校三级课程管理""改革考试评价和招生选拔制度""大力普及信息技术教育""大力加强中小学教师队伍建设""加强和完善教育督导制度""重视家庭教育"② 等指导思想。2001 年 6 月 8 日，教育部印发了经过广泛讨论和反复修改的新一轮基础教育课程改革的指导性文件——《基础教育课程改革纲要（试行）》，其对包括课改目标、课程结构、标准、评价、管理、教学过程、教材开发与管理、教师培养与培训、课改的组织与实施 9 个方面进行了具体说明。

新课程改革正式实施后，一系列计划方案又相继出台，如《义务教育课程设置实施方案》（2001）、《关于在农村普通初中试行"绿色证书"教育的指导意见》（2001）、《国务院办公厅颁发了关于完善农村义务教育管理体制的通知》（2002）、《中小学评价与考试制度改革的指导意见》（2002）、《地方课程管理与开发指南》（2002）、《学校课程管理与开发指南》（2002）、《综合实践活动指导纲要》（2002）、《普通高中课程方案（实验）》（2003）、《2003—2007 年教育振兴行动计划》（2004）等。

在全面推进阶段，为确保新课程改革的顺利进行，国家又颁布了一系列计划、文件、方案，大致有如下方面。

（1）重视中长期教育发展规划和方向引导。在新课程改革发展的第十个年头，国家对接下来的新世纪第二个十年的教育发展作出了中长期规划，相关文献如：《教育部关于深化基础教育课程改革　进一步推进素质教育的意见》（2010）、《国家中长期教育改革和发展规划纲要（2010—2020 年）》（2010）、《全国教育人才发展中长期规划（2010—2020 年）》（2011）、《国家教育事业

---

① 中共中央国务院关于深化教育改革　全面推进素质教育的决定［EB/OL］．（1999-06-13）．［2015-04-16］．http：//www. moe. gov. cn/publicfiles/business/htmlfiles/moe/moe _ 177/200407/2478. html.

② 国务院. 国务院关于基础教育改革与发展的决定［J］. 人民教育，2001（7）：4-9.

发展第十二个五年计划》(2012)、《教育部关于 2013 年深化教育领域综合改革的意见》(2013) 等。

(2) 重视基础教育师资力量的培养。新课程改革能否成功的关键因素就是教师资源，没有符合新课程实施的师资，很难取得新课程改革的成功；教师既是新课程改革的战略资源，又是新课程实施的战术大师。也正因如此，国家出台了众多关于保障新课程师资的系列方案、文献。一是"国培计划"类，如《2009 年中小学教师国家级培训计划》(2008)、《教育部 财政部关于实施"中小学教师国家级培训计划"的通知》(2010)、《2010 年中小学教师国家级培训计划——示范性项目实施方案》(2010)、《"国培计划"课程标准（试行）》(2012) 等；二是教师教育课程及标准类，如《教师教育课程标准》(2011)、《小学教师专业标准（试行）》 (2012)、 《中学教师专业标准（试行）》(2012)、《教育部关于大力推进教师教育课程改革的意见》(2011) 等；三是远程培训计划类，如《教育部办公厅关于组织实施 2009 年普通高中课改实验省教师远程培训项目的通知》(2009)、《教育部办公厅关于组织实施 2009 年中西部农村义务教育学校师资远程培训计划的通知》(2009) 等；四是指导意见类，如《国务院关于加强教师队伍建设的意见》(2012)、《教育部 国家发展改革委 财政部关于深化教师教育改革的意见》(2012)、《教育部关于深化中小学教师培训模式改革全面提升培训质量的指导意见》(2013) 等。

(3) 重新审定课程标准，颁布了《义务教育语文等学科课程标准（2011年版）》。2011 年 12 月 28 日，教育部印发了全新修订的 19 门学科课程标准以适应新课程改革发展和素质教育全面推进的要求。新课标的修订旨在让课程与教学理念更加科学，让教学实践更加适切，让课程内容更贴近生活。

(4) 重视教育信息化，相关文献有《教育部"农村中小学现代远程教育工程"教育资源开发项目监理办法》(2008)、《教育信息化十年发展规划（2011—2020 年）》(2012)、《2014 年教育信息化工作要点》(2014)、《中小学教师信息技术应用能力标准（试行）》(2014) 等。将现代信息技术与传统教学手段相结合是新时代社会科学技术发展、知识迅猛增量促进教育方式、手段变革的必然选择。

(5) 实行督导与评估制度，严把教育质量观。2003 年，教育部成立了教育督导评估研究中心，经历了起步阶段（2002—2005 年）与发展阶段（2006—2011 年），并于 2012 年进入了提升阶段（2012 年至今）。教育评估与督导中心"担负着国家决策、创新教育理论、指导教育实践的时代使命，在义务教育检测、督导评估制度建设、义务教育均衡发展、学校标准化建设、教育质量评价等方面发挥着教育科研的引领作用"[①]。这时期的主要文献有《教育部关于进一步加强中小学校督导评估工作的意见》（2012）、《教育部关于推进中小学教育质量综合评价改革的意见》（2013）、《中小学校责任督学挂牌督导规程》（2013）、《深化教育督导改革转变教育管理方式的意见》（2014）等。

（6）重视教学与管理规范。一是重视法制管理，如《全面推进依法治校实施纲要》（2012）、《教育部办公厅关于全面加强教师法制教育工作的通知》（2013）；二是重视教学资源管理，相关文献有《义务教育学校校长专业标准》（2013）、《教育部 财政部 人力资源和社会保障部关于推进县（区）域内义务教育学校校长教师交流轮岗的意见》（2014）、《教育部办公厅关于启动实施中小学校长国家级培训计划的通知》（2014）、《义务教育学校管理标准（试行）》等。

2. 课程设置

新课程改革之前，我国原有的课程结构存在严重不足：一方面，学校课程中学科课程、分科课程、必修课程、国家课程占主导地位，相应地，经验课程、综合课程、选修课程、地方课程和校本课程则未受到应有的关注。另一方面，学校课程中各具体科目之间的比例失衡，"直接影响了学生的身心健康和全面发展"[②]。以 1992 年国家教委颁布的《九年义务教育全日制小学、初级中学课程计划（试行）》为例，小学阶段的思想品德、语文、数学、社会、自然、体验、音乐、美术、劳动九科和初中阶段的思想政治、语文、数学、外语、历史、地理、物理、化学、生物、体育、音乐、美术、劳动技术 13 科均属于国家统一安排的分科课程、必修课程、学科课程，几乎没有设置综合课程和选修课程。具体情况，参见下表。

---

① 中国教育科学研究院 [DB/OL]. （2011-12-31）[2015-03-07]. http：//www. nies. net. cn/jg/ysjg/jyddpg/201112/t20111231_33958. html.

② 朱慕菊. 走进新课程——与课程实施者对话 [M]. 北京：北京师范大学出版社，2002：18.

九年义务教育"六·三"学制全日制小学、初级中学课程安排表

课程		一	二	三	四	五	六	一	二	三	小学总课时	初中总课时	合计
		小学						初中			九年		
学科	思想品德	1	1	1	1	1	1				204		404
	思想政治							2	2	2		200	
	语文	10	10	9	8	7	7	6	6	5	1 734	568	2 302
	数学	4	5	5	5	5	5	5	5	5	986	500	1 486
	外语（Ⅰ）							4	4			272	272
	外语（Ⅱ）							4	4	4		400	400
	社会			2	2	2					204		608
	历史							2	3	2		234	
	地理								3	2		170	
	自然	1	1	1	1	2	2				272		702
	物理								2	3		164	
	化学									3		96	
	生物							3	2			170	
	体育	2	2	3	3	3	3	3	3	3	544	300	844
	音乐	3	3	2	2	2	2	1	1	1	476	100	576
	美术	2	2	2	2	2	2	1	1	1	408	100	508
	劳动			1	1	1	1				136		336
	劳动技术							2	2	2		200	
	周学科课时	23	24	24	25	25	25	32	33	27	4 964	3 074	8 038
活动	晨会（夕会）	每天10分钟											
	班团队活动	1	1	1	1	1	1	1	1	1	204	100	304
	体育锻炼 科技文体活动	4	4	4	4	4	4	3	3	3	816	300	1 116
	周活动课时	5	5	5	5	5	5	4	4	4	1 020	400	1 420
地方安排课程		2	2	3	3	3	3			5*	544	160	704
周课时总量		30	31	32	33	33	33	36	37	36	6 528	3 634	10 162

　　*表示外语课按水平Ⅰ开设的周学科时数和地方安排课程的时数；如果外语课按水平Ⅱ开设，则初中三年级的地方安排课程时数减去4课时，为1课时。

为弥补如上两大方面的不足，新课程改革将单一的课程类型结构变革为多样的课程类型结构，以改变教学极端追求学科分数、学生综合素养低、自主学习能力差的状况，从而促进学生的全面发展。与此同时，为突出学生的创新意识、分析和解决问题能力、交往合作能力，新课程计划对各学科的课时比例也进行了调整，让各学科课程比重均衡化。具体如下表所示。

义务教育课程设计及比例[①]

课程门类	年级									九年课时总计（比例）
	一	二	三	四	五	六	七	八	九	
	品德与生活	品德与生活	品德与社会	品德与社会	品德与社会	品德与社会	思想品德	思想品德	思想品德	7%—9%
							历史与社会（或选择历史、地理）			3%—4%
			科学	科学	科学	科学	科学（或选择生物、物理、化学）			7%—9%
	语文	语文	语文	语文	语文	语文	语文	语文	语文	20%—22%
	数学	数学	数学	数学	数学	数学	数学	数学	数学	13%—15%
			外语	外语	外语	外语	外语	外语	外语	6%—8%
	体育	体育	体育	体育	体育	体育	体育与健康	体育与健康	体育与健康	10%—11%
	艺术（或选择音乐、美术）									9%—11%
	综合实践活动									6%—8%
	地方与学校开发或选用的课程									10%—12%
周总课时数	26	26	30	30	30	30	34	34	34	274
学年总课时	910	910	1 050	1 050	1 050	1 050	1 190	1 190	1 122	9 522

注：1. 表格内为各门课的周课时数，九年总课时按每学年 35 周上课时间计算。

2. 综合实践活动主要包括：信息技术教育、研究性学习、社区服务与社会实践以及劳动与技术教育。

---

① 朱慕菊. 走进新课程——与课程实施者对话 [M]. 北京：北京师范大学出版社，2002：24.

《纲要（试行）》规定新课程体系由以下几部分构成：第一，整体设置九年一贯的义务教育课程；第二，高中以分科课程为主，为使学生在普遍达到基本要求的前提下实现有个性的发展，课程标准应有不同水平的要求，在开设必修课的同时，设置丰富多样的选修课程，开设技术类课程；第三，从小学至高中设置综合实践活动并作为必修课程，其内容主要包括信息技术教育、研究性学习、社区服务与社会实践以及劳动与技术教育；第四，农村中学课程要为当地社会经济发展服务。[①] 上表清楚表明：较之于1992年的课程安排表，新课程在结构上明显加强了课程的综合性，如小学阶段的品德课、科学课，初中阶段的体育与健康课程等；增加了课程的选择性，如1—9年级的艺术课程，初中的科学课程等；重视了课程的均衡性，学科课程所占的课时比重相对下降，而经验课程的课时比重相对上升。

九年一贯的义务教育课程设置，其目的是"改变过去课程结构过于强调学科本位、科目过多和缺乏整合的现状，整体设置九年一贯的课程门类和课时比例，并设置综合课程，以适应不同地区和学生发展的需求，体现课程结构的均衡性、综合性和选择性"[②]。高中分科课程的设置"使学生在普遍达到基本要求的前提下实现有个性的发展"[③]。综合实践活动课程的设置，丰富了学生的社会实践，强化了学生的探究、创新意识和发展综合运用知识的方法、能力。而"根据现代农业发展和农村产业结构的调整因地制宜地设置符合当地需要的课程"[④] 则是"各种间接经验和学生的某种直接经验的总和。这种经验……是其课程结构的基本因素"[⑤]。上海市曾在不增加课时和学生负担的情况下，对农村初中植物学课程与教材改革进行了尝试：将"植物学"课程与劳技课"作物栽培"融合为"植物与种植"课程，使"学生在系统地学习植物学基本知识和基本技能的同时，初步掌握土壤、肥料、耕作、作物栽培、良种培育、农业气象、植物保护等现代种植科学的基本常识和基本技能，实行理论联系实际、

① 教育部. 基础教育课程改革纲要（试行）[J]. 人民教育，2001（9）：6-8.

② 钟启泉，崔允漷，张华. 为了中华民族的复兴 为了每位学生的发展——《基础教育课程改革纲要（试行）》解读 [M]. 上海：华东师范大学出版社，2001：4.

③ 钟启泉，崔允漷，张华. 为了中华民族的复兴 为了每位学生的发展——《基础教育课程改革纲要（试行）》解读 [M]. 上海：华东师范大学出版社，2001：5.

④ 教育部. 基础教育课程改革纲要（试行）[J]. 人民教育，2001（9）：6-8.

⑤ 廖哲勋. 农村职业技术中学的课程设计 [J]. 教育与职业，1986（5）：36-41.

理论指导实践的教学"。[①]

课程的这种设置，实质上是重新认识和确立各种课程类型（如学科课程与经验课程，分科课程与综合课程，必修课程与选修课程，国家课程、地方课程和校本课程等）以及具体科目在学校课程体系中的价值、地位、作用及相互关系的问题，也是适合新时期人的全面、个性发展的需要而对课程结构所作出的动态和优化过程。

（二）课程标准与基于标准的课程内容调整

1. 新课程标准的厘定

此次新课程改革的一个关键环节就是重新审定原有的教学大纲，厘定课程标准，以使其符合新世纪我国基础教育课程改革所倡导的新的理念和目标要求。

1952 年后，我国学习苏联教育模式，用教学大纲替代了 1912 年中国南京临时政府教育部颁布的《普通教育临时课程标准》中提出的"课程标准"一词。此后，教学大纲一直成为指导各科教学的纲领性文件，也成为教师课堂教学的重要依据。

2000 年 7 月，在教育部基础教育司和基础教育课程教材发展中心的组织和领导下，300 多名专家参加的《全日制义务教育课程标准（实验稿）》研制工作正式启动。各课程标准研制工作组通过理论探究、现状调查和专家研讨，并多次广泛征求国内意见、借鉴国外成功经验，初步对义务教育阶段 17 个学科的 18 种课程标准进行了研制。其间，教育部基础教育司组织召开了"义务教育课程标准审议会"，进一步吸收、采纳各级专家、院士和社会各界的合理意见，并于 2001 年 7 月正式颁布了义务教育阶段各科课程标准（实验稿）。这是中华人民共和国成立至今首次系统、全面地制定课程标准。由于第一次采用国家统一的课程标准，新课程改革不可能在当时提供相同格式的所有课程标准，只能在标准的制定上达成最大限度的共识。虽然如此，课程标准制定组在

---

① 上海市南汇县"农村初级中学植物学课程与教材改革研究"课题组. 农村初级中学植物学课程与教材改革第一轮试教实验报告 [J]. 山东教育科研，1992（4）：24-26.

进行具体研制时仍然考虑到了学生学习结果、学段的基本要求、学生学习结构、教师教学要求、三维目标体现等五个方面[①]的内容，这也是为去除原有教学大纲弊端[②]而有针对性提出的。此外，"课程标准"的厘定还基于如下四个因素的考虑：其一，课程价值趋向从精英教育转向大众教育；其二，课程目标着眼于学生素质的全面提高；其三，从只关注教师教学转向关注课程实施过程；其四，课程管理从刚性转向弹性。[③]

《全日制义务教育课程标准》大致框架包括前言、课程目标、内容标准、实施建议、附录等部分，其中关键"部件"是课程目标、内容标准及实施建议。其与教学大纲的框架结构比较，详见下表。

2001 新课程标准与教学大纲的框架结构比较[④]

	前言	课程目标	内容标准	实施建议	附录
课程标准	课程性质课程基本理念标准设计思路	知识与技能过程与方法情感态度与价值观	学习领域、目标及行为目标	教学建议/评价建议/教材编写建议/课程资源开发与利用建议	术语解释案例
教学大纲		教学目的	教学内容及要求	教学建议☆课时安排☆教学中应注意的问题☆考核与评价	

较之于以往的教学大纲，课程标准体现了义务教育的普及性、基础性和发

---

① 这五个方面的内容：课程标准是对学生在经过一学段之后的学习结果的行为描述，而不是对教学内容的具体规定；课程标准是国家制定的某一学段的共同的、统一的基本要求；学生学习结构行为的描述应该尽可能是可理解的、可达到的、可评估的；课程标准在于引导教师树立"用教材教，而不是教教材"的观念；体现不同阶段的学生在知识与技能、过程与方法、情感与态度等方面的基本要求。参见国家教育行政学院. 基础教育新视点 [M]. 北京：教育科学出版社，2003：113.

② 原有教学大纲明显存在以下弊端：从目标上，只规定了知识方面的要求；内容偏难、偏深、偏窄，对绝大多数学生来说，要求过高；只强调教学过程，忽视课程的其他环节；"刚性"太强，缺乏弹性和选择性。参见朱慕菊. 走进新课程——与课程实施者对话 [M]. 北京：北京师范大学出版社，2002：51-52.

③ 朱慕菊. 走进新课程——与课程实施者对话 [M]. 北京：北京师范大学出版社，2002：52-53.

④ 朱慕菊. 走进新课程——与课程实施者对话 [M]. 北京：北京师范大学出版社，2002：54.

展性原则，坚持了"两个面向"①。其主要特点：一是努力将素质教育的理念切实体现在课程标准的各个部分；二是突破学科中心；三是改善学习方式；四是体现评价促进学生发展的教育功能，评价建议有更强的操作性；五是为新课程的实施提供了广阔的空间。② 从课程目标上看，课程标准倡导"四基模式"，即基本知识、基本技能、基本态度和基本方法；③ 关注"处在一定阶段受教育的学生在知识、能力、品德、体力、态度、情感等方面应产生的变化和达到的结果的基本要求"④。知识与技能、过程与方法、情感态度价值观的三维课程目标，实质上就是课程标准的核心，亦即《纲要（试行）》的目标规定。从内容标准看，课程标准在教学大纲知识的基础上，"一方面注意补充与现实生活密切联系符合学生生活经验，能反映科学技术发展最新面貌的知识；另一方面也删去了部分难度较大和比较陈旧的内容"⑤。从实施建议看，课程标准对幼儿园教育、义务教育、高中教育都提出了"教与学的建议、评价建议、课程资源的开发与利用建议，以及教材编写的建议等"⑥。

各科课程标准的厘定让教学人员在实施学科课程时，能清楚地了解所教课程的性质、基本理念和设计思路，并根据三维目标瞄准课程学习的重点领域和内容来进行有针对性的课堂教学，进而获得可调整的、有价值的教学信息反馈。

2. 基于标准的新课程内容调整

2001 年颁布的《纲要（试行）》指出，基础教育课程改革要"改变课程内容'难、繁、偏、旧'和过于注重书本知识的现状，加强课程内容与学生生活以及现代社会和科技发展的联系，关注学生的学习兴趣和经验，精选终

---

① "两个面向"：一是面向所有学生，课程标准的研制充分考虑了我国不同地区和不同学校的实际状况，使所有学生都达到课程标准所规定的目标；二是不同层次、不同要求的学生，尊重学生的个性，关注每个学生的情感，激发他们的兴趣，使每一个学生的潜能都能得到充分的发展。参见《基础教育课程改革通览》编委会. 基础教育课程改革通览：通识部分 [M]. 北京：中央民族大学出版社，2002：32.

② 朱慕菊. 走进新课程——与课程实施者对话 [M]. 北京：北京师范大学出版社，2002：61-64.

③ 查有梁. 课程改革的辩与立 [M]. 重庆：重庆大学出版社，2009：90.

④ 张传燧. 课程与教学论 [M]. 北京：人民教育出版社，2008：73.

⑤ 《基础教育课程改革通览》编委会. 基础教育课程改革通览：通识部分 [M]. 北京：中央民族大学出版社，2002：33.

⑥ 国家教育行政学院. 基础教育新视点 [M]. 北京：教育科学出版社，2003：113.

身学习必备的基础知识和技能"①。与此相适应，新课程在内容上不再刻意追求学科体系的严密性、完整性和逻辑性，而是依据新课程标准来作出相应调整。

义务教育阶段各科课程标准针对"难、繁、偏、旧"的问题作出了尝试性设置。首先，通过学科课程内容整合来解决"难、繁、偏、旧"问题。与1992年的课程设置相比，新课程开设了体育与健康、品德与生活、历史与社会、科学、艺术、综合实践活动等综合课程，以增强课程内容的综合性、普遍性、常识性和生活性。比如，以往的小学语文大纲内容框架包括汉语拼音、识字与写字、阅读、写话/习作、口语交际、课文、语文实践活动，而新课标相应地为识字与写字（含汉语拼音）、阅读、写话/习作/写作、口语交际、综合性学习等。新课标在课程内容的突破在于，"单独提出综合性学习的要求，重视语文课程的综合性，重视语文和其他课程的联系"②。又如数学课标对难度的调整和对学生情感态度的重视，见下表。

义务教育阶段《数学课程标准》与大纲的比较（节选）③

	大纲	标准	突破
内容框架	学制分"五·四"与"六·三"两种，小学按年级设立教学目标，初中设立一个教学目标 知识内容：代数、几何、统计初步、应用题、实践活动	学制是九年一贯制，分三个学段设立内容标准 知识内容：数与代数、空间与图形、统计与概率、实践与综合应用	在几何方面削弱了对证明技巧的要求，强调学生数学公理化思想的培养 取消了单立的应用题，强调知识的形成过程以及综合应用，重视学生的情感态度和一般能力方面的充分发展

其次，新课程标准对具体的课程内容框架进行了重新设定以解决"难、繁、偏、旧"问题。如科学（生物）课标对课程新旧内容的调整（下表1）和内容难度的调整（下表2）等。

---

① 教育部. 基础教育课程改革纲要（试行）[J]. 人民教育，2001（9）：6-8.
② 朱慕菊. 走进新课程——与课程实施者对话 [M]. 北京：北京师范大学出版社，2002：67.
③ 朱慕菊. 走进新课程——与课程实施者对话 [M]. 北京：北京师范大学出版社，2002：69.

表1　《科学（7—9年级）课程标准》与现行大纲的比较（节选）[①]

	大纲	标准	突破
内容框架	传统分科理科，以生物学为例： ☆植物的形态、结构、分类 ☆细菌、真菌、病毒 ☆动物的形态、结构、分类 ☆人体解剖与生理卫生 ☆遗传、进化、生态	新的科学课程中的生命科学领域分为5个主题： ☆生命系统的构成层次 ☆生物的新陈代谢 ☆生命活动的调节 ☆生命的延续与进化 ☆人、健康与环境	生命科学，删除了占原初中生物教材大约40％篇幅的动植物各论，关注健康与生命科学发展前沿问题

表2　《生物课程标准》与现行大纲的比较（节选）[②]

	大纲	标准	突破
内容框架	植物性内容：学科体系，难度较大 ☆植物的形态、结构、分类 ☆种子的结构和功能 ☆根的结构和功能 ☆叶的结构和功能 ☆茎的结构和功能 ☆花的结构和功能 ☆果实的结构和功能 ☆植物的类群：藻类、苔藓、蕨类 ☆裸子植物、被子植物（被子植物的分类）	植物学内容：生物圈体系，难度降低 ☆生物圈中的绿色植物 ☆绿色植物的一生 ☆绿色开花植物的光合作用和呼吸作用 ☆绿色植物在生物圈中的作用 将植物的类群部分放在"生物的多样性"里	适当降低教学难度，面向全体学生，删除过去认为不能不学但对学生未必非常有用的知识

（三）新课程教材文本

新课程文本即实施新课程改革的各有关主体所设计的用于规定、指导、设置并说明新课程目标、结构、内容、实施、管理、评价的相关政策、文件、标准，以及新课程实施所用的新教材等。新课程教材文本主要有三类，即国家课程、地方课程和校本课程。就目前学校层面所采用的课程而言，国家课程、地方课程和校本课程共同构成了学校课程。其中，国家课程是学校课程的主体，地方课程、校本课程是学校课程的重要补充。

---

① 朱慕菊. 走进新课程——与课程实施者对话［M］. 北京：北京师范大学出版社，2002：73.
② 朱慕菊. 走进新课程——与课程实施者对话［M］. 北京：北京师范大学出版社，2002：91.

1. 国家课程

国家层面的课程文本主要是指各种政策性规定、文件、标准和新教材等。这类文本具有纲领全局性，作为新课程改革实施的总体指导和执行参照，如《中共中央国务院关于深化教育改革　全面推进素质教育的决定》《国务院关于基层教育课程改革与发展的决定》《基础教育课程改革纲要（试行）》等。为保障新一轮基础教育课程改革的顺利进行，国家还研制并颁发了系列课程文本"主体"，包括标准、实验方案类和实验教材类。

（1）标准、实验方案类。如《义务教育全日制学校语文等 18 科课程标准（实验稿）》（2001）、《义务教育课程设置实验方案》（2001）、《普通高中课程方案（实验）》（2003）、《语文等十五个学科课程标准（实验）》（2003）、《全日制民族中小学汉语课程标准（试行）》（2008）、《教师教育课程标准》（2011）、《义务教育语文等学科课程标准（2011 年版）》（2011）、《教育信息化十年发展规划（2011—2020 年）》（2012）、《"国培计划"课程标准（试行）》（2012）、《小学教师专业标准（试行）》（2012）、《中学教师专业标准（试行）》（2012）、《中小学教师信息技术应用能力标准（试行）》（2014）。

（2）实验教材类，即教学用书。2001 年，经全国中小学教材审查委员会审查通过，人民教育出版社出版了"一年级和七年级语文、一年级数学、三年级英语、七年级生物、七年级历史、七年级地理、八年级物理、九年级化学、一年级和七年级美术、一年级和七年级音乐、七到九年级体育和健康和一到二年级体育与健康教师教学用书共十五个学科的教材（教师教学用书）"[①]，这些文本获得 38 个国家级的实验区中 29 个实验区不同学科、不同数量、不同程度的采用。2002 年，随着实验区的扩大，人教社在出版新课标实验教材的同时又配备了教师教学用书及光盘、练习册、挂图、卡片及 CD、VCD 等有声辅助教学素材。2003 年，人教社为实验区教师制作了涵盖音像资料和文字资料的所有学科"资料包"，包括两部分：音像资料包括新课标通识培训内容、各科教科书总体编写思路、重点难点和各册教材介绍以及教学中的注意问题；每册教科书的示范课、研讨课的案例等。文字资料则包括各科课程标准实验教材

---

① 教育部. 中国教育年鉴 2002 [EB/OL]. [2015-03-13]. http：//www. moe. gov. cn/publicfiles/business/htmlfiles/moe/moe _ 392/200411/4568. html.

全面内容介绍、实验区的教学经验、教学案例等。人教社录制光盘257盘，复制38万多张；文字材料200万字，分28本，共印制38万多册。"这些培训资料全面免费发送到所有使用人教版实验教材的实验区和全国各省（自治区、直辖市）的地区（市）、县教育部门。"① 2004年，人教社送审的语文、数学、英语、历史、地理、物理、化学、生物、美术、体育与健康10科11套53种教材通过审查；2004年暑期，高中课程标准实验教材开始在广东、山东、海南、宁夏等地进行试用；2004年底至2005年初，120种新高中教材送审教育部，其中物理、化学等5种教材于2004年底先期通过了审查。根据实验区需要，人教社"又新制作了7 000套三、九年级以及新高中课程标准实验教科书的培训资料"② 发放到实验学校。2005年，人教社完成了义务教育各科课程标准实验教材的编写出版任务，以及普通高中课程标准实验教材"语文、数学（A版和B版）、英语、日语、俄语、物理、化学、历史、地理、体育与健康、美术等学科必修教材和选修教材的编写和送审工作"③；同年底，制作"小班教学"DVD教学光盘506片，覆盖了小学阶段7个学科的52册教材。2006年，"完成了语文、数学、英语、美术、俄语等学科36个品种高中新课程标准选修教程的编写和送审工作"，并录制"各学科教材配套多媒体光盘102片；为教师用书配套多媒体光盘23片"。④ 2007年，"制作并完成远程教育教学光盘79种631片，其他教学素材资料教学光盘26种78片"；"完成了普通高中课程标准实验教材日语和数学部分选修模块的编写和送审"；"对153种新课标教材进行了修订"并参与了"教育部组织的初中历史课标的修订工作"。⑤

　　截至2014年底，人教社课程教学研究所共出版普通高中课程标准实验教科书思想政治、语文、数学、英语、物理、化学、生物、历史、地理、美术、

---

① 教育部. 中国教育年鉴 2003 [EB/OL]. [2015-03-13]. http：//www. moe. gov. cn/publicfiles/business/htmlfiles/moe/moe＿995/200507/10163. html.

② 教育部. 中国教育年鉴 2004 [EB/OL]. [2015-03-13]. http：//www. moe. gov. cn/publicfiles/business/htmlfiles/moe/moe＿1194/200702/16068. html.

③ 教育部. 中国教育年鉴 2005 [EB/OL]. [2015-03-13]. http：//www. moe. gov. cn/publicfiles/business/htmlfiles/moe/moe＿1609/200708/25667. html.

④ 教育部. 中国教育年鉴 2006 [EB/OL]. [2015-03-13]. http：//www. moe. gov. cn/publicfiles/business/htmlfiles/moe/moe＿2523/200811/41084. html.

⑤ 教育部. 中国教育年鉴 2006 [EB/OL]. [2015-03-13]. http：//www. moe. gov. cn/publicfiles/business/htmlfiles/moe/moe＿2755/200905/47687. html.

俄语、体育与健康等 12 科 145 种，普通高中课程标准实验教科书教师教学用书 132 种，普通高中课程标准实验教科书配套教辅用书 92 种。①

与"主体"相配套的一系列"意见""通知"等辅助类文本亦适时发布，包括：《开展基础教育新课程实验推广工作的意见》（2001）、《教育部关于积极推进中小学评价与考试制度改革的通知》（2002）、《国家基础教育课程改革实验区 2004 年初中毕业考试与普通高中招生制度改革的指导意见》（2004）、《关于基础教育课程改革实验区 2005 年初中毕业考试与普通高中招生制度改革的指导意见》（2005）、《关于进一步加强普通高中新课程实验工作的指导意见》（2005）、《关于 2006 年推进普通高中新课程实验工作的通知》（2005）、《关于 2007 年推进普通高中新课程实验工作的通知》（2007）、《关于组织对义务教育各学科课程标准（实验稿）征求意见工作的通知》（2007）、《2009 年基础教育课程标准实验教学用书目录》（2008）、《教育部关于深化基础教育课程改革进一步推进素质教育的意见》（2010）、《教育部关于推进中小学教育质量综合评价改革的意见》（2013）、《教育部关于普通高中学业水平考试的实施意见》（2014）、《国务院关于深化考试招生制度改革的实施意见》（2014）、《教育部关于全面深化课程改革　落实立德树人根本任务的意见》（2014）、《教育部关于加强和改进普通高中学生综合素质评价的意见》（2014）等。

2. 地方课程

地方课程主要是指各省市、自治区、直辖市政府和教育主管部门在中央政府领导下根据国家教育政策、方针和文件精神，组织制定的符合当地教育实情的政策性规定、文件，以及新课程实施所用的中小学规划教材，包括乡土教材、专题教育用书及其配套的教学软件、音像教材、教学图册等。这类文本具有地域性特征，各有其不同的内在要求。随着新课程改革的不断推进，各地课程资源开发得到重视，地方课程文本建设得到加强。

长期以来，我国将国家课程作为课程建设的重点，而地方课程文本建设处于相当薄弱的水平，地方课程没有得到实际的开发，地方课程数量微乎其微。新课程改革提出要注重发挥不同课程类型在学生发展方面所具有的不同层面价

---

① 人民教育出版社课程教材研究所. 普通高中课程标准实验教材、教辅［EB/OL］.［2015-03-13］. http：//www. pep. com. cn/rjcp＿1/cpml/201010/t20101014＿933818. htm.

值，对课程结构进行了调整，对不同层次的课程比例进行了重新设置，将几乎比例为零的地方和校本课时比例提高到10％—12％的课时比例，这有助于满足地方社会和学校教育发展的现实需要。

2001年12月25至26日，广东省召开了全省课程改革工作会议，提出了《广东省基础教育课程改革实施意见》，倡导加强对地方课程建设。2000—2006年广东省中小学教材审定委员会审查通过了一批共78种中小学地方教材，其中包括，《广州市小学乡土美术》（一至六年级）、《广州市小学乡土音乐》（一至六年级）、《广州历史》（初中）、《广州地理》（初中）、《珠江口上的明珠——番禺》（初中）、《综合乡土教材：水秀花香——芳村》（三至八年级）、《惠州市生物》（全一册）、《江门地理》（初中）、《珠海历史》（初中）、《客家文化之都——梅州》（三至六年级）、《孙中山的故乡——中山》等。

根据《珠江三角洲地区改革发展规划纲要（2008—2020年）》［以下简称《规划纲要（2008—2020年）》］和《广东省中长期教育改革和发展规划纲要（2010—2020年）》［以下简称《规划纲要》（2010—2020年）］，广东省又制定了《广东省教育发展"十二五"规划》，将义务教育和高中教育纳入"十二五"期间广东教育发展重点任务。其中，《规划纲要（2010—2020年）》明确提出了深化义务教育教学改革，"积极探索建立广东特色义务教育课程教材体系"[1] 的要求。为进一步完善、规范、加强中小学地方课程建设，2010年2月，广东省教育厅修订并出台了《广东省中小学地方课程教材编写审定管理办法》，对中小学地方课程教材进行了立项审查。2013年，广东省教育厅再次对《广东省中小学地方课程教材编写审定管理办法》进行了部分调整，以保证中小学教育教学有高质量、有特色的教材。

湖南省在2002年颁发了《湖南省义务教育课程计划》，其对各地方县市进行特色课程建设提出了要求。比如，《郴州市建设教育强市"十二五"规划》中提出，通过传承、沉淀和创新，促进学校在办学理念、学校管理、人才培养模式、课程建设、教学方式方法、校园文化建设等方面，形成鲜明特色和独特

---

[1] 广东省教育厅. 广东省中长期教育改革和发展规划纲要（2010—2020年）［EB/OL］.（2010-10-26）［2015-03-13］. http：//www. gdhed. edu. cn/publicfiles/business/htmlfiles/xxgk/021/201311/204025. html.

风格。积极推进普通高中开放办学，多样化办学，开设丰富多彩的选修课，建立特色化课程体系，探索创办体育、艺术、科技、外语等不同特色的课程"①。株洲市在其"十二五"教育发展规划中提出，"深入推进课程改革，创建名牌特色课程"②。湘潭市在其建设教育强市规划纲要中提出，深入推进普通高中课程改革，"因地制宜开设选修课"，③ 落实课程标准。

新课程实施后，根据教育部和湖南省两级《义务教育课程设置实验方案》的精神和《湖南省义务教育课程（实验）计划》，一些学校开设了《湖南地方文化常识》《科技活动》《知识讲座与专题教育》《生命与健康常识》《心理健康教育》《写字》《环境教育、毒品及艾滋病预防专题教育资料》《中华经典诵读》等地方课程。

地方课程文本的建设，是当期我国基础教育课程改革、课程开发机制转换的关键性问题之一。加强地方课程建设，是我国社会和教育发展不可回避的路径：其一，可以促进课程决策和管理的民主化、科学化，让地方课程建设队伍不断成长起来，让地方教育主管人员、学者、学人、教师、校长更多更主动地参与到课程建设中来。其二，可以推进课程与当地实际紧密结合。我国不同地域、不同民族、不同经济地区的教育存在巨大差异，地方课程的开设有利于因地制宜，有利于学生将所学知识付诸当地实践。其三，可以让地方教育资源利用效率最大化。挖掘地方课程资源，充分利用尚未被开发的地方教育资源为当地社会教育服务。其四，可以促进地方人才培养质量的提高。地方课程建设是国家课程建设的必要组成部分；地方课程是国家课程的必要补充，具有针对性、灵活性和实用性，地方性强有助于照顾学生的学习兴趣和爱好，有利于人才培养质量的提升。其五，能够提升当地文化品位。地方课程及其文本反映地方特色，浓缩地方文化精华；地方课程建设即是地方文化与主流文化的互补融通，孕育人才成长。

---

① 湖南省教育厅发展规划处. 郴州市建设教育强市"十二五"规划［EB/OL］.（2012-07-11）［2015-03-14］. http：//fzghc. gov. hnedu. cn/show/94，045. html.

② 湖南省教育厅发展规划处. 株洲市教育强市"十二五"建设规划［EB/OL］.（2012-07-09）［2015-03-14］. http：//fzghc. gov. hnedu. cn/show/94，036. html.

③ 湖南省教育厅发展规划处. 湘潭市建设教育强市规划纲要（2011—2020）［EB/OL］.（2012-07-11）［2015-03-14］. http：//fzghc. gov. hnedu. cn/show/94，054. html.

各地地方课程建设卓有成效。如上海市设置了《上海市中小学公共安全行为指南》《中小学生职业规划读本》《环境教育读本》等。陕西省的地方课程设置包括省情教育、健康教育、科技教育、综合教育等方面，其中有关省情教育的课程有《陕西历史》《陕西地理》《陕西生物》等。浙江省根据《浙江省基础教育地方课程（通用内容）标准》，编写了地方教材《人 自然 社会》；宁波市教研室根据宁波市经济与社会发展实际组织力量编写了《我看宁波》《我爱宁波》《我与宁波》等一批当地特色的教材；杭州市也组织编写了小学六年级地方教材《我与杭州》；江山市组织编写了《南孔圣地——衢州》在小学 1—6 年级开设，《东南阙里》在初一年级开设，《薪火相传》在初二年级开设，《三衢新貌》在初三年级开设[①]，此外还有《话说南孔》《烽火三衢》《古道千年》等地方课程。湖北省 2011 年新增并下发了 4 种地方课程，包括《高中新课程与网络应用》（供高中使用）、《廉洁文化进校园》（供小学使用）、《综合实践活动》（供高中使用）、《中华经典古诗文诵读》（小学至高中使用）。[②] 山东省根据《山东省义务教育地方课程和学校课程实施纲要（试行）》组织编写了包括民族文化、自然探究、社会探究三个领域的地方课程，相关教材有《领略山东民俗学习指导书》《走进齐鲁文化学习指导书》《齐鲁大地探奇学习指导书》《走进生物学习指导书》《天天饮食学习指导书》等 3—8 年级用书。辽宁省以学生用书和 VCD 呈现的方式出版了《辽宁自然与地理》《辽宁海洋》《辽宁历史与人物》《辽宁工业与经济》《辽宁体育与艺术》《辽宁民族》《现代农业科技教育》等。四川省根据《四川省地方课程实施方案（修订）》的指导，从省情教育、公民教育、农村初中绿色证书教育和现代科技四个方面组织力量编写了多套教材，即《四川历史与文化》《四川社会与经济》《四川自然环境》《心理健康教育》《青春》《现代道德及礼仪教育》《综合知识讲座》《家庭·社会与法制》《特种种植》《特种养殖》《现代农业实用技术》《新科技》等。

3. 校本课程

校本课程主要是指各学校在当地政府和教育主管部门领导下，根据国家教

---

① 衢州教育网. 我市地方教材更新［EB/OL］.（2012-03-31）［2015-03-15］. http：//edu. qz828. com/system/2012/03/31/010460539. shtml.

② 湖北中小学地方课程教材目录下发新增 4 种选择［EB/OL］.［2011-05-17］. http：//hubei. eol. cn/hubeinews _ 5089/20110517/t20110517 _ 616613. shtml.

育政策、方针和文件精神，组织制定符合本校教育发展的文件、规定，以及为实施新课程所编写的中小学教材及教辅材料等。

由于国家课程在新课程学校课程体系中所占的比重减少，10％—12％的课时比例已让渡给地方课程和校本课程的开发和实施，从而在事实上形成了国家、地方和学校三级课程结构，这在激发地方和学校课程建设的同时，也有助于实现地方和学校课程的多样化，可以进一步彰显地方和学校教育的特色。这一课时比例调整对于各地方学校而言意义重大，因为学校在课程建设权限上获得了更多的主动权和积极性，不同学校的学生成长及个性发展将获得尊重，不同的校园文化将得到弘扬。

学校课程文本建设日益受到各级地市主管部门和学校的重视和关注。比如，《湖南省建设教育强省"十二五"规划》指出，要"加强综合类、实践类课程和校本课程、选修课程建设"。[①] 2012 年《长沙市中长期教育改革和发展规划纲要（2011—2020）》中提出，"继续深化基础教育课程改革，全面落实课程计划，大力开发校本课程"[②]。2014 年长沙市在《关于进一步加强我市各级各类学校体育、艺术、健康和国防教育课程建设的实施方案》的通知中提出，"有条件的地区和学校要开设丰富的艺术类选修课供学生选择性学习。鼓励农村中小学统筹区域内乡土文化、民间艺术、民族文化遗产资源，探索简便实用的艺术教育模式"[③]。

在各类纲要、文件、政策的指导下，各地中小学校课程建设异彩纷呈，给校本课程建设提供了很好的范本。如吉林省东丰县猴石中学编制了系列乡土教材，较好地适应了农村社会经济发展的需要，这些文本包括《猴石地理》《猴石历史》《农村应用文》《农村常用数学》《农村实用物理》等，学校"还编写了相应的综合教材《人口》《环境》《禁毒》《卫生常识》《防灾抗灾》《国防》

---

① 湖南省教育厅发展规划处. 湖南省建设教育强省"十二五"规划［EB/OL］.（2012-07-19）［2015-03-14］. http：//www. gov. hnedu. cn/show/85，978. html.

② 湖南省教育厅发展规划处. 长沙市中长期教育改革和发展规划纲要（2011—2020）［EB/OL］.［2015-03-13］. 2012-07-09. http：//fzghc. gov. hnedu. cn/show/94，033. html.

③ 长沙教育信息网. 关于下发《关于进一步加强我市各级各类学校体育、艺术、健康和国防教育课程建设的实施方案》的通知［EB/OL］.（2014-07-07）［2015-03-14］. http：//www. csedu. gov. cn/news/67845. html.

《以案学法》等"。① 又如，湖南师范大学附属中学近年来"自主开发了50余门校本课程"②，内容涉及信息技术、通用技术、体育健康、艺术教育等方面，如VB精彩编程200例、健美操、武术、足球、排球、物理、数学、几何、动画等选修内容，具体课程有"闭环控制系统""结构与强度""发现与明确问题""机构与稳定性""四巧板动画""鲁班锁动画""投影与三视图"等。③

北京师范大学附属中学开发了必修与选修两类校本课程，将《科学》作为高中侧文学生必选，将《社会》作为高中侧理学生必选。学校还设计了"特色德育类""健身类""学科特长类""学科专项技能类""文学和艺术鉴赏类""博知类"等不同层次的校本课程。④ 依托校史开发选修课，如《100个附中人的故事》；依托教导处和年级组开发活动类课程，如成长教育、科普创新教育、人文创新教育、身心健康教育、时事政治教育、艺术美育教育、社会责任教育七个模块；依托教研组开发的选修课，如"学科发展规划""模拟联合国""生命伦理学"等。2013—2014年，学校为初一、初二、高一、高二学生开设的选修课多达49门，其中包括"拉丁语""桥牌训练""英语视听说""广告与影视欣赏""经典导读""数学提高""动手制作""乒乓球""蔬菜栽培和生物实验技术""语文基础""数学基础""趣味地理""国际市场""青春读书""趣味物理""法语""学生公司""模联""素描""现代舞""生命伦理学""企业经营管理"等。⑤

上海七宝中学仅2014年就为学生开设了53门选修课，涉及体育、科技、艺术、动画、文化、文学、礼仪、语言、学科教学等方面，如"桥牌""基础光学实验""动画与表演""摄影与人生""VB程序设计""篮球综合训练"

① 王永胜，袁孝亭. 农村中小学地方课程与学校课程建设的探索［EB/OL］.［2015-03-15］. http：//www. edu. cn/zhong＿guo＿jiao＿yu/ji＿chu/zong＿he/ji＿chu＿zhuan＿ti/nong＿cun＿jiao＿yu/200603/t20060323＿14228. shtml.

② 湖南师大附中学校平台［EB/OL］.［2015-03-15］. http：//www. hnsdfz. org/2010/portal. php? mod＝view&aid＝360.

③ 湖南师范大学附中学科资源［EB/OL］.［2015-03-15］. http：//61. 187. 64. 126/xkzy/index. htm.

④ 北京师范大学附属中学. 北京师范大学附属中学校本课程建设全扫描［EB/OL］.（2010-06-10）［2015-03-15］. http：//gaozhong. eol. cn/ke＿cheng＿xuan＿xiu＿10306/20100610/t20100610＿485282. shtml.

⑤ 北京范大学附属中学［EB/OL］.［2015-03-15］. http：//www. bjsdfz. com/elective. aspx.

"中国传统文化""交际礼仪""创新与小发明""日语""数学建模与趣味数学实验""德语""国际理解教育""机器人基础""物联网生活""星空探秘""吃喝玩乐大上海""地理科学研究入门""MIDI 电脑音乐制作""空手道""烹饪技术""青年创业指导""国学漫谈""纳米世界""EM 电磁学实验与发明""现代舞和民族舞""学说与表演""物理与军事科技""点击世界名牌大学课程"等。

除了城市学校的课程资源开发外，农村中学也为学生开发了具有浓郁地方特色的学校课程：如湖南省石门县白云乡中心学校的"生态文明·美丽湖南"，湖南省邵阳市第五中学的"浆"，湖南省凤凰县第四中学的校本课程"凤凰历史人物小传""家乡籍作家作品选读""凤凰游记与家乡民间传说选编"等；重庆市梁平区金带镇小学的"爱父母""练笔"，重庆市丰都县三建乡中心学校的"科技教育"；福建省南安市洪梅仁宅中心小学的"洪梅乡贤"，福建省南安市石井镇中心小学的"郑成功文化"；湖北省黄石市大冶市六中的"核能利用与环境保护"，湖北省黄石市阳新县大冶还地桥镇小学的"良好习惯伴我健康成长"；山东省肥城市安庄镇寨子小学的"小学生礼仪教育"；甘肃永昌县河西堡镇第三小学的"中华经典诗文诵读"；河北省峰峰春光中学的"民间文化"；江苏仪征市第二中学的"仪征乡土地理"；广东省清远市连山县广德中学的"瑶族历史文化"；河南省密云县寨镇中心小学的"黍谷风清校本课程"；贵州省镇远县江古乡小学的"可爱的江古"等。

这些校本课程的开发和建设，不仅突出了不同地域城乡学校的办学特色，更重要的是拓展了学生学习和发展的空间，有力地促进了新课程改革课程建设和地域文化建设，让校园文化充满活力，让学生多方面的素养随着对不同特色知识和文化的汲取而得到全面发展。

四、 建立相对完善的教师培训制度

实施新课程改革，教师是关键和核心力量。再好的课程，没有好的、专业化程度高的教师，新课程改革的预期目标就很难达成。长期以来，我国教师专业化的状况堪忧，存在教师的知识结构比例失调，专业道德危机四伏，学历明显偏低，在职进修形势紧迫，专业自主受到限制，专业权力名不副实，组织力量薄弱等问题。[①]

为保障新课程改革所需的合格师资，《纲要（试行）》第八条指出："师范院校和其他承担基础教育师资培养和培训任务的高等学校和培训机构应根据基础教育课程改革的目标与内容，调整培养目标、专业设置、课程结构，改革教学方法。中小学教师继续教育应以基础教育课程改革为核心内容。""地方教育行政部门应制定有效、持续的师资培训计划，教师进修培训机构要以实施新课程所必需的培训为主要任务，确保培训工作与新一轮基础教育课程改革的推进同步进行。"[②]

（一）"三级培训"目标、对象及内容概述

由于新课程改革的迅猛推进需要大量"新教师"，而短期内通过教师职前培养的手段无法满足我国新课程改革全面实施和推进的需要。因此，必须做好新课程的师资培训工作，提升现有在职教师的教育水平和教学能力，转变教育理念，改善教育教学方法，优化教学模式，使之符合新课程改革之所需，这已成为新课程改革实验当务之急。

为让广大教师、校长、各级教育主管人员明晰新课程改革的理念、方案，把握新课程标准，理解并用好新教材，国家根据新课程实施计划[③]有步骤地启动了从上到下的师资培训。培训分国家、省、地（市）、县等不同级别；培训大致有三个时段：首先是国家对省、地、市教育部门及国家级实验区的骨干进行的培训；其次是各省教育行政主管部门对各自省份实施新课程的骨干人员培训，再次是各实验区对参加新课程的校长和教师们的培训。新课程改革的师资培训主要采取以基本理念、学科标准、教材教法为主要形式的"三级培训"，即"通识培训""课标培训"和"教材培训"。具体目的、对象、内容如下表所示。

---

① 刘婕. 教师专业化［M］. 北京：教育科学出版社，2002：282-291.

② 教育部. 基础教育课程改革纲要（试行）［N］. 中国教育报，2001-7-27（002）.

③ 新一轮基础教育课程改革的初期推进计划：2001 年秋季，启动义务教育阶段新课程实验；2002 年秋，义务教育新课程体系进入全面实验阶段；2003 年秋季，起始年级启用新课程的学生数达到同年级学生的 35％左右；2004 年季，进入义务教育阶段新课程推广阶段，起始年级启用新课程的学生数达到同年级学生的 65％—70％；2005 年秋季，中小学阶段起始年级原则上都启用新课程。

"三级培训"

通识培训	培训目的	协助参与者做好实施新课程的思想和行为准备，并为下一步的学科培训做铺垫 通过培训，参与者能对新课程改革的理念、目标、内容有较深入的了解，对改革中的困难有较深入的思考，并能积极主动地投身于具体的课改实践
	培训者	以"基础教育课程改革专家组"成员为主
	培训对象	参与新课程实验的校长、教师、教研员、教育行政管理人员
	培训内容	解读《基础教育课程改革纲要（试行）》，包括新课程的理念与创新、新课程与学生发展、新课程与学习方式变革、新课程与教师角色转变、新课程与评价改革、新课程与学校发展等
课标培训	培训目的	通过标准解读、探讨，帮助教师和教研员在认识和把握新课程改革的精神和理念基础上，深入理解具体学科课程改革的理念、方向、难点和重点等
	培训者	主要是不同学科课程标准研制组负责人及其核心成员
	培训对象	各学科教师和教研员
	培训内容	各学科课程标准解读，研讨各学科教育理念、教学内容、教学方法、教学评价等
教材培训	培训目的	帮助教师和教研员更系统、具体地了解学科课程标准及课程实施应注意的主要问题，以便创造性地开展教学
	培训者	主要是各学科教材的编写者和优秀学科教师
	培训对象	各学科教师和教研员
	培训内容	教材编写的基本原则、思路，教材结构体系、特点，内容分析等

（二）"三级培训"的实施及成效

1."三级培训"的实施要求与阶段成效

2001 年，教育部下发《关于开展基础教育新课程师资培训的意见》提出"先培训，后上岗；不培训，不上岗"政策。同年，教育部师范司组织了义务教育阶段 26 个学科新课程"省级骨干教师培训者第一期国家级培训"，共计培训教师 3 200 人。

2003 年，教育部下发《关于第二期基础教育新课程骨干培训者国家级研修的指导意见"，组织了"第二期基础教育新课程骨干培训者国家级研修"；颁发了《关于进一步加强新课程师资培训工作的意见》。这次培训的成果如下：①选并委托 29 所师范院校和教师培训院校举办了"省级骨干培训者国家级研修"，共培训了 6 448 人；②委托 12 所师范大学组织了"师范院校学科教育学和教学法教师国家级培训"，共培训教师 3 552 人。

在实施"三级培训"的同时，国家适时出台了《2003—2007 年教育振兴行动计划》，其中指出，要"发挥师范大学和其他举办教师教育高等学校的优势，共建共享优质教师教育课程资源，提高教师培训的质量水平。组织实施以新理念、新课程、新技术和师德教育为重点的新一轮教师全员培训，组织优秀教师高层次研修和骨干教师培训，不断提高在职教师的学历、学位层次和实施素质教育的能力"①。同时，"强化学校管理人员培训，加快培育一大批高素质高水平的中小学校长、高等学校管理骨干和教育行政领导，全面提高管理干部素质。将干部培训与终身教育结合起来，构建开放灵活的干部培训体系"②。

2003 年年底，全国共计约 200 万小学和初中教师接受了由各级教育行政部门组织的不同层次、不同形式、不同类型的教师新课程培训。

2005 年，全国根据《关于进一步加强新课程师资培训工作的意见》开展教师培训工作，要求：①2005 年秋季中小学开学前，基本完成义务教育阶段起始年级实施新课程教师的岗前培训；②组织其他年级教师进行新课程培训。

2007 年，全国根据《关于进一步加强新课程师资培训工作的意见》持续开展教师培训工作，对普通高中起始年级实施新课程教师的岗前培训。

"十五"期间，"第二期贫困地区义务教育工程"开展，组织对全国 15 个省（自治区）372 个贫困县的教师实施新课程为主要内容的师资培训。

2."三级培训"的总体效果

（1）推动了教师专业发展。国家组织教材编写人员、教育教学专家、学者、出版社等，通过采取集中讲授、会议、亲身实践、经验推广、教学观摩、即时反馈、小组研讨、成果展示、录像分析、建培训基地等形式，开展并加强

---

① 教育部. 2003—2007 年教育振兴行动计划［EB/OL］.（2004-02-10）［2015-03-16］. http：//www. moe. edu. cn/publicfiles/business/htmlfiles/moe/moe _ 177/200407/2488. html.

② 教育部. 2003—2007 年教育振兴行动计划［EB/OL］.（2004-02-10）［2015-03-16］. http：//www. moe. edu. cn/publicfiles/business/htmlfiles/moe/moe _ 177/200407/2488. html.

对实验区教师的培训工作。通过培训，"教师的教学观念和教学实践正在发生变化，尽管还存在诸多的困惑，如教学中如何处理知识、技能、态度、情感、价值观之间的关系，如何更好地实施小组合作学习等，但是教师对新课程和教材具有很好的适应性，能够在自己的教学实践中探索和实践新课程所倡导的合作、探究与交流的学习方式，尝试新的评价方法"①。培训不仅拓展了教师的课程意识，明晰了自己的课程权利，也激发了教师的教研热情，"中小学教师的专业发展尤其是教师培训制度获得了历史性的突破，一种以平等、对话、合作为特征的教育科研文化基本形成"②。与此同时，新课程理念在教师培训的过程中亦得到广泛传播。一线教师们通过培训，面对面地与教育专家、学者和相关科研人员进行交流学习，直观地感知新课程思想，直接了解或掌握新课程的新理念、新思想、新方法。

（2）新课程培训文本、课程资源建设卓有成效。为保障"三级培训"的进行，教育部基础教育司组织编写了"走进新课程丛书"并于 2002 年由北京师范大学出版；同年，在教育部基础教育课程教材发展中心组织下，"新课程实施过程中培训问题研究课题组"编写了"基础教育课程改革通识培训丛书"（共六册）；2003 年，中国教育学会教育学分会课程专业委员会组织撰写了"新课程改革研究丛书"（共八册）；2006 年出版发行了"义务教育课程标准教师培训光盘（VCD186 碟/套）"和"普通高中课程标准教师培训光盘（VCD115 碟/套）"。通过理论阐述和案例分析，这些文本对相关议题及近年新课程改革实践中师生和教研人员反映较集中的问题进行了针对性讲解，夯实了课改参与者对新课程的理解。此外，通过提供教科书，提供专家报告及相关文字材料，提供培训资料包，出版《试教通讯》，在《课程·教材·教法》和《中小学教材教学》等刊物上刊发教改研究文章，通过人教网（www.pep.com.cn）提供交流与互动服务，开展远程服务等，教师们能更好地了解教材，熟知教材，用好教材。

（3）架设起了围绕基础教育课程改革，基础教育与高等院校、科研院所及其他社会力量之间的一座桥梁，凝聚了各方智识，寄托了教育情怀，担起了各

---

① 教育部"新课程实施与实施过程评价"课题组. 基础教育课程改革的成就、问题与对策［J］. 中国教育学刊，2003（12）：35-39.

② 张荣伟."新课程改革"究竟给我们带来了什么？［M］. 福州：福建教育出版社，2008：121.

自责任。"三级培训"，除了教育部基础教育课程改革专家组成员以外，很多师范大学、承担基础教育师资培养与培训任务的高等学校、继续教育部门、大学课程研究中心以及一些社会上的教育机构都参与其中，承担了主要培训任务和各类文本、资料的研发和指导工作。如 2003 年 1 月教育部基础教育司主编，由中央广播电视大学出版社和中央广播电视大学音像出版社联合出版了"国家基础教育课程改革通识培训电视教学系列片（VCD29 碟/套）"，对新课程改革初期的教师培训工作思路和主要内容进行了直观呈现。在此系列片中，崔允漷、张华、余文森、吴刚平、郭元祥、马云鹏、辛继湘、吴永军、高凌飚等教授对其给予了专业支持。

另外，教育部北京师范大学基础教育课程研究中心、教育部华东师范大学基础教育课程研究中心、教育部东北师范大学基础教育课程研究中心等，这些团队以及全国其他一些师范类院校和科研院所，也都承担着国家或地方教育行政部门委托的课程改革任务，其中也包括"三级培训"，为新课程改革的顺利进行提供智力支持和决策参考。

第二节　新世纪基础教育课程改革的问题

尽管基础教育课程改革 20 年来取得了令人瞩目的成就，但改革进程中呈现出来的问题不容忽视：重理论课程、制度课程、文本课程、学科课程，轻行为课程、实践课程，轻教师和学生的主体地位。这些问题的存在，已给我国基础教育课程未来改革带来了巨大障碍。

一、 重理论课程轻实践课程

（一）重理论课程

1. 重新课程理念和新课程体系的构建
新课改实施以来，教育理论界、教育行政机构、出版机构等大多都在大张旗鼓地宣传新的课程理念、研究新的课程体系。各种新理念令人眼花缭乱，大有"概念重建"之势。就学习理念而言，有自主性学习、生成性学习、探究性学习、合作性学习、过程性学习等理念；就教学过程理念而言，有主体性教学、探究性教学、合作性教学、师生平等交往等理念；就课程理念而言，有知识课程观、经验课程观、活动课程观、课程资源观等理念。此外，还有新的教学模式观、新的学生观、课程资源观等。相关研究如陈旭远的《新一轮基础教育课程改革的基本理念》（2001）、吴刚的《网络时代的课程理念与课程改革》（2001）、温恒福的《关于课程改革的十大教育理念》（2002）、张华的《高中课程改革的问题、理念与目标》（2003）、郝文武的《课程改革与教育本质从理念到行动的转变》（2005）、黄小莲、刘力的《我们需要怎样的课程改革——兼评〈"新课程理念""概念重建运动"与学习凯洛夫教育学〉》（2009）等。

从整个课程体系构建而言，新课程改革十余年来，在官方、学界及主流媒体的合力推动下，人们显然将关注的重心聚焦于宏大的课程体系层面，关于课程功能、课程标准、课程方案、课程设计、课程编制、课程内容、课程意识、课程资源、课程开发、课程实施、课程评价、课程管理等"课程"的研究占据了各大媒体主流。其主要表现：（1）出版了一系列有关新课程体系教材、教辅资料、音像资料、师资培训资料、教师专业发展资料以及相关拓展读物等，并启动新课程教材培训；（2）研制颁行了义务教育语文等 15 个学科课程标准，并启动新课程标准培训；（3）围绕课程实施，推行并改善相关课程方案和设计；（4）实施三级课程管理；（4）开发课程资源；（5）改革教育评价；等等。人们对于上述理念课程研究所付出的时间和精力，可以从下面的"成果"可见一斑：截至 2015 年底，通过查阅中国知网，"课程"一词直接出现在标题中的论文高达近 30 万篇；其中 2001—2005 年每年为 1 万篇以下；新课程改革全面实施以后，围绕课程所进行的理论研究突然升温，2006—2008 年关于"课程"主题的研究每年都在 1 万篇以上；2009—2010年每年为 2 万篇以上，2011—2015 年每年为 2 万 5 千篇以上。可见，对新课程的理论性研究自新课程改革实施以来，越来越成为课程理论和实践研究者们关注的对象和焦点。

2. 重理论化课程

新课程改革实施以来，一些新的课程理论研究，如"国家课程、地方课程、校本课程、综合课程"等理论研究渐趋成熟，"理论化课程"有重大突破，并正向实践转化，发挥出重要的指导课程实践的作用。

对理论课程的偏重，实质上是崇尚课程研发自上而下的"专家向度"。这一偏向直接导致对实践教学领域研究的忽视或轻视。因为，在单一的"专家向度"研究范式里，国家倚重的是由学科专家、学科教学法专家、课程理论专家等所组成的课程研发团队的意志、理念和设想，倚重的是这些"精英的智慧"及他们对课程的"精准设计"，然后通过由课改专家领衔的教师培训将"精准设计"的"精品课程"及"秘籍"传授给一线教师们，最后再由教师去实施课堂教学。显然，在这一模式里，教师的角色是失位的、教学实践只是教授"新课程"。毫不夸张地说，对理论课程的偏重，事实上把课程变革视为从课程变革计划到计划实施、从课程变革的制定者到计划的实施者之间的单向的线性过程，强调的是课程变革的决策者和计划制定者对课程实施者的有效控制。大家对理论课程过分重视，对实践课程而言就难免顾此失彼了。

（二）轻实践课程

与对"理念课程"的关注和对"理论课程"的偏重形成强烈反差的是，学校课堂教学状况不容乐观。本来，教学和学习方式的转变是此次课程改革关注的重点，力图改变传统教学忽视学生的经验和体验的弊端，倡导自主学习、探究学习、合作学习等。然而，本研究前期调查发现，"比较赞同""学生自主学习、探究学习、合作学习的能力已有明显提高"的教师比例仅有 24.4%，"不赞同"的比例则为 59.6%。可见，新课程改革的实践效果并没有达到改变沉闷、僵化、封闭、单一的课堂教学状况的课改目的，"课改十年，课程虽好，课堂依旧"现象十分明显。"十年声势浩大的课程改革所表现出来的种种证据表明，新课程所倡导的先进理念得到了很大程度的认同，但先进的理念与残酷的现实之间的'两张皮'现象不是存在，而是十分严重。"①

正因为对实践课程的关注不够，对新课程实施中的教学关注力度不够，新课程教学改革中的一些问题才显现出来，新课程所倡导的课堂教学方式变革也出现了匪夷所思的现象：②"对话"变成了"问答"；有活动却没体验；合作有形式却无实质；课堂有温度却无深度；有探究之形，却无探究之实。教学方式与学习方式的变革是新课程改革的重中之重，然而由于各种因素的影响，现实教学并没有发生预期的转变，"教学实质改变不大"③。其中重要原因就在于，我们这十多年来着力进行了理论课程建设，而对实践课程建设的关注远远不够。

二、 重制度课程轻行为课程

（一）重制度课程

新课程改革基本建立了具有中国特色的、更加符合时代发展要求的新课程制度，包括课程编审制度与选用制度、三级课程管理制度、考试评价制度以及必修与选修制度等，"制度化课程"建设成效显著。

具体来说，"制度化课程"的成效包括：（1）颁布《基础教育课程改革纲要（试行）》，实行国家、地方、学校三级课程管理制度，以增强课程对地方、学校及学生的适应性。（2）出台《关于中小学教材编写审定管理暂行办法》，建立教材编写的核准制度。（3）完善教材审查制度，除经教育部授权省级教材审查委员会外，按照国家课程标准编写的教材及跨省使用的地方课程的教材须经全国中小学教材审查委员会审查；地方教材须经省级教材审查委员会审查。教材审查实行编审分离。（4）逐步建立教材评价制度和在教育行政部门及专家指导下的教材选用制度。（5）颁布《普通高中课程方案（实验）》，规定高中阶段实行必修课与选修课制度，赋予学校和学生一定的课程自主权和选择权，并规定学生至少获得 6 个学分。此外，新课程还倡导建立以校为本的教学研究

① 崔允漷. 基于课程标准：让教学"回家"[J]. 基础教育课程，2011（12）：51-52.
② 余文森. 新课程教学改革的成绩与问题反思 [J]. 课程·教材·教法，2005（5）：3-9.
③ 马健生，王勇. 新课程改革存在的主要问题及分析 [J]. 教育科学研究，2007（2）：19-22.

制度，建立发展性评价制度等。

（二）轻行为课程

制度化课程在走向实践的过程中会出现两种情况：一是课程制度、方案、计划在付诸实施后可能会发生变化，以适应具体实践情景的特殊需要；二是学校层面的教学实践和师生的教学行为中可能会发生变化，以适应制度、方案、设计的需要。正如麦克劳林所认为："课程计划本质上要求实施过程是应用者与学校情景之间的相互适应过程——即是说具体项目的目标和方法是由参与者本人最终加以具体化的。"①

"制度化课程"建设的显著成效背后，是"行为课程"的失落。我们必须纠偏这样一个观点：制度化课程建设好了，教师、学生以及整个学校体系就会自然而然地发生变革。制度化课程、设计在施于实践之时，都要被实践者所采用，并加以改变，看看是否适合自身教学实际和学生发展的需要。换言之，课程实践者在根据一些"制度课程"实施教学的时候，不可避免地要对其进行修改或调适。

然而，事实上，我们过多地关注课程制度的刚性规定和要求，却忽视了课程实施中的具体情景问题和现实问题，特别是不同区域、不同学校的实际情况和师生的教学行为问题。虽然实行了国家、地方和学校三级管理制度，有个别学校也试行必修、选修制度，但这些课程制度若不与各个具体学校的实情"对接"，也很难产生预期的效应。调查发现，三级课程管理实际上只有"两级"，有的甚至只有国家"一级"；必修、选修制度，几乎所有调查对象学校都没做到。（如下表1、下表2）

当制度不能转化为学校、教师、学生实际可操作的行为，制度不能落到实处，不能为教师和学生所用，教师的教学行为难以保障，学生的课程缺乏选择性，个性发展不能彰显，再好的制度设想也只是一张"饼"。因此，制度课程必须落实到学校的课程与教学活动中和师生的教学行为中，也必须转化为"行为化"课程才会取得实效。

---

① 钟启泉，张华. 课程与教学论［M］. 沈阳：辽宁大学出版社，2007：277.

表1　G省X市高二某班课表

节次 / 星期课程			星期一	星期二	星期三	星期四	星期五	星期六	星期日
上午	早读	7：10 7：30	英语	语文	英语	语文	英语	语文	
	1	8：00 8：45	英语	语文	英语	语文	英语	语文	
	2	9：55 9：40	语文	英语	语文	政治	语文	英语	
			课　间　操						
	3	10：05 10：50	体育	英语	数学	英语	语文	历史	
	4	11：00 11：45	数学	数学	音乐	体育	数学	数学	
			午　休						
下午	5	14：30 15：15	物理	生物	政治	数学	美术		
	6	15：30 16：15	历史	信息	生物	数学	物理		
	7	16：25 17：05	劳技	安教	地理	物理	地理		
			课　外　活　动						
晚自习	1	19：00 19：30	历史	地理	英语	英语	政治		数学
	2	20：00 20：45	地理	政治	语文	英语	历史		数学
	3	20：50 21：30	语文	生物	语文	物理	数学		数学
	4	21：40 22：40							

表2　H省C市初二某班课表

八年级						
76	77	78	79	80	81	82
语文	语文	英语	英语	英语	语文	语文
英语	数学	数学	语文	数学	英语	英语
数学	英语	语文	数学	语文	数学	体育
历史	体育	美术	生物	体育	地理	数学
生物	物理	信息	地理	生物	历史	政治
物理	生物	体育	物理	历史	信息	地理
自习	自习	自习	自习	自习	自习	自习

三、 重文本课程轻体验课程

(一) 重文本课程

研制新课程文本是本次课程改革的又一个重要任务。2001年国家制定并颁布了义务教育阶段各科课程标准（实验稿），根据"一纲多本"原则编写出版了义务教育阶段各科多套教材。2011年国家新修订了义务教育阶段各科课程标准，"文本化课程"渐趋完善。具体表现如下。

1. 对新课程改革各类文本进行解读，根据各学科课程标准研制颁行课程教材

2001年上半年，教育部颁发了义务教育各科新课程标准（实验稿），并组织人员编写符合新课程标准、新教育理念的实验教材。在新课程实施的第一年，我国就研制了15个学科的教材和教师用书；2011年，教育部组织人员对2001年课程标准进行了修订，并印发了义务教育语文等学科19门学科新课程标准，成为新课程教材研制的依据。除了课程标准、教科书外，还有为广大中小学教师、教育工作者准备的各类关于理解新课程改革的丛书，如北京师范大学出版社出版的"走进新课程丛书"包括《走进新课程——与课程实施者对话》《综合实践活动课程开发指南解读》等14本。华东师范大学出版社出版的"课程实施与学校革新丛书"包括《学校课程规划与实施》《课堂观察：走向专

业的听评课》等 7 本；"基于标准的评价研究丛书"包括《基于标准的学生学业成就评价》《发展性校本学生评价研究》等 5 本；教师专业成长的系列读物 15 本；等等。

2．鼓励对新课程教材的课题研究，让教材试验工作课题化

课题的范围包括教材的设计、编写、选用、开发、实施、评价等方面。如 2008 年"课程与教材"（包括义务教育课程标准修订、新教材特点比较、教材编审出版选用制度）[①] 被列为全国教育科学研究"十一五"规划年度会议评审课题。2012 年"中小学理科教材国际化比较研究"[②] 被列为全国教育科学"十二五"规划 2012 年度重点课题。2013 年"以课程和教材改革推进立德树人研究"[③] 列为全国教育科学规划年度重点招标课题。2015 年湖南省教育科学规划课题年度重点研究领域和方向中就包括"湖南省中小学教科书选用的质量保障机制研究""中小学校多元化课程建设研究""高中学生职业规划课程开发与研究""促进学生潜能发展的个性化课程与培养机制研究"等课题研究。[④] 近年来，通过课题立项对新课程教材的研究正呈加强趋势。

3．为新实验教材配备其他教学用书或开通网站学习资源

为让教师更好地实施教学，同时也让学生更好地掌握学习，以人教社课程教材研究所为代表的一批机构为新课程改革实验区配备了教师教学用书、培训电子材料、音像图片资料等；人民教育出版社、湖南教育出版社、广东教育出版社、上海教育出版社、山东教育出版社、华东师范大学出版社基础教育分社、北京师范大学出版社等网站也为实验教材开辟了专栏。

（二）轻体验课程

课程不仅是以教学计划、教学大纲、教科书等文件形式显现的"文本课

---

① 全国教育科学研究"十一五"规划 2008 年度课题指南 [EB/OL]．[2015-03-17]．http：//wenku. baidu. com/view/99ddc91ea300a6c30c229fbd. html.

② 中国教育科学研究院. 教育部办公厅关于做好全国教育科学"十二五"规划 2012 年度课题组织申报工作的通知 [EB/OL]．（2012-07-27）[2015-03-17]．http：//www. nies. net. cn/ky/qgjyghkt/tzgg/201207/t20120730 _ 305981. html.

③ 中国教育科学研究院. 教育部办公厅关于做好全国教育科学"十二五"规划 2013 年度课题组织申报工作的通知 [EB/OL]．（2013-07-03）[2015-03-17]．http：//www. nies. net. cn/ky/qgjyghkt/tzgg/201307/t20130705 _ 310717. html.

④ 湖南省教育厅. 关于做好湖南省教育科学"十二五"规划 2015 年度课题组织申报工作的通知 [EB/OL]．（2015-01-09）[2015-03-17]．http：//jykx. hnjky. net/show/5100. html.

程"，而且是能被教师和学生实实在在地体验到、感受到、领悟到的"体验课程"。每一位教师和学生都可以在其特定的情境中对课程有其自身的理解和解读，不断将课程内容转化为"自己的课程"。

遗憾的是，在新课程改革推进的过程中，由于学生缺乏应有的主体地位，缺乏自主学习的决断权和课程发展的参与权，再加上各学校缺乏真正意义上的选修课程，以及教师和学校课程安排的"专制"，学生事实上很少对课程有"真正"的体验。调查发现，59.6%的教师不认为学生的自主、探究、合作学习能力有明显提高；71%的教师认为现在依然关注学生学习的结果，而较少关注学生的学习方式和策略。2011年，中央教科所"新课程改革背景下的教学方式调查研究"课题组对全国东、中、西部36个学校的72个班级进行了问卷调查，发放问卷3414份，收回有效问卷3403份，结果显示：学生"自主性发展欠佳"，新课程倡导的新的学习方式"总体上还不理想"；"研究型学习的开展本身尚不理想"；学生在合作型研究型学习上的"自主性、创造性和社会性都没有很好地表现出来"，合作学习和研究型学习"这两种学习方式没有有效开展"。[①]

当教师和学生都在课程的"专制"下缺乏自主权，外在于课程，不能成为课程的有机组成部分，不能成为课程的创造者和主体，不能参与课程开发的过程，这就意味着教学中的师生没有真正进入教育的内核，不可能成为课程改革与发展的能动力量，教学过程也不可能成为师生追寻主体性、获得解放与自由的过程。

第三节　新世纪基础教育课程改革之问题归因

新课程改革的上述问题存在有其深刻的历史与现实归因。"课程"的改革固然重要，但就其实质，"教学"的改革才是根本。就教学的本质与实践来看，

---

① 孙智昌，郑葳，卿素兰，等. 中小学生学习方式的现状分析与对策建议［J］. 课程·教材·教法，2011（8）：35-42.

我们发现，当前我国基础教育课程改革的问题可归结为"文本中心主义""知识中心主义"和"考试中心主义"。对新课程改革的这些问题做归因分析，有助于为未来基础教育课程改革的推进提供理论参照。

一、"文本中心主义"的框囿

（一）新课程改革"文本中心主义"的表征

"文本中心主义"，与"语境中心主义"相对立，是语言学、史学等领域的一个重要研究范式和方法论。其逻辑假设是人类政治领域存在"永恒不变的根本问题"[①]。按照这一逻辑，文本本身的存在一定程度上成为代表作者思想体系的一个支点。因而，在"作者中心论"看来，文本是"作者表达自己意图并由读者去把握的一个媒介"[②]；从读者、学习者的角度来看，其"理解活动的一个基本目标就是把握文本所传达的作者愿意"[③]。

1. 价值向度：对学科知识、技能的片面追求

新课程改革一个重要任务是进行文本建设，以保障新课程改革所需的基本学科、标准及它们所承载的新课程理念、思想。新课程文本是新课程体系的一部分，其核心是课程文件、课程标准、新课程教材。新课程文本在具体的课程教学实践中主要是以学科课程形式出现，学生捧在手中的就是新课程教材。新课程文本在学校课堂教学中扮演着关键性的角色，是师生教学活动的基本依据，是教育目的的实现的主要载体，是课程最核心的物化形态，亦是学校教育基础之基础，核心之核心。课程文本教材的要素"主要包括知识要素、技能要素、能力要素以及必要的思想教育要素。其次还应包括某些审美要素和心理要素"[④]。

通过前期的调查发现，新课程改革的推进过程中，自主学习、探究学习、合作学习等形式并没有出现如预期般的景象，课程结构也没有完全按预设的比

①　张晒. 从文本中心主义到历史语境主义：语境、概念与修辞［J］. 理论月刊，2013（5）：46-50.
②　彭启福. 理解之思——诠释学初论［M］. 合肥：安徽人民出版社，2005：62.
③　彭启福. 理解之思——诠释学初论［M］. 合肥：安徽人民出版社，2005：62.
④　刘铁芳. 学校教育学［M］. 北京：教育科学出版社，2011：220.

率进行调整，加之中高年级特别是初三和高中阶段应试教育的评价压力，以及其他如师资不足、教育主管部门监督不力等原因，新课程所倡导的教学目标出现了"虚化"，教学过程也变得"形式化"，以学科文本为中心的教学依然是课堂教学的主要形态。

这种以学科为中心、片面追求知识技能的教学，直接将新课程改革拉回学科教学的老路。在培养全面发展的人的现代理念下，却把传授分割的学科知识和技能放在首位，把学科教育演化为学科专家的教育，忽视了对学生社会生活和实际的应然关照，"无意"间放弃了培养学生解决实际问题的能力，进一步将新课程改革的新理念框囿在传统的学科教育范畴之下。

2. 实践形态：师生对文本的过度依赖

从教学实际活动来看，师生依赖文本进行教学的现状并没有发生多大改变。"文本中心"的教学现状比比皆是，"新课程""新文本"几乎主宰了新课程教学。以本为本，以纲为纲，现实的课堂基本是师生围绕"新教材"来展开教学和学习。这种围绕课程文本及其"背后的"课程标准而展开的教学，其基本路径仍然是教师从课程文本那里获得"知识"后，再单一向度地传授给学生，如下图所示。

教学图式示例

在这一知识传递图式中，教师依赖教材文本。虽然教师仍然居于知识的中心，但教师并不是知识的创生者，而是中介者。学生在这一教学图式中显然处于被动接受知识的地位，仍是一定意义上的"容器"。从知识的获取路径看，似乎师生双方的角色和地位不对等。然而，从依赖文本的本质上看，两者又是教学目标上的对等者。在这种模式下，师生之间的教学活动表现为教师"教教材"，学生"学教材"，而不是"用教材"，更没有把教学主体当作"教材"或课程资源，这显然与新课程倡导的自主学习、探究学习、师生平等等教学理念是不符合、不相称的。从教师到学生的"单向度教学"主要有两个原因：一是国家课程方案、文本的"强势"与地方、学校课程文本、资源开发的"无力"，以致学校教学所用文本基本是大一统的国家标准与国家课程；二是课程内容的选择与组织上的"学科性"，即课程研制从学科知识入手，采用线性、演绎的逻辑体系来进行，其机制具有学科体系内在的封闭性。"课程实施者分门别类地设计出以系统化、抽象化、理论化知识为主体框架的教学方案"①。这种课程的编制与实施忽视了学生的心理特质、特性差异。加之有的学科或学科有的内容繁难精深，学生在面对学科课程的学习时亦显得"无力"，这又进一步加深了师生对文本的依赖。

（二）新课程改革"文本中心主义"框囿的实质

"文本中心主义"这一思想脉络体系，在教育教学的隐喻意义上，可谓"以本为本""以纲为纲"，表现为"教科书中心""教材中心""课程文本（内容）中心"。从中华人民共和国成立以后的历次教育教学改革来看，教材、课本"不知不觉"地成为教育教学改革的重心和中心。究其根源，"我们不可避免地要根据某些模式和先入之见来组织和调整我们的知觉和思想，它们本身构成了思考和理解内容的决定性因素"②。而这些"不可避免""不知不觉"的"先入之见"恰恰是"文本中心主义"带给新世纪基础教育课程改革的"惯习"。

正因为脱胎于前几次基础教育课程改革，新世纪基础教育课程改革在很多方面并不是"另起炉灶"，而是有诸多的一致性，比如部分内容的沿承、课程目标的厘定、教学评价的采用等。比这些"沿承"更重要的是，课程改革思想、机制、方略的沿承。拿改革的"突破口"来说，一是人——教师，教师是改革的关键力量；二是物——新课程，新课程凝结了课程改革者的思想、理念、智慧，是学生成长的关键素材。教师"突破"的路径是促进教师专业发展；教材"突破"的路径是研制新课程。由于教师的专业发展不可能一蹴而就，教师成长有一个过程和周期，因而，不可能在短期内给课程改革带来显效。而能在短期内给新课程改革带来显效的"突破口"就"不可避免"地落在研制新课程、推行新课程上。而对新课程研制、推行的力度和深度，在"作为

---

① 赵颖，郝德永. 我国基础教育课程改革的主要经验与教训 [J]. 现代教育管理，2011（12）：92-95.

② SKINNER Q. Visions of Politics（Volume 1：Regarding Method）[M]. Cambrige：Cambridge University，2002：85-86.

文本的新课程"一节中已有明述。对新课程文本的重视并以其作为课程改革"事实上"的重心，这似乎与历次课程改革的"文本"重心有着惊人的一致性。

对课程文本"不遗余力"的偏重，成为导致新课程改革中教学主体及其他一些改革主体对课程文本依赖的缘由之一。新一轮基础教育课程改革是在前七次课程改革的基础上进行的，同样采取政府颁发文件的形式和自上而下的行政方式来推动改革。其特点表现在如下方面：课改调研不充分，周期短①；缺乏对课改本身的绩效和成效评估；缺乏问责措施与相关机制。以为教师手中有了"文本"，并对教师进行"新课程"培训，就能够"带动一大片"。这种自上而下的行政式改革路径并没有调动一线教学工作者的积极性和主动性，十余年的课改实践证明，真正的"基层教师是沉默的大多数，无法表达自己真实的声音"②。

问题的根源在哪里？一言以蔽之，广大一线教师、学生课程权力的缺失。新课程改革之前"调研不充分""周期短"，以及边实验边"大面积迅速"推广的方式，让广大一线教师在思想理念上、教学行为上很难快速适应，以致有的教师感叹"不知道怎么教学了"。面对改革，教师学习新课程、掌握新理念、转换新角色，转变教学方式、交往方式，积极参加教师培训，实现专业发展等。所有这一切，对长期浸润于传统教学理念和模式过程的广大教师来说，都是陌生的、新鲜的，其角色转换与行为转变同样是被动的且难以迅速完成。这恰恰成了新课程决策者和专家们最好的"口实"——进行新课程培训。因为课程政策与革新，以及文本的研制与创新主要是来自精英们对某种价值的重新界定，即掌握信息的少数精英行为影响大多数掌握信息不多的大众。这也似乎反证了新课程改革是精英决策行为。在精英决策模式中，一旦精英决策行为受到政府公权力的支持，其决策结果的各个方面，如新课程改革的课程设置、课程内容、课程实施、推进步骤等都将获得主导性的重视和施用，像教师的声音却逐渐式微。

进一步看，"文本中心主义"还源于课程决策者与参与者、教学实践者之间信任的缺乏。通俗地说，就是课程的开发者、研制者、决策者不相信广大教

---

① 新课程改革提出"先实践，后推广"的原则，但"先实践，后推广"在新课程运行中未见其实，新课程一年内推广到330个市县，三年后全面推广。新课程实际上遵循"边实践，边推广"的方式。

② 吴刚. 奔走在迷津中的课程改革［J］. 北京大学教育评论，2013，11（4）：20-50，185-186.

师能开发、研制出符合社会主流价值的课程，在思想意识形态层面将教学工作者视为新课程文本的忠实执行者，认为课程实施只是教师按照"蓝图"（文本）来进行"施工"即可，而不是将教师及其行为视为"新课程资源"的一部分。这种把课程变革视为从课程变革计划到计划的实施、从课程变革计划的制订者到计划的实施者之间的单向的线性过程，在本质上仍受"工具理性"的支配。以文本为蓝图，以文本为中心，其实质是因循传统"精英模式"改革的价值向度。

二、"知识中心主义"的误导

（一）"知识中心主义"的历史地位与学科表征

"知识究竟是什么"？金岳霖先生认为，"这一问题我们现在无从答复"[①]。但他认为知识的对象有两种——普遍的"理"和特殊的"事实"，相应地，"知识的内容也有两种，一是普遍的理，一是特殊的事实"[②]。就知识与教育而言，知识是教育的重要内容和载体。缺乏知识，教育就会成为"无米之炊"；缺乏知识，教育便没有普遍的"理"，也无所谓特殊的"事实"，教育教学的各种目的、目标就无法达成。因此，学习知识、理解知识、掌握知识成为人类文化传承、人才培养的一个重要而关键的任务，也成为人类自身发展的"历史性"的探究对象。

1."知识中心主义"的历史地位

教育作为人类的实践活动，是以知识为基础的。教育实践就是知识参与下的实践，实践的程度和范围受到人类知识状况的制约。人类实践活动的深化与人类知识的进步相辅相成，这使得知识有了与人类文明发展史并列的历史地位。在我国，历朝历代的教育发展与变革都重视知识。如《礼记·学记》中提到"学者"要学习"操缦""博依""杂服""离经辨志""敬业乐群""博习亲师""论学取友"等专业知识、伦理知识和社会性交往知识。在不同的时代，人们对知识的认识各有侧重，夏商的礼乐知识、军事知识，西周的"礼乐射御

---

① 金岳霖. 知识论［M］. 长沙：湖南教育出版社，2010：1.
② 金岳霖. 知识论［M］. 长沙：湖南教育出版社，2010：2.

书数"知识，秦汉"六艺"与儒家思想典籍以及"博通百家"的教育内容，魏晋南北朝玄学、律学、"五经"知识，隋唐之后的科举内容知识及其他综合学科知识，[①] 近代"中体西用"洋务知识，中华人民共和国成立前对科学知识的吁求，等等。可以说，知识的发展贯穿了整个中国教育发展史，由伦理知识、科学知识、社会知识所构成的"知识中心"的历史地位亦随之奠定。

2. "知识中心主义"的学科表征

人类文化的可持续传承靠的是系统的知识，而不是碎片化的知识。系统知识的物化标准或形式化表征主要是课程、活动等。就课程与教学领域而言，我国古代强调学科教学，如"六艺""算学""农学""天文学""律学"等。西方古代也有"三艺""四艺"等；文艺复兴后夸美纽斯提出编制百科全书式的课程与教材，斯宾塞提出实质主义课程，赫尔巴特提出主知主义课程等；20世纪早中期，要素主义、永恒主义以及布鲁纳的学科结构思想等，都立足于学科知识本位来阐释课程。

(二)"知识中心主义"对新课改实践的误导

1. 从"知识中心"到"知识中心主义"

由于教育价值的儿童本位和社会本位观点具有片面性，教育的个体价值与社会价值对立了起来。但社会与个体实际上又具有统一性，可以说教育的社会价值与个体价值也具有统一性，没有个体价值的实现，就不可能有真正的社会价值的实现；反之，不讲求社会价值，也就谈不上个人价值。要实现这种统一，关键在于寻找到能实现两者统一、超越儿童本位和社会本位缺陷的教育路径。这种路径，"不是别的，就是构建起学科结构。学科结构是文化结构与儿童心理结构的统一机制，找到了学科结构并让儿童掌握了它，教育的社会价值和个体价值就统一地实现了。"[②] 在这里，知识的"价值中立性"使得社会本位论者和个人本位论者都将其视为教育改革与发展的中心。

中华人民共和国成立后，受苏联凯洛夫教育理论的影响，我国课程与教学

---

① 孙培青. 中国教育史 [M]. 上海：华东师范大学出版社，2000：154-157，193-213，233-246，252-258，266-279.

② 黄甫全，王本陆. 现代教学论学程 [M]. 北京：教育科学出版社，2003：116.

改革特别重视强调对"双基"的学习和掌握，提出应"以系统的基础知识和基本技能武装学生的头脑"，将"向学生传授文化科学基础知识和基本技能"作为课堂教学的中心任务。[①] 长期以来，在片面强调基础知识和基本技能的情况下，学生的实践能力、创新精神和个性的培养没有得到应有的重视，具体的课堂教学中也主要表现为重教师而不重学生，重传授而不重探索，重说教而不重交往，重学科知识而不重学生发展，以致一段时间以来，教学完全沦为"以本为本""以纲为纲"的状况。改革开放后，受赞科夫、布鲁纳教育思想的影响，我国教育理论界展开了掌握知识与发展智力关系的讨论，尽管达成了必须要实现课堂教学重心的转移，把重点放在发展学生的智力上，但现实的教学实践仍然是以学科为中心的"主知主义"教学。后来新课程改革在《纲要（试行）》中提出"改变课程结构过于强调学科本位""改变课程内容……过于注重书本知识的现状""改变课程实施过于强调接受学习、死记硬背、机械训练的现状"，这种状况依然没有根本改观。课堂教学已然走在"知识中心主义"的道路上。

2."知识中心主义"的实践误导

杜威曾断言，"知识大于真理"。[②] 尽管这一论断招致不少人的批判，但知识的重要性是不容置疑的。新一轮基础教育课程改革对知识的重视同样是不容置疑的，而且对课堂教学的实践者们提出了更高的知识要求，包括与目的辩护有关的形而上学和哲学知识，特别是哲学中的价值理论；与实践对象有关的事实性知识；与实践主体及其组织形式有关的社会学、心理学、政治学、管理学等知识；与实践技术有关的技术性和规则性知识；与实践时间和地点有关的文化知识、历史知识；等等。[③] 缺乏这些知识，新课程改革实践就不可能得以展开或不可能取得满意的效果。

无疑，新课程改革重视知识，需要知识，然而，知识却在新课改中难以"中立"。问题不是出在知识本身，而是知识可能成为权力的来源，或是权力的工具。新课程改革的"文本中心"（前文已述）已经昭示了新课程改革的精英

---

① 华中师范大学等. 教育学［M］. 北京：人民教育出版社，1982：113-114.

② 诺丁斯. 教育哲学［M］. 徐立新，译. 北京：北京师范大学出版社，2008：35.

③ 石中英. 知识转型与教育改革［M］. 北京：教育科学出版社，2001：5.

价值取向，改革所需的知识是"与特权相联系的知识"，即"只是那种知识——盖有精英印记、已获批准的知识"，[①] 亦即凝聚了精英智慧显示于文本中的内容知识。当知识只是或主要是呈现于文本、组织于学科，并以此为据成为课堂教学活动中心的时候，再精华的知识也有可能走向僵化、意识形态化，也会缺乏生成性和包容性，造成文本与人的对立。倘若我们仍将改革关注的重心放在学生如何更有效地理解课程掌握知识、教师如何更高效地利用课程教授知识，却不去引导教学主体关注谁的知识、知识来源于哪、知识何以传承等问题，那么我们又回归到从制度、学科、知识论的视角来理解课程，教授课程，对教学活动的理解又可能陷入"知识中心主义"的学科本位窠臼，这样的结果必然是远离教学实践生活，远离教学主体的探究和创新原动力，从而失去课程的内在生命力。

尽管新课程改革试图改变长期存在的学科本位教学观，并设置了相应比例的综合课程，以阻隔文本"知识中心主义"的蔓延之势，然而，调查表明，综合课程实施的状况并不乐观，有的学校根本就没有实施，综合课程的课时比例已完全或基本被学科知识的教学所占据；唯知识至上，围绕知识点而进行"碎片化"教学的场景充斥着义务教育阶段的课堂，这种情况在城乡基层教育阶段普遍存在。事实表明，"以本为本，以纲为纲"的"知识中心主义"的教学惯习并没有也不可能随着新课程改革理念的宣扬和到来而自然而然地被广大教师所摒弃，即便有"九年一贯制"的整体课程设置方案，义务教育的很多中小学依然高歌行进在学科课程中心和"知识中心主义"的道路上。

三、"考试中心主义" 的桎梏

(一) 单一的考试评价"痼习"

新课程改革至今，为什么"一考定终身"的局面还没有改变？这个问题实际上几十年前就一直存在。若追根溯源，几千年前就有人发问过。只不过新课程力推考试评价制度的改革，才使得这一问题成为关注的焦点。就教育内部而言，甚至说考试评价"扼住了教育改革的咽喉"似乎也不为过。

---

① 诺丁斯. 教育哲学 [M]. 徐立新，译. 北京：北京师范大学出版社，2008：141.

考试并不是我国人才质量评价的专利发明。即便是当代，国外教育的发达国家和发展中国家都需要考试，甚至依赖考试来对教育培养的人才进行阶段性的评价。如英国《1988 年教育改革法》规定，"实行全国统一考试，以作为评价学生和学校工作的依据"；① 美国对学生实行大学入学考试（American College Testing Program，简称 ACT）和学术评估测验（Scholastic Assessment Test，简称 SAT），以提高所有学生的学业成绩；② 1989 年后，日本对教育质量的监控主要是由文部省组织并由国立教育研究所实施的学力调查，"一般采用标准化学力测验和问卷调查相结合的方式进行"③。既然世界各国都有考试，然而，为什么我国的考试却给教师、学生、新课程改革带来的是"桎梏"呢？看来，问题的根源还不仅仅是考试本身的问题。考试只是一种评价方式，而评价的方式、标准、价值取向却是多元的。

以单一考试为中心的评价长期以来成为评估我国教育教学质量的准绳。中考、段考、会考、高考，甚至大学里的学业水平考试都主要是依据考试成绩来定优劣等级。高考、考研更是获得了"国考"的"盛誉"。说得更直白一点，就是分数决定一切。考试知识点成了教学的重点，考什么教什么，考什么学什么；为考试而教，为考试而学。考试评价已然成为评价学校、教师、学生是否优秀的标尺。"长期以来，在片面追求升学率的影响下，学校教学质量评价仅重视凝固的、静止在某一点上的终结性，而终结性评价又将评价标准定位在学生学业考试成绩的分数上，这是一种误导。"④ 以单一考试为准绳的课堂教学质量评价，一直在不断地将知、情、意相统一教学过程误导为仅是一个知识、技能的"授—受"过程，在质量观上关注的是学生掌握知识的数量多寡，关注的是单位时间内所规定课程内容的完成程度，而对学生情感、情趣、态度等非认知因素等方面缺乏应有的关注。"不去考虑学生身心发展需要而片面追求升学率，并将学生带入'考试地狱'。"⑤ 这种将测验分数作为学校、课堂唯一教

---

① 易红郡. 20 世纪影响英国中等教育政策的三大法案 [J]. 贵州师范大学学报（社会科学版），2003（6）：107-111.

② D'AGOSTINO J V，VANWINKLE W H. Identifying Prepared and Competent Teachers with Professional Knowledge Tests [J]. Journal of Personnel Evaluation in Education，2007（20）：65-84.

③ 高峡. 日本的教育评价管窥 [J]. 课程·教材·教法，2001（7）：73-76.

④ 裴娣娜. 论我国课堂教学质量评价观的重要转换 [J]. 教育研究，2008（1）：17-22，29.

⑤ 吴康宁. 为什么学校会对学生的发展不负责 [J]. 教育研究，2007（12）：21-25.

学质量评价标准和人才甄选标准，实质上是知识论的教学评价主题和工具理性的人才评价观。

(二)"乏力"的、被戴上"紧箍咒"的新课程评价

新课程改革十五年，教学的单一考试评价"痼习"依然存在。尽管《纲要（试行）》提出，要建立促进学生全面发展和教师不断提高的评价体系。"完善初中升高中的考试管理制度，考试内容应加强与社会实际和学生生活经验的联系，重视考查学生分析问题、解决问题的能力"；"改革高等学校招生考试内容，探索提供多次机会、双向选择、综合评价的考试、选拔方式"。然而，我们不得不承认，新课程评价改革在面对单一的考试评价时却是那样的"乏力"和"无奈"，甚至是"完败"。

《纲要（试行）》提出"完善初中升高中的考试管理制度"，却不见如何具体的"完善法"；提出"考试内容应加强与社会实际和学生生活经验的联系，重视考查学生分析问题、解决问题的能力"，这完全是在"考试范围内谈考试"，实际上谈的是如何"加强考试"；"改革高等学校招生考试内容，探索提供多次机会、双向选择、综合评价的考试、选拔方式"，然而，不管全国各地高等学校招生考试内容如何变化，高等学校最终只看考试分数，这无异于给基础教育课程教学评价戴上了一道"紧箍咒"——"我只按分数录取人"！"任尔东南西北，我自岿然不动。"显然，缺乏高等教育与基础教育的联动，特别是招考制度不变革，基础教育课程改革就像一个正在向前奔跑却又被拖住后腿的运动员，不仅改革本身受到严重阻滞，而且传统知识论的课堂教学价值取向将继续给基础教育带来持久的"桎梏"。

事实证明，新课程评价改革依然只停留在理论层面的探讨。多年来，学生学习状况和教师教学实践没有发生根本上的改变。一项有关山西省 25 所小学（其中城市小学 10 所，农村小学 15 所）新课程实施状况的调查报告表明，在现行小学对教师的评价中，"66.11％的教师认为主要是领导评价，79.50％的教师认为主要通过学生的成绩进行评价"；在学校对教师的评价方式上，学生的考试成绩排在各项标准的首位，93.48％的校长持此观点，持此观点的教师

比例亦高达 80.42％。[①] 与此同时，一项广州市部分中小学的调查结果表明，62.7％的校长和老师认为，"现行的教育评价制度尤其是考试制度和教师（教学）评价制度是影响新课程改革、制约新课程实施效果的最主要和最直接的因素"。[②] 这一点，在本研究的前期调查中得到了同样的印证。新课程评价改革的"乏力"，加上招考制度的"紧箍咒"，反过来进一步强化了知识论基础之上的主知主义课堂教学和学科文本建设，"文本课程""制度课程"亦将在"考试中心主义"的导引下得到强化。

---

① 胡卫平，韩琴，温彭年，等. 小学新课程实施现状调查报告 [J]. 课程·教材·教法，2005，25（2）：8-15.

② 冯冬雯. 广州市新课程实施现状的调查与思考 [J]. 教育导刊，2006（1）：20-22.

第三章 中国基础教育课程改革从课程到课堂走向之必然

　　课程改革的中心环节是课程实施，课程实施的基本途径是课堂教学，课堂教学应是课程改革的关键和重心。从操作层面讲，新课程改革方案一旦确定，课堂教学改革就成了课程改革的重头戏。就此意义而言，课堂教学改革真真切切是新课程改革的攻坚战。因此，在课程改革的中长期发展阶段，实现从"重课程轻课堂"到"重课程更重课堂"的积极转变，改革才能够取得新的突破。

第一节　课堂教学是学校教育的基本工作

课堂是教学活动发生的场所，它既是一种教育教学环境，又是各种课程与教学活动的综合体。课堂教学包括学科课程、活动课程、综合课程的教学，包括教学主体对课程资源的开发与建设及对课程的发展与评价，包括师生交往及师生关系生成等与教师专业发展和学生成长有关的各种活动。无论从教育史还是社会发展史来说，课堂教学都可以说是基础教育领域和学校教育的基本工作。

一、课堂：课程实施的主阵地

（一）实现课程改革价值取向转型首先在课堂

20 世纪末到 21 世纪初，世界上许多国家都进行了教育改革，推出了多种教育改革及课程改革方案，总体上反映出"教育民主""国际理解""回归生活""关爱自然""个性发展"[①] 的理念与价值追求。我国学者也开始敏锐地洞察到，新课程改革必将带来课程观的转向，其中涵盖四个方面的基本内容：[②] 儿童是课程的主体；生活世界属于课程内容范畴；课程是儿童主体有意义的活动；课程中的学习活动方式发生了明显变化。课程与人及生活关系的这种转向，相应地促进了课堂教学的价值转型。

课堂教学价值的转型指的是从传统"知识论"的教学价值取向转型为"知识论""能力论""方法论""情意论"相结合的教学价值取向，亦即从认知主导的教学价值取向转型为认知与非认知相结合的教学价值取向。教学就是要实现对知识、能力、态度等的有机整合，体现对学生生命存在及其发展的整体关怀——关照人的存在的完整性和人的生存的完整性。"从本质上来讲，首先，人的存在是个体、自然、社会彼此水乳交融、整体和谐共处的有机整体；其

---

① 张华. 主导基础教育课程改革的五种理念 [N]. 中国教育咨询报，2002-03-20（C01）.
② 郭元祥. 课程观的转向 [J]. 课程·教材·教法，2001（6）：11-16.

次，人是完成着的人，个体生成的终极价值是学会做人，人的发展是智力与人格和谐发展的过程。"[①] 新课程教学就是要秉持这样一种整体的教育观，视学生为"整体的人"并根据"整体的人""完全的人"的理念来实施课堂教学。

无疑，实现课程改革价值取向转型的首要场域即在课堂。一方面，新课程理念、目的是针对"人"的，即成长中的学生和引导学生成长的教师。教师和学生在课堂上借助凝结在新课程文本或其他教学活动上的理念、方法来进行教学交往，双方相互影响，相互作用。另一方面，新课程促进教师专业发展和教学创新，赋予教师参与课程开发和课程管理的权力，教师从教科书的忠实执行者转变为课程的开发者、教学的反思实践者、研究者、组织者和引导者。教师转变了，教学方式变了，而学生作为与其直接作用的对象，也与教师同步发生改变。这些改变首先发生在师生最直接的课堂教学活动之中。

（二）课程改革预设目标的实现必须依靠课堂教学

首先，课程功能的转变依赖于课堂教学。《纲要（试行）》提出："改变课程过于注重知识传授的影响，强调形成积极主动的学习状态，使获得基础知识与基本技能的过程同时成为学会学习和形成正确价值观的过程。"显然，实现这一功能的转变的关键环节和过程就是在课堂教学的过程当中。离开了课堂教学，学生很难获得系统的"基础知识与基本技能"；离开了教师的引导，心智还不成熟的学生"积极主动的学习状态"就很难形成，或许又会陷入死记硬背、题海战术的学习局面；而且，"学会学习和形成正确价值观的过程"更难实现。

其次，课程实施的改革关键在课堂教学。《纲要（试行）》提出："改变课程实施过于强调接受学习、死记硬背、机械训练的现状，倡导学生主动参与、乐于探究、勤于动手，培养学生搜集和处理信息的能力、获取新知识的能力、分析和解决问题的能力，以及交流与合作的能力。"课程实施主要强调的两方面的价值：主体的价值和能力的价值。一直以来，我国的教学强调的是"听话者的教育"，强调的是以知识为本位的"先生"教"后生"。"总体来看，我们

---

① 钟启泉，姜美玲. 新课程背景下教学改革的价值取向及路径［J］. 教育研究，2004（8）：32-36.

的教学思想、教学模式、教学方法依然没有突破传统教学的框架。"① 教师的这种"教学框架"是在长期的课堂教学中形成的，要改变这种痼习，突出教学主体的价值，仍然要回到课堂教学之中。教师只有首先在课堂教学中改变自己、尊重学生、相信学生，学生的自主性、自觉性才能够调动起来，学生的交往与合作能力才能够在课堂中得到提升。

再次，课程内容的改革离不开课堂教学。《纲要（试行）》提出："改变课程内容'繁、难、偏、旧'和侧重书本知识的现状，加强课程内容与学生生活以及现代社会和科技发展的联系，关注学生的学习兴趣和经验，精选终身学习必备的基础知识和技能。""繁、难、偏、旧"是我国课程内容最真实的反映，远离了学生的真实生活，就远离了社会时代发展的需要。真正的教学内容，应该是"学生带到学校来的生活经验的知识"，而且我们"应要重视和尊重学生的文化和他们带到学校里的知识的价值"②。从这个意义上讲，课堂教学内容的构建必须也应当从学生带到学校来的知识开始。只有当学生的生活及他们的兴趣和经验受到关注，课程内容的改革才会赋予学生主体的生命存在的意义。

最后，课程评价的改革体现于课堂教学。《纲要（试行）》提出："改变课程评价过分强调甄别与选拔的功能，发挥评价促进学生发展、教师提高和改进教学实践的功能。"教学评价有诸多类型，如诊断性评价、形成性评价、终结性评价，相对评价与绝对评价，等等。尽管类型多样，但其中有一些共同的要素，即评什么、谁来评、为什么评、怎样评等。评什么，即评价的对象、目标、主体及行为状态；谁来评，主要指作为课堂教学主体的师生；为什么评，指的是评价的目的；怎样评，指的是评价的方式、方法、手段。可以说，这些要素实际上贯穿于课堂教学的过程之中。在传统的教学中，我们常常不主动从评价的角度去关注学生的全面发展以及思想自由，反而在"有意无意"地通过不恰当的、片面的、阶段性的教育教学评价阻碍个体需求的发展。比如单一的考试评价，或者说试卷评价。教学评价实质上是一种价值判断，其价值是"流动"的，因而教学评价也应该是动态的评价机制。从现代课堂教学来看，教学过程本是生成的，教学过程中的人的发展是动态的，因而，动态的课堂教学必

---

① 黄志成. 被压迫者的教育学——弗莱雷解放教育理论与实践 [M]. 北京：人民教育出版社，2003：222.

② 黄志成. 被压迫者的教育学——弗莱雷解放教育理论与实践 [M]. 北京：人民教育出版社，2003：220.

然带来动态的教学评价。由此引申而言，离开了课堂，也就不存在真正意义的教学评价。

二、 教学： 学校教育的基本工作

教学是"以课程内容为中介的师生双方教和学的共同活动。是学校实现教育目的的基本途径"[①]。自古以来，课堂教学即是学校教育的基本工作。一部教育史亦可谓一部教学史。从塾、痒、序、学、校的设置，到现今信息环境下基于网络平台的慕课教学、翻转教学，不论是个别教学、分组教学，还是班级教学、复式教学等，它们都属于一定时空范围内所进行的课堂教学，寄托着教育的理想与信念，承载着教育的任务和目标。

（一）教学承载着培养"全人"的教育理想

从教育的预见性角度来看，教育是在"为一个尚未存在的社会培养新人"[②]，教育通过教学"把一个人在体力、智力、情绪、伦理各方面的因素综合起来，使他成为一个完善的人"[③]，这既是课堂教学的目的，也是教育目的的广义界说，同时还是各个时代各国人道主义思潮的一个主题。如日本学者小原国芳提出学问教育、道德教育、艺术教育、宗教教育、身体教育、生活教育[④]"五育并举"的"全人"教育理想；20 世纪 80 年代我国开始就教育教学目的提出"全面发展"一词，20 世纪 90 年代末提出德、智、体、美"四育并举"的教育目的，为课堂教学指明了具体方向。[⑤] 的确，学校教育通过课堂教

---

① 顾明远. 教育大辞典（第一卷）[Z]. 上海：上海教育出版社，1990：178.

② 联合国教科文组织国际教育发展委员会，学会生存——教育世界的今天和明天 [M]. 华东师范大学比较教育研究所，译. 北京：教育科学出版社，1996：36.

③ 联合国教科文组织国际教育发展委员会，学会生存——教育世界的今天和明天 [M]. 华东师范大学比较教育研究所，译. 北京：教育科学出版社，1996：195.

④ 单中惠，杨汉麟. 西方教育学名著提要 [M]. 南昌：江西人民出版社，2004：658-660.

⑤ 1982 年，第五届全国人大第五次会议修改通过的我国《宪法》规定，"国家培养青年、少年、儿童在品德、智力、体质等方面全面发展"；1986 年，《中华人民共和国义务教育法》规定的义务教育必须使"儿童、少年在品德、智力、体质等方面全面发展"；1993 年，《中国教育改革和发展规划纲要》提出教育"必须与生产劳动相结合，培养德、智、体全面发展的建设者和接班人"；1995 年，《中华人民共和国教育法》规定，教育"必须与生产劳动相结合，培养德、智、体等方面全面发展的社会主义事业的建设者和接班人"；1999 年，《中共中央、国务院关于深化教育改革　全面推进素质教育的决定》中规定，造就"德智体美全面发展的社会主义事业的建设者和接班人"。

学，通过知识的学习、训练，科学、系统地发展学生的智力和技能，培育学生的情感与美感，以让其朝着预期的、可控的、未来社会所需要的方向发展。也就是说，课堂教学就是培养未来社会发展所需的"人力"，并充分地发展这种"人力"——人的智力和心力，使学生获得整体和谐发展。

（二）教学承载着教育的基本任务和基本目标

根据上述理解，课堂教学，从学生发展的角度来说，指的是一定时空条件下学生在教师有目的、有计划的指导下，以教材为中介，积极主动地掌握系统的文化科学基础知识和基本技能，发展智能，陶冶情操，发展个性，养成良善品德的活动。课堂教学的基本任务和目标主要表现在以下方面。

1. 发展学生的"双基"与智能

教学的首要任务是向学生传授基础知识和基本技能，其他的教学任务一般只有在引导学生掌握了基础知识和基本技能的基础上才能实现。也就是说，只有扎扎实实地完成"双基"的任务，才可能拥有完成其他教学任务的"基础性"条件，才能保证人才培养的"基础性"规格。

智能，包括智力和能力。智力主要包括感知力、觉察力、记忆力、思维力、注意力、想象力等方面。发展学生"双基"，能让学生运用知识去洞悉事物、深入思考问题，并运用知识技能去解决问题。让学生通过有效学习、学会学习、运用知识来解决问题以获得完成某项活动的能量和本领，是课堂教学的应有之义，也是现代科技和社会发展对新时期人才的必然要求。

2. 培育学生审美情趣与个性心理品质

增强学生的审美体验，发展学生的审美情趣是课堂教学在发展学生知识、智能同时的另一重要方面。学生的"双基"发展了，有助于学生审美能力的发展；学生审美能力发展了，情趣提高了，反过来也能更好地促使知识的获取、智能的发挥。因此，在教学过程中，教师应选择美的教学内容、设计好美的教学方案、开展美的教学过程、创造美的教学环境、运用美的教学评价来进行课堂教学。当教师做到课堂教学活动审美化时，学生的审美知识亦随之增加，审美态度也会发生变化，审美情趣也会随之提高，总之，让学生感受美、欣赏美、创造美的能力都能得到培养。课堂教学是教师和学生的双边活动，教师课堂教学活动的审美化，同样，学生学习活动也要审美化，即"学美"，体现为"会学""爱学""乐学"，把学习当成人生的欢乐，追求一种"审美的人生"，"诗意的人生，创造的人生，爱的人生"。① 没有学生的学习，课堂教学过程亦将失却目的和归宿。

培养学生审美能力、情趣的同时，还要注重发展学生的个性心理品质。个性心理品质指的是一个人的气质、能力、性格、意志、兴趣、动机等个性心理特质，主要是指人的非认知因素方面。个性心理品质在人的素质结构中占重要地位，是人的全面发展的基础。因此，培养学生的个性心理品质包括强烈的求知欲、顽强的毅力、自信心、高度的责任感、竞争意识和开拓精神等，这都是学校教育和课堂教学的重要任务。

3. 促成学生养成优良品德

随着的时代、社会的发展，人类进入 21 世纪后，面临的问题愈来愈多，包括自然环境问题、各种社会问题以及人自身的问题等。相应地，学校德育内容和课堂教学也要作出调整。有人提出，新时期课堂教学要更多地关注"环境道德教育、全球意识教育、爱国主义教育和生命关怀教育"② 等内容。也有人提出，德育的内容应注重科技道德教育、环境道德教育、经济伦理教育、合作精神教育③。只有培养学生形成良好的思想品德和科学的世界观、人生观、价值观，才会有利于学生心性的充分、自由、和谐地发展。

课堂教学是学校德育的主渠道。广大教师需要充分认识并发挥课堂教学的重要教育作用，帮助正在成长中的学生，形成科学、正确的世界观、人生观，养成诚实、善良、勤奋、公正、廉洁、平等、奉献等社会主义道德品质，为现代文明生活方式打下坚实的基础。

---

① 叶朗. 美学原理 [M]. 北京：北京大学出版社，2009：444.
② 李太平. 全球问题和德育内容的更新 [J]. 高等教育研究，2002，23（6）：80-83.
③ 任红娟. 面向知识经济时代的德育内容 [J]. 教育理论与实践，2000，20（1）：36-40.

第二节 课堂教学是保障学校教育质量的关键

教学质量是学校教育的永恒主题。一所学校教育质量的高低，有赖于包括行为、物质、制度、组织、精神等各种因素的合力，其中最关键的是课堂教学实践行为。从根本上说，教师和学生在课堂中的教学行为决定着学校教育的质量。

一、 课堂教学保障基础教育的教学质量

国家始终坚持对教育教学质量的重视，将质量视作国家各项教育事业发展和综合国力提升的重要基础性要素。在学校教育中，无论是围绕学科、教师、教材而展开的以"教"为中心的教学，还是强调学生主体探究、交流、合作、反思等以"学"为中心的教学，其关键指向就是质量。基础教育的教学质量，就蕴藏在教育的基本工作——课堂教学之中。

（一）提高基础教育教学质量已成为新世纪教育改革的"重头戏"

我国新课程改革 20 年间，世界教育改革风云变幻。我国也认识到"基础教育是提高民族素质的奠基工程，必须大力加强"，要"提高教师素质，提高教育质量"，"要把教育质量和办学效益提高到一个新的水平"。"质量"已成为我国教育改革的关键词。之后一些重要文件也多次提到质量问题：加强对课程、教材改革实验的统筹和领导，"调整课程应本着有利于促进学生全面发展、提高教育质量"；广大教师要更新观念，改革教学、学习指导和考试方法，"提高教学质量和效益"；建立素质教育的督导评估体系，"使督导评估起到改进学校工作，提高教育质量的作用"。① 实施"跨世纪素质教育工程"；"保证'两基'的质量和素质教育的顺利实施"；"要加强和改革师范教育，提高新师资的

---

① 国家教委关于印发《关于当前积极推进中小学实施素质教育的若干意见》的通知［EB/OL］. (1997-10-29)［2015-04-16］. http：//www. chinalawedu. com/falvfagui/fg22598/21092. shtml.

培养质量";"保证学校体育和艺术教育教师的数量和质量";"提高我国高等教育的教学质量和科学水平贡献力量"等。^① 国力的强弱"取决于各类人才的质量和数量",必须转变观念,"改革人才培养模式,积极实行启发式和讨论式教学,激发学生独立思考和创新意识,切实提高教学质量";"积极推进教学改革,提高课堂教学质量"。^② 2004 年教育部在颁发的《2003—2007 年教育振兴行动计划》中再次将"深化改革,提高质量"作为今后几年的发展方向,"努力提高普及九年义务教育的水平和质量"和提高"人才培养质量"^③ 以及社会服务能力。2010 年,《国家中长期教育改革和发展规划纲要(2010—2020年)》继续将"提高义务教育质量""建立科学的教育质量评价体系""提高人才培养质量""改革教育质量评价和人才评价制度"^④ 等列入其中。

(二)课堂教学能为基础教育教学质量提供保障

提高基础教育教学质量是提高整个国民教育素质的奠基性工程,从上述文件的规定内容可以看出,基础教育的教育质量观已经上升为"国家意志"。为完成"国家意志",教育工作者要从实际出发,从教育的基本任务出发,树立科学的、面向未来的教育教学质量观,扎扎实实地做好课堂教学。只有基础性的课堂教学工作做好了,教学质量提高了,整个基础教育的教学质量才能提高。课堂教学保障基础教育的教学质量,主要体现在两大方面。

一是保障基础教育教学质量的教学行为主要发生在课堂。课堂教学行为包括教师教的行为和学生学的行为,教师的教和学生的学构成了课堂教学活动的统一体,双方的相互作用产生了课堂。一定意义上讲,教学行为品质的高低决定教学质量的高低。进入新世纪,世界各国的课堂教学已经发生很大的变化。课堂教学不是同步教学,"而是一种以主题为中心来组织的探究式单元学

---

① 教育部. 面向 21 世纪教育振兴行动计划 [EB/OL]. (1998.12.24) [2015-04-16]. http://www.moe.gov.cn/publicfiles/business/htmlfiles/moe/moe_177/200407/2487.html.

② 教育部. 中共中央国务院关于深化教育改革 全面推进素质教育的决定 [EB/OL]. (1999-06-13) [2015-04-16]. http://www.moe.gov.cn/publicfiles/business/htmlfiles/moe/moe_177/200407/2478.html.

③ 教育部. 2003—2007 年教育振兴行动计划 [EB/OL]. (2004-02-10) [2015-04-16]. http://www.moe.gov.cn/publicfiles/business/htmlfiles/moe/moe_177/200407/2488.html.

④ 教育部. 国家中长期教育改革和发展规划纲要(2010—2020 年)[EB/OL]. [2015-04-16]. http://www.moe.gov.cn/publicfiles/business/htmlfiles/moe/moe_177/201407/171904.html.

习"。① 众所周知，在信息社会知识爆炸时代，试图以传递百科全书式的知识和技能，并以死记硬背的方式来组织教学，忽视学生学习实践中与其他事务的对话，忽视个体与个体、个体与群体的对话和"互惠学习"，"勉强"地凭借知识和技能的累积和发展，这样的教学显然是品质不高的表现。所以，提升课堂教学行为品质对基础教育教学质量起着保障性作用。

二是生发于课堂并指导课程教学实践的课程与教学理念及"理论"有助于保障基础教育教学质量。如教学相长、循序渐进、启发诱导、因材施教的教学原则观；"活教育"的儿童中心观；知行统一的生活教育观；关心他人、关心集体、认真负责、诚实、勤俭、勇敢、正直、合群、活泼向上的道德教育目的观；适当拓宽知识面、增加一些新的知识和实验，力求课程内容难易适度的教学内容观等。

二、 课堂教学质量决定学校人才培养质量

进入新世纪，我国"素质教育全面推进，教育质量和学生整体素质逐步得到提高"②。新课程改革实施以来，国家陆续颁发了《2003—2007 年教育振兴行动计划》（2004 年）、《国家中长期教育改革和发展规划纲要（2010—2020年）》（2007 年）等几个重要文件，将"质量""人才培养质量""提高人才培养质量"作为教育发展的关键词。无疑，提升教学质量是当前我国基础教育课程改革与发展的主题。

（一）课堂教学质量是人才素质提升的重要保障

新课程改革能否顺利实施，目标能否顺利完成，学生能否全面发展，归根结底取决于课堂教学质量的高低。提高教学质量的实质是提高人的素养，亦即提高课堂教学中教师和学生的素养。这是师生主体双方共同提高的过程：教师通过专业发展提升教的质量与学生通过改善学习品质提高学的质量。

教师"教"的质量提升，首先，要积极转变传统的"教书"的教学观，转变"只从社会文化需求与客观价值着眼""忽视教学过程中学生充满灵性的自

---

① 佐藤学. 课堂改革：学校改革的中心课题 [J]. 钟启泉，译. 上海教育科研，2005（11）：4-9.
② 教育部. 全国教育事业第十个五年计划 [N]. 中国教育报，2001-10-15（005）.

主活动"① 的教学观，教学需要考虑社会文化与学生等方面。教育观念的转变是教学行为改变的前提，良好的教育观念有利于教师课堂教学行为、教学方法、教学手段的合理运用和表现。其次，做到与时俱进，推动教师自身专业发展，提高应对教育教学变革的能力。再次，教师需要进行个性化的学习和反思，摆脱教师专业发展的标准化羁绊，积极发挥教学的创造性和自主权。因为"以标准为导向的改革，把课程及教师专业发展简化为技术和理性的过程，这使得学习和教学本身应有的强有力的东西有所缺失"②。

教师在课堂上发挥的作用是影响学校人才培养的关键因素。高素质的教师本身就是优质的课程资源，反之，一个不合格的教师，再好的课程也难以转化为优质的课堂，更难以提升学生的培养。因此，提高人才素质就必须保障课堂教学质量；保障课堂教学质量，就必须提升教师素质。为此，国家提出改革人才培养体制：更新人才培养观念，创新人才培养模式，改革教育质量评价和人才评价制度；提出加强教师队伍建设：建设高素质教师队伍，加强师德建设，提高教师业务水平等③。此外，教育部还提出要"高度重视中小学教师培训，全面提高教师队伍素质"；"紧紧围绕新时期教育改革发展的中心任务，开展中小学教师全员培训"；"创新教师培训模式方法，提高教师培训质量"；"完善教师培训制度，促进教师不断学习和专业发展"；"加强教师培训能力建设，建立健全教师培训支持服务体系"等。④ 显然，教师在课堂教学中发挥着关键作用，是课堂教学质量的直接责任人。教师自身的素养提高了，课堂教学的质量才会有保障；课堂教学质量有了保障，学校人才培养的质量才会得以提高。这是一个相辅相成的过程。

俗话说，"孤掌难鸣"。人才素质的提升不是教师单方面的事情，课堂教学是师生双方的共同活动，学生自主、自觉的学习同样是促进学校整体人才培养质量提升的保障。当然，学生学习品质的提升也主要是通过课堂教学。首先，

---

① 安富海，郑文学. 现代教学论视野下的教学观：从"教学"转向"教人"［J］. 天津师范大学学报（基础教育版），2008，9（4）：12-15.

② 卢乃桂. 教师专业发展理论基础探讨［J］. 教育研究，2007（3）：17-22.

③ 国家中长期教育改革和发展规划纲要工作小组办公室. 国家中长期教育改革和发展规划纲要（2010—2020 年）［N］. 人民日报，2010-03-01（005）.

④ 教育部. 关于大力加强中小学教师培训工作的意见［EB/OL］.［2015-04-26］. http：//www. gov. cn/gzdt/2011-01/06/content_1779454. htm.

通过教学，学生积极转变对教师的依赖心理，树立学习的责任意识和权利意识，明确学习是自己的事情，选择学习方式是自己的权利。其次，通过教学，学生转变学习方式。有调查表明："影响学生学习方式转变的因素主要有学习内容、学生个体、教师引导、评价方式、学校文化以及教学资源等。同时，性别、学段、班额、区域等因素也对学生学习方式转变产生影响。"① 在教学中应有针对性地利用上述影响因素，促进学生积极学习。再次，通过教学，让学生充分利用现代信息技术进行学习。"现代移动设施与无线通信技术对学习活动的设计理念（design concept）有巨大影响"， "移动学习模式（mobile learning model）在小学生文化学习方面正发挥着积极作用"。② 只有师生双方"教""学"质量的提升，课堂教学质量的提升才会水到渠成，学校人才素质的提升才会有保障。

（二）新课程改革的落脚点是提升课堂教学质量

由于固有的知识本位、学科本位问题没有得到根本性的转变，也由于传统应试教育势力的强大，素质教育不能真正得到落实，"我国基础教育已经到了非改不可的地步"③。新课程改革在具体实施上，牵涉教学的方方面面：如教师对新课程性质和特点的认识，教学的组织与管理，课程模块的彼此关联（横向的和纵向的），课程资源的二次开发，综合实践活动的有效实施，教师本身的教育教学理念、素养和能力，以及学校校长和学校文化等。基础教育课程改革是一个复杂的系统工程，教学的方方面面都是影响课堂教学质量的因素。在这一复杂的巨系统里，课程理论的引领，课改目标的厘定，课程体系的建构最终都依赖于课程实践的推行；在课程改革的实践中，课程理念、课程内容、课程设计、课程实施、课程评价也始终与课堂教学交织在一起，并共同作用于中小学生的身心发展，通过每一节实实在在的课堂承接着人才培养的质量和新课程改革的预期目标。

---

① 李本友，李洪恩，余宏亮. 学生学习方式转变的影响因素、途径与发展趋势 ［J］. 教育研究，2012（2）：122-128.

② HWANG G J，WU P H，ZHUANG Y Y，HUANG Y M. Effects of the Inquiry-based Mobile Learning Model on the Cognitive Load and Learning Achievement of Shudents ［J］. Interactive Learning Environments，2013，21（4）：338-354.

③ 朱慕菊. 走进新课程——与课程实施者对话 ［M］. 北京：北京师范大学出版社，2002：7-8.

传统课堂教学以知识传授为中心任务、以分数为导向的弊习，使得学校教育呈现出知识中心、教师中心、书本中心、死记硬背的现象，不但异化了教师的教学生活，也让学生远离了丰富而多彩的学习生活，严重地损害了课堂教学的应有质量。由此，新课程倡导将原有获取知识的静态、被动的活动转化为接受知识与主动知"识"的动态过程，成为学生探究、选择和创造的过程，进而成为学生的科学精神、创新精神和世界观的形成过程；倡导将学习的过程作为课程文本与学生生活世界相结合的过程，使课程更加"生活化"，学生不是为考试而考试，老师也不是为考试而教学。

基础教育课程改革的落脚点和重心在课堂：优化学生学习和成长环境；倡导开放自主学习；强化教师专业发展；确立体现现代教学观的课堂教学评价标准[①]等，旨在寻求高质量的课堂教学，归根结底是在课堂教学的基础上实现学生的自主成长、全面发展，实现学生的个性发展和素质养成。提高课堂教学质量，目的即在于此。

第三节　课堂教学是新课程标准调整的基本指向

课程标准是"教材编写、教学、评估和考试命题的依据，是国家管理和评价课程的基础"，[②] 反映基础教育课程的质量要求和课程改革的基本理念。2001 年，国家发布了《义务教育全日制学校语文等 18 科课程标准（实验稿）》（以下简称《课程标准（2001 年）》），取代沿用已久的教学大纲，标志着我国基础教育课程改革进入了新阶段。2011 年，国家对新课程标准进行了修订，并印发了义务教育课程标准（2011 年版），为全面实施素质教育，提高教育教学质量、深化课程改革带来了引领和推动作用。

---

① 体现"现代教学观的课堂教学评价标准"的基本命题有：第一，学生的学习是在实践、交往活动的基础上的"价值引导"与"自主建构"。现代学习的发展观体现为学习的选择性、实践性、自主性、社会性和学习的创新性。第二，现代课堂教学的基本特点是基础性、发展性（建构性、生成性、差异性）、开放性、文化性。第三，课堂教学，作为一种建构性与生成性文化，通过协商、互动的方式共同实现对文化的理解与建构，承担培养学生文化主体身份的使命。裴娣娜. 论我国课堂教学质量评价观的重要转换 [J]. 教育研究，2008 (1)：17-22，29.

② 朱慕菊. 走进新课程——与课程实施者对话 [M]. 北京：北京师范大学出版社，2002：49.

一、 义务教育阶段各科新课程标准调整的重点

（一）强调课堂教学是实现德育目标的主要途径

为落实《中共中央国务院关于进一步加强和改进未成年人思想道德建设的若干意见》，更好地将社会主义核心价值观融入学校课程体系，2011 年新修订的结合学科特点和学生特征，在学科内容中有机渗透了社会主义核心价值观，强化德育教育的目标，提出实现德育目标的主要途径是课堂教学。

德育教育目标的实现，主要途径是通过课程内容及活动建议来体现。如，《义务教育思想品德课程标准（2011 年版）》〔以下简称《思品课标（2011 年版）〕在"我与他人和集体"部分课程内容中提出："体会父母为抚养自己付出的辛劳，孝敬父母和长辈。学会与父母平等沟通，调适'逆反'心理，增强与家人共创共享家庭美德的意识和能力。"[①] 并提出了教学活动的建议：举办搜集"父母说得最多的十句话"活动，尝试理解父母"源于爱"的初衷，同学之间进行交流和分享。《义务教育品德与生活课程标准（2011 年版）》〔以下简称《品德与生活课标（2011 年）》〕亦明确指出："品德与生活课程根据社会与时代发展的需要和儿童身心发展的特点而设置，旨在以正确的价值观引导儿童更好地适应学校生活，形成良好的品德和行为习惯，在充满探究与创造乐趣的童年生活中，为学会生活、学会做人打下基础。"[②] 作为极具生活性、活动性、综合性、开放性的品德与生活课程，其基本理念：引导儿童热爱生活、学会关心、积极探究；珍视童年生活的价值，尊重儿童的权利；道德存在于儿童的生活中，德育离不开儿童的生活；让教与学植根于儿童的生活。毕竟，"道德生活是儿童自由、自觉的生活，而不是刻板、僵化的符合外部规范的生活"[③]。而引导儿童道德品行养成的路径及方式恰恰是课堂教学以及由此创生的各种各样的课堂教学生活。

---

① 中华人民共和国教育部. 义务教育思想品德课程标准（2011 年版）〔S〕. 北京：北京师范大学出版社，2011：10.

② 中华人民共和国教育部. 义务教育品德与生活课程标准（2011 年版）〔S〕. 北京：北京师范大学出版社，2011：1.

③ 赵小雅. 让品德根植于儿童生活中——访品德与生活课程标准修订组核心成员张华教授〔N〕. 中国教育报，2012-04-10（009）.

为此，品德与生活课程围绕情感与态度、行为与习惯、知识与技能、过程与方法等四个方面的目标，为学生设定了学生健康、安全地生活，愉快、积极地生活，负责任、有爱心地生活，动手动脑、有创意地生活等课程内容，具体包括：① 其一，将社会主义核心价值体系融入标准。标准修订努力反映德育的时代性和科学性，使之更加符合低年级儿童品德成长的客观规律，有助于帮助低年级儿童解决成长过程中面临的问题，从而更好地提高德育的实效性。其二，进一步贯彻以儿童发展为本的改革理念。标准修订中坚持先进的儿童观、教育观、教学观，提倡关注儿童的生活世界和主体性，以儿童的生活为基础，重视良好的品德行为习惯和情感的养成。其三，坚持方向性和操作性的统一，即在保证正确的教学方向的同时，增加了课程教学的具体建议。

（二）指出课堂教学是课程标准修订科学性的实践保障

2011 年课程标准在 2001 年课程标准（实验稿）的基础上进行了微调，通过对标准内容的修改、增删，准确、规范了用语，更进一步增强了课堂教学的科学性和可操作性。如，《品德与生活课标（2011 年）》在"课程性质"部分，增加了"综合性"的课程基本特征。在"课程设计思路"部分，四个方面之一的"动脑筋、有创意地生活"修改为"动手动脑、有创意地生活"。在课程目标"知识与技能"部分，增加了"具有与同伴友好交往、合作的基本方法和技能"。在内容标准的"负责任、有爱心地生活"部分，删去了"学习维护自己的权利"的内容；"崇敬人民英雄"修改为"了解英雄模范人物的光荣事迹"；"尊敬国旗、国徽，会唱国歌"修改为"尊敬国旗、国徽，学唱国歌"等。在"愉快、积极地生活"部分，增加了第五条内容：在成年人的引导下学会正确地对待自己的学习成绩。为此，在具体的课堂"教学建议"部分，新增了第（一）（四）（五）条，即："深刻理解本课程的性质、特征和基本理念""把了解儿童作为教学的基础""以活动为教学与学的基本形式"。② 删去了2001 年课标（实验稿）中教学建议中列举的各种具体"教学活动"，同时扩展了"教学指导的注意点"中"教学准备""教学内容选择""活动组织""活动

---

① 赵小雅. 让品德根植于儿童生活中——访品德与生活课程标准修订组核心成员张华教授［N］. 中国教育报，2012-04-10（009）.

② 中华人民共和国教育部. 义务教育品德与生活课程标准（2011 年版）［S］. 北京：北京师范大学出版社，2011：11-12.

指导"四大方面，并列出了细致的要求。评价建议部分，新增了（一）（三）（四）三个项目："评价目标和内容的确定""评价的注意点""评价结果的解释和应用"，为改进教学提高质量增强了保障。

又如，《思品课标（2011 年版）》在实验稿的基础上作出了如下变化（以结构布局为例）。[①] 第一部分"前言"的变化："课程的基本理念"改为"课程基本理念"；"课程标准的设计思路"改为"课程标准设计思路"。第二部分"课程目标"的变化：不再出现总目标和分类目标的分层，而是直接表述为"情感·态度·价值观""能力""知识"。第三部分"内容标准"的变化：将总标题"内容标准"改为"课程内容"；将第一板块"成长中的我"的"学法用法"改为"心中有法"；将第二板块"我与他人的关系"标题改为"我与他人和集体"；"我与他人的关系"的第二点"交往的品德"改为"在集体中成长"；将第三板块"我与集体、国家和社会的关系"标题改为"我与国家和社会"；将原来"我与集体、国家和社会的关系"下的四个子标题"积极适应社会的发展进步""承担社会责任""法律与社会秩序""认识国情　爱我中华"，相应调整为"我与国家和社会"标题下的三个子标题："积极适应社会发展""认识国情，爱我中华""法律与秩序"。第四部分"实施建议"的变化：将该部分的三个子标题"教学建议""教材编写建议""评价建议"进行了顺序调整，调整后的顺序为"教学建议""评价建议"教材编写建议"；将第四个子标题"课程资源的利用与开发"改为"课程资源的开发与利用建议"。还有一些表述，如《义务教育地理课程标准（2011 年版）》在"世界地理""海洋与陆地"部分的内容，将"说出全球海陆所占比例"重新表述为更加科学的"说出地球表面海、陆所占比例"[②]；《义务教育物理课程标准（2001 年版）》［以下简称《物理课标（2011 年版）》］也有诸多改进的地方，"义务教育物理课程是一门注重实验的自然科学基础课程"[③] 课程性质的表述即是其一。

上述课程标准新修订、调整的内容，更科学地表达了课程标准。然而，要

---

① 中华人民共和国教育部. 义务教育品德与生活课程标准（2011 年版）［S］. 北京：北京师范大学出版社，2011：1.

② 中华人民共和国教育部. 义务教育地理课程标准（2011 年版）［S］. 北京：北京师范大学出版社，2011：8.

③ 中华人民共和国教育部. 义务教育物理课程标准（2011 年版）［S］. 北京：北京师范大学出版社，2011：2.

保证修订后的科学的内容和要求顺利实施，必须通过课堂教学和学生的学习来达成。如《义务教育初中科学课程标准（2011 年版）》就提出了让学生"了解科学、技术、社会、环境之间的互动关系，了解科学技术处于不断发展变化的过程中，认识科学技术对社会发展的影响；认识到人、自然与社会是有机地关联在一起的；初步了解技术设计的一般过程；进而逐步认识科学的本质，树立正确的科学观念，培育科学精神，并将科学精神与人文精神紧密地结合起来"①。同样，如果不在具体的课堂教学中，语文、英语及其他语言类学科就很难做到工具性与人文性的统一，当然也就难以保障学生"在发展语言能力的同时，发展思维能力，学习科学的思想方法，逐步养成实事求是、崇尚真知的科学态度"②。只有通过教师的教学和明确的指导，新课程标准的新修订、调整内容和要求才有可能落实，并接受教学实践的检验。

（三）突出课堂教学对于学生探究能力培养和批判质疑精神培育的关键作用

针对传统基础教育"双基"（"基础知识和基本技能"）目标要求所体现的对学生创新精神和实践能力培养意识的不足，课程标准特别强调对学生能力的培养，将传统的"双基"目标发展为"四基"，即基础知识、基本技能、基本思想、基本活动经验，并进一步明确了能力培养的基本要求。针对教师反映对"探究学习"指导有困难的问题，提炼了"探究学习"的基本步骤和一般方法。针对问题解决能力方面，提出在原来分析问题和解决问题能力的基础上，增加学生发现问题、提出问题能力的培养和批判质疑精神的培育等。譬如，品德与生活学科课程将实验稿中的"动脑筋、有创意地生活"修改为"动手动脑、有创意地生活"，一方面更关注了此阶段儿童发展的实际，另一方面，增加关键词"动手"，也是"针对调研中普遍存在的我国儿童动手能力普遍较差的现实"。③《物理课标（2011 年版）》将"科学探究"列入课标第三部分内容的首位，"旨在让学生经历与科学工作者进行相似的探究过程，主动获取物理知识，

---

① 中华人民共和国教育部. 义务教育初中科学课程标准（2011 年版）[S]. 北京：北京师范大学出版社，2011：45.

② 中华人民共和国教育部. 义务教育语文课程标准（2011 年版）[S]. 北京：北京师范大学出版社，2011：6.

③ 中华人民共和国教育部. 义务教育新课标新在哪 [EB/OL]. （2012-02-28）[2015-04-23]. http://www. moe. edu. cn/publicfiles/business/htmlfiles/moe/s5148/201202/131249. html.

领悟科学探究方法，发展科学探究能力"①（相关要求见下表）。课标倡导在教学中要进一步加强对学生实验和探究能力的培养，如附录一"学生必做的实验说明"中，将实验项目增加到 20 个。

《物理课标（2011 年版）》科学探究能力变化表

科学探究要素	科学探究能力基本要求		备注
	物理课标（实验稿）	物理课标（2011 年版）	
提出问题	A	B	A、B 同
猜想与假设	尝试根据经验和已有知识对问题的成因提出猜想	尝试根据经验和已有知识对问题的可能答案提出猜想	能力要求的逻辑性调整
设计实验与制订计划	尝试选择科学探究方法及所需要的器材、设计探究步骤	尝试选择科学探究方法及所需要的器材	"设计探究步骤"与前文表述重复
进行实验与搜集证据	A	B	A、B 同
分析与论证	能对收集的信息进行适当整理能进行简单分析推理	能对收集的信息进行简单归类及比较 能进行简单的因果分析	能力要求提升
评估	有评估探究过程科学性的意识 有评估探究结构合理性的意识	有评估探究过程和探究结果的意识 有从评估中吸取经验教训的意识 尝试改进探究方案	能力要求提升
表达与交流（交流与合作）	敢于发表自己的观点，善于倾听比别人的意见	能听取别人的意见，调整自己的方案能坚持原则又尊重他人，有团队意识	能力要求提升

注：此表根据 2001 年《物理课标（实验稿）》和《物理课标（2011 年版）》编制。

与此类似，化学学科课程教学提出课堂教学要"引导学生体验科学探究过程，启迪学生的科学思维，培养学生的实践能力"，并在新修订的"知识与技能"的课程目标中提出"初步形成基本的化学实验技能，初步学会设计实验方

---

① 中华人民共和国教育部. 义务教育思想品德课程标准（2011 年版）[S]. 北京：北京师范大学出版社，2011：8.

案，并能完成一些简单的化学实验"。① 在"发展科学探究能力"部分对"进行实验"的要求上，《义务教育课程标准（2011 年版）》［以下简称化学课标（2011 年版）］将《全日制义务教育化学课程标准（实验稿）》［以下简称《化学课标（实验稿）》］相应"目标"——"能顺利地完成实验操作"的要求提升为"能独立或与他人合作进行实验操作"。

《义务教育音乐课程标准（2011 年版）》的修订同样十分重视以"能力为重"的课堂教学理念，着眼于学生责任感、创造力和操作能力的培养，通过课堂教学将音乐教学落实在提高孩子的音乐素养，增进孩子在实践中的自信，让学生勇于展示自我，大力发展其创新精神等。如"课程基本理念"第二条"强调音乐实践鼓励音乐创造"中阐明："音乐教学是音乐艺术的实践过程。因此，所有的音乐教学领域都应该强调学生的艺术实践，积极引导学生参与演唱、演奏、聆听、综合性艺术表演和即兴编创各项音乐活动，将其作为学生走进音乐，获得音乐审美体验的基本途径。通过音乐艺术实践，有效提高音乐素养，增强学生音乐表现的自信心，培养学生良好的合作意识和团队精神。"

2011 年课程标准的修订，针对教学和学习的一个总体要求是，在教学和学习过程中要有问题和假设，能提出问题并分析问题，保持对事物的好奇心和求知欲，开展探究，敢于批判。初中科学课程标准（2011 年版）在"科学技术史"主题中指出，要注重对学生思维的启发，"使学生感受到科学是一个开放的系统，不但在广度和深度上不断发展，而且已有的结论也可能被修正，科学是一个不断探究的过程"②。在教学建议中，要求教师重视学生科学思维的培养，关注学生思维过程和行为方式，引导学生"手""脑"并用，主动思考、设计、探究、论证，"帮助他们学习建立科学模型，逐步养成质疑、反思的科学思维习惯"③。在教学中，教师还要注意鼓励学生用多种方式进行讨论、交流，营造尊重、平等的课堂氛围，使学生能理性、客观地分享观点、心得，让学生"勇于坚持自己的正确观点并对他人的错误观点质疑，又勇于放弃自己的

---

① 中华人民共和国教育部. 义务教育物理课程标准（2011 年版）［S］. 北京：北京师范大学出版社，2011：1-6.

② 中华人民共和国教育部. 义务教育初中科学课程标准（2011 年版）［S］. 北京：北京师范大学出版社，2011：47.

③ 中华人民共和国教育部. 义务教育初中科学课程标准（2011 年版）［S］. 北京：北京师范大学出版社，2011：54.

错误观点，接受更合理的科学观点和解释"。①

显而易见，在学校教育中，课堂教学对于学生的各项能力发展起着关键性作用。2011 年新修订的课程标准十分明确地提出了课堂教学要关注学生探究能力的培养和批判质疑精神的培育，这也正说明基础教育课程改革成败的关键在学校、在课堂、在教学。

二、 义务教育阶段各科课程标准调整的基本导向

（一）课堂教学引领学生认知与非认知的协调发展

《义务教育音乐课程标准（2011 年版）》［以下简称《音乐课标（2011 年版）》］指出，学生通过学习可以了解、熟知并热爱祖国的音乐文化，增强民族意识，陶冶爱国主义情操；可以带来审美体验，启迪智慧，开发潜能，健全人格，丰富个性；可以促进人际交往，沟通情感，促进社会和谐。《义务教育俄语课程标准（2011 年版）》［以下简称《俄语课标（2011 年版）》］提出，在教学中要关心和重视每一个学生，使他们得到鼓励关爱，获得成功体验；使学生乐于参与主题活动，培养合作精神，完成学习任务；培养学生的社会交往能力，养成积极向上的健全人格；增强祖国意识，培养国际视野。②《义务教育历史课程标准（2011 年版）》［（以下简称《历史课标（2011 年版）》］提出将正确的价值判断融入对历史的叙述和评判中，弘扬以爱国主义为核心的民族精神和以改革创新为核心的时代精神；让学生通过学习，"初步学会从历史的角度观察和思考社会与人生，从历史中汲取智慧，逐步树立正确的世界观、人生观和价值观，提高综合素质，得到全面发展"③。《义务教育地理课程标准（2011 年版）》［以下简称《地理课程（2011 年版）》］指出，要引导学生关注自然、关注社会、关注人与自然的和谐和可持续发展，引导学生特别考虑"是否关心家乡的环境与发展，关心我国的基本地理国情"；"是否形成有关环

---

① 中华人民共和国教育部. 义务教育初中科学课程标准（2011 年版）［S］. 北京：北京师范大学出版社，2011：58.

② 中华人民共和国教育部. 义务教育俄语课程标准（2011 年版）［S］. 北京：北京师范大学出版社，2011：14.

③ 中华人民共和国教育部. 义务教育历史课程标准（2011 年版）［S］. 北京：北京师范大学出版社，2011：1.

境、资源的保护意识和法治意识以及关心和爱护地理环境的行为习惯"[①] 等。初中科学课标（2011 年版）指出，"科学活动受到科学道德和社会一般道德的双重约束"。[②] 科学活动与其他人类活动一样，都是建立在诚信的基础之上的，崇尚求真务实，要求科学工作者正确处理利益、荣誉和伦理等问题，具备良好的职业道德与科学品行，以及热爱科学、坚持真理和创新的科学精神。化学课标（2011 年版）在其课程设计中提到，教师应精选一些诸如化学史料、日常生活中生动的自然现象和化学事实、化学对社会发展的影响等"情景素材"，"来创设情景，生动地进行爱国主义教育，增强学生的社会责任感，充分调动学生学习的主动性和积极性，帮助学生理解学习内容，认识化学、技术、社会、环境的相互关系，引导学生理解人与自然的关系，认识化学在促进社会可持续发展中的重要作用"[③]。

根据新修订的这些课程标准内容来进行课堂教学，实质上将发展学生知识、能力的"认知"要求与发展学生对自己、对他人、对祖国的情感、态度等的"非认知"要求结合起来，按照"全人"的新课程理念来实施课堂教学。

（二）课堂教学是课程标准修订的直接导向

1. 消除课堂教学对课程目标认识的偏差

尽管课程改革的价值取向、课程标准的理念、性质、目标等得到教师们的广泛接纳与认同，"全日制义务教育课程标准（实验稿）"和"义务教育课程标准（2011 年版）"也都坚持新课程改革设定的目标，然而，到底如何理解目标及目标维度，以及目标在实践中达成的状况等问题，让实施中的课程标准也充满了变数。

一份涉及华北、华东、华中、华南、东北、西北、西南等八省物理课程标准实施的调研显示，物理教研员、教师对三维教学目标理解存在较大偏差，主要表现：①极少数教师认为应将课程目标转化为教学目标，多数教师将教学目

---

① 中华人民共和国教育部. 义务教育地理课程标准（2011 年版）[S]. 北京：北京师范大学出版社，2011：24.

② 中华人民共和国教育部. 义务教育初中科学课程标准（2011 年版）[S]. 北京：北京师范大学出版社，2011：4.

③ 中华人民共和国教育部. 义务教育化学课程标准（2011 年版）[S]. 北京：北京师范大学出版社，2011：5.

标与课程目标混为一谈，甚至有人认为"三维目标是科学素养培养的具体化"；②将三维目标分割理解，认为知识与技能是三维目标的基础，没有这个基础，就没有真正意义上的获取知识的过程与方法，而"情感态度价值观"的提升是建立在前两个基础上的；③有教师认为课程标准在三维目标上对"过程与方法"没有清晰的界定，认为过程与方法体现的是一种思想，高中阶段应培养学生何种思维方法没有清楚的界定等。①

另一份对江西省初中《体育与健康课程标准》实施状况的调查显示，"6%的体育教师表示非常满意，67%的体育老师表示满意和基本满意"，"27%的体育教师对《标准》的实施情况表示不满意，其主要原因是有部分老师对新的课程标准下的教学还难以认识到位，体育与健康教学效果不佳"。②基于此，该调查得出结论：新课程在实施中和教学过程中还存在问题，短期内效果不是很理想。同样，陕西省中小学《体育与健康课程标准》实施现状调查也表明，陕西省中小学教师对新课程目标体系的赞同率达到了 63.75%，持反对态度的教师比例为 12.89%。研究发现，原因主要有两个方面③：一是对"新课标"知识掌握不够，具体目标的实施步骤认识不清、理解不透；二是受传统竞技运动的教学观念影响，在新的课程理念下不知如何按照"新课标"的要求进行教学。的确，一线教师所处的实际状态不同，加之不同教师的专业和能力素养差异，对新课程实施中三维目标的理解存在差异在所难免。这些认识上的偏差无疑给课程实施者带来了困惑，课程标准的修订有为解此"惑"之一举。

2. 化解课堂教学对课程标准的操作性困惑

课程标准给课堂教学立了一杆标尺，即依据课程标准来进行教学。但在具体的教学实践中，由于对标准建议的模糊理解而导致的困惑仍有不少。比如，《全日制义务教育语文课标标准》（实验稿）在语文阅读指导方面要求提高阅读能力，在总目标中提出"具有独立的阅读能力，注重情感体验"。尽管在"关于阅读"的教学建议中，指出"阅读教学是学生、教师、文本之间对话的过

---

① 黄晓，高培杰，胡炳元. 高中物理课程标准实施的问题与省思——基于八省课程标准实施的实证研究［J］. 课程·教材·教法，2014（9）：37-42.

② 汪玮琳，徐宗昌. 江西省初中《体育与健康课程标准》实施现状与对策研究［J］. 赣南师范学院学报，2009（6）：128-131.

③ 吴宏江. 陕西省中小学《体育与健康课程标准》实施现状调查分析［J］. 北京体育大学学报，2007，30：368-369.

程"。"阅读是学生的个性化行为，不应以教师的分析来代替学生的阅读实践。应让学生在主动积极的思维和情感活动中，加深理解和体验，有所感悟和思考，受到情感熏陶，获得思想启迪，享受审美乐趣。要珍视学生独特的感受、体验和理解。""逐步培养学生探究性阅读和创造性阅读能力，提倡多角度、有创意的阅读，利用阅读期待、阅读反思、批判等环节，拓展思维空间，提高阅读质量。"① 这实质上是提出了阅读教学中"哪些不应该做的注意事项"，并没有从正面提出阅读教学的具体策略，如何实施还得靠教师自己把握。语文课标（实验稿）在第一学段（1—2 年级）阅读部分提出"学习用普通话正确、流利、有感情地朗读课堂"的要求，第二学段（3—4 年级）、第三学段（5—6 年级）、第四学段阅读部分均提出"能用普通话正确、流利、有感情地朗读课文"的要求。然而，如何"学习有感情"，如何做到"有感情"，读出什么样的"感情"才是符合教学的目标要求，课标中并未明确指出。看来，关于朗读的教学恐怕还得因老师和学生各异了。基于这种情况，课程标准（2011 年版）指出，朗读重在内容的理解和把握，"让学生在朗读中通过品味语言，体会作者及其作品中的情感态度，学习用恰当的语气语调朗读，表现自己对作者及其作品情感态度的理解。朗读要提倡自然，要摒弃矫情做作的腔调。"② 可见，课程标准作为一个参照和指导性文本，在实际的操作中仍会给一线的教师和教研员们带来困惑。

语文阅读教学、朗读教学或是其他学科的教学，存在差异是正常的，也是不可避免的，为此，2011 年课程标准对《全日制义务教育语文课程标准（2010 修订稿）》作出了修订。尽管不可能消除依据新课程标准进行教学时仍可能会存在的困惑，但消解这种操作性困惑是本次课程标准修订的另一个"解惑"之举。

3. 重申重视基于课程标准的教学

课程标准的制定与实施，一方面为引领新课程教学围绕既定的目标前进，另一方面为关切不同地域不同学校的实情。长期以来，各学科课程的教学在很

---

① 中华人民共和国教育部. 全日制义务教育语文课程标准（实验稿）［S］. 北京：北京师范大学出版社，2001.

② 中华人民共和国教育部. 义务教育语文课程标准（2011 年版）［S］. 北京：北京师范大学出版社，2011：22.

大程度上背离了教育教学的规律，"教本中心""师本中心""应试中心"的教育体制及它们对应的一系列教学方式方法，给课程标准的实施带来了严重阻碍，甚至课程标准被"有选择性地忽视"。

新课程标准被"有选择性地忽视"的重要原因是单一的考试评价对教育教学的制约。这种情况在偏远地区或广大中西部农村中学尤为严重。这些地区由于师资力量的薄弱、教学资源的匮乏、学生认知信息面的褊狭，较之于东部地区和城市学校而言，推行统一标准的新课程难度相对较大。"如果按照一个标准落实新课标，一些经济基础差、师资水平低、生源差的学校根本无法施行"。[1]

课程标准的施行旨在达成课程目标。为此，课程标准在课程分段目标和教学建议中对课程实施进行了内容和目标细分，并对不同阶段的内容难度也作出了相应调整。就课程实施而言，这些阶段内容标准的划分实质上是以教师为主导的新课程内容教学和安排，学生在这一过程中并没有选择的余地。而课程改革的主题是实现学生的健康成长、个性成长以及基于能力的全面发展，完成这一主题的一个重要方面则是学生在学习中有足够的学习自主权和选择权。个性是学生自己的个性，外在的安排培养不出个性，让学生自由自主选择、在选择中学会选择[2]才能激发个体发展的潜力。遗憾的是，我们并没有给学生提供如此选择的权利。

课程模块的设置彰显了课程标准提出的理念，意在打破学科结构对学生认知发展、探究的限制。然而，在中小学课程设置的模块中，有的模块是教科书由一本变成两本，有的由当地教育部门与学校依据考试指南或方案出台"统一选修"或"指定选修"，考试决定了教学的内容和方向。由此，依据课程标准的教学变成了依据考试的内容教学，课程标准的性质、理念、设计思路、目标与内容、教学评价等都"演变"成了考试内容标准书。

2011 年各科课程标准的修订，在新课程改革十年后再次宣示并强调了这一理念要求：必须实施基于课程标准的教学。在很大程度上，课程标准是推进课堂教学、实现教学目标的指针和标杆。课程标准的修订是为了更好地服务教学、促进教学，而不是为了更纯粹的文本和更好的教学指导参考书。

---

① 杨泉良. 语文课程标准的超前性及在实施中的调整 [J]. 现代中小学教育，2008（12）：10-11.

② 石鸥. 让学生在选择中学会选择——欧洲三国高中课程改革对我们的启示 [J]. 湖南师范大学教育科学学报，2002，1（4）：20-24.

第四章　中国基础教育课程未来改革之主体及行为分析

　　教育的每一次变革都充满了期待、充满了风险，取得了成绩，也经历了挫折。基础教育课程改革需要触动方方面面的力量，尤其是触动并激发基础教育最底层也是最中坚的力量——学生和教师。学生和教师是课程改革的核心主体，让教学主体归位，让教学主体到位，是我国基础教育课程改革成功从课程走向课堂的关键。

第一节　基础教育课程改革之主体界说

基础教育课程改革的主体有教学主体、课程主体、基础教育课程改革的主体等。不同主体有不同的内涵和功能，不同主体又各有其地位和身份，功能亦各有侧重。理顺不同主体的关系，有利于基础教育课程改革主体责任的划分，明确改革的重心。

一、 主体、 课程主体

（一）主体

主体是什么？哲学上讲的主体是相对于认识与实践客体而言的，即人是认识与实践的主体，是"在劳动基础上形成的社会化的高级动物"①，是"社会历史获得的主体"②。在这里，"主体"是一个对等性的概念，即甲相对于乙为"主体"，乙相对于甲也为"主体"；也就是说，没有对等的"乙主体"身份，那么"甲主体"身份就无法确认。"人的认识和实践不可能在主体对客体的关系之外得到正确的理解。"③ 作为主体的人，在认识客体的时候，也还认识主体自身及其生活；也就是说，主体自身及其生活也是作为自己认识与实践的对象。按照马克思的观点，人在自己"所创造的世界中直观自身"④，"他自己的生活对他来说是对象"⑤，"能动地、现实地使自己二重化"⑥。在这个意义上看，人又是作为客体的主体存在。而作为存在，"主体是人在与客体、与他人、与自我的现实关系中确立起来的"⑦。

---

① 冯契. 哲学大辞典 [Z]. 上海：上海辞书出版社，1992：16.
② 冯契. 哲学大辞典 [Z]. 上海：上海辞书出版社，1992：16.
③ 丁钢. "教师为主导，学生为主体"论质疑——教学主体的再认识 [J]. 教育研究与实验，1987（3）：6.
④ 马克思恩格斯选集：第1卷 [M]. 北京：人民出版社，1995：47.
⑤ 马克思恩格斯选集：第1卷 [M]. 北京：人民出版社，1995：46.
⑥ 马克思恩格斯选集：第1卷 [M]. 北京：人民出版社，1995：47.
⑦ 张传燧. 教育的主体性与主体性教育散论 [J]. 教师教育研究，2004，16（3）：46-50.

由此，主体的存在至少有三种方式：以自身及自身的生活作为客体的存在，以他人、物作为客体的存在，以社会群体作为客体的存在。不论是作为哪一种存在，主体都是能动地、"完全有意识地与其他的事实或事件发生着关联——生理的、心理的抑或观念的"①。亦即，主体是在与自身、与周遭事物的相互作用中寻找到的一种存在感和功能意识。就此而言，主体的存在带有自然属性和社会属性，"离不开衣食住行、父母养育、社会交往，需要有自然的存在方式、社会的存在方式"②。主体不仅仅是作为一个生物的存在，经济的存在，或是一个只具有使用功能的存在，作为完整的人来说，他拥有两个世界，即物质生活与精神领域。而且，主体能让这两个世界完美、和谐地交织统一在一起，带来自身和他人生活方式的改变，实现人类生活的乐观、向善和向美发展。

主体具有主体性。在教育领域里，作为具有主体性的教师和学生在教学实践中建构和发展彼此之主体间性，并通过平等交往、主动对话、相互理解而形成、表现、发挥其主体间性。雅斯贝尔斯认为，教育是"人对人的主体间灵肉交流活动""人与人精神相契合""双方（我与你）的对话和敞亮"③，而训练与控制则是心灵的阻隔，如果把教育当作训练，人就成为单纯的客体。当教育中出现主客体的对立而非主体间的交往、对话，那么，教育中的主体就不是真正意义的存在。

（二）课程主体

1. 课程主体范畴的嬗变

课程主体早先主要是指课程开发的主体，也包括课程设计、实施、评价的主体。课程主体的范畴是一个动态变化的过程。20世纪20年代，博比特和查特斯开创了"科学化课程开发理论"。在以效率取向、控制中心为特征的"泰罗主义"的影响下，他们认为教育专家或课程理论专家是课程开发的绝对主体。

---

① DAVID C. The Question of the Subject：Heidegger and the Transcendental Tradition [J]. Human Studies，1994，17（4）：403-418.

② 叶秀山. 哲学要义 [M]. 北京：世界图书出版公司，2010：85.

③ 雅斯贝尔斯. 什么是教育 [M]. 邹进，译. 上海：生活·读书·新知三联书店，1991：2-3.

　　拉尔夫·泰勒（Ralph w. Tyler）集前人智识之大成，提出课程开发的"目标模式"。他认为，"目标即有意识地选择目的，也就是学校教职员所向往的结果"①。这种目的和结果的确定要依据三个来源——对学习者自身的研究，对校外当代生活的研究，学科专家的建议。② 很明显，在这一课程开发模式中，学科专家是绝对的课程主体。"泰勒原理"的实践基础是"八年研究"，旨在帮助每一所学校、每一位校长和每一位教师能够开发出适应自己学生的课程。这表明，学校、教师（教职员）也是课程开发的主体，这一点从泰勒总结"八年研究"的四项主要结果③亦可看出。1976 年，泰勒又指出，"凡有可能和合适的机会，应该让学生参与课程的设计和评价"。这里，泰勒又将学生划到课程开发的主体中来。在泰勒看来，学科专家、学校、教师、学生都是课程开发的主体。

　　20 世纪 50 年代末至 60 年代末，一场声势浩大的"课程改革运动"席卷美国，这次运动所推出的学术中心课程"是以大学的学科专家、教育学家、心理学家为主体开发的，而地方和学校教师并未实质性地参与这场改革，他们不过是专家开发出的课程的实施者"④。显然，在学科结构课程改革中，学科专家是绝对的课程开发主体。泰勒的学生施瓦布对这次"课程改革运动"进行了反思，认为脱离教育实际、脱离教师的课程开发方式是不恰当的。他认为课程是由教师、学生、教材、环境四个要素所构成，并倡导一种"实践的课程模式"，即"把教师和学生作为课程的有机组成部分和相互作用的主体"，"把教师和学生看作是课程的主体和创造者"⑤。他还提出，实践的课程模式是通过集体审议来解决课程问题，主张"以学校为基础成立包括校长、社区代表、教师、学生、教材专家、课程专家、心理学家和社会学家等组成的课程集体，对课程问题进行审议，其中审议集体的主席应有课程教授来承担"⑥。施瓦布明

---

　　① 张华. 课程与教学论 ［M］. 上海：上海教育出版社，2000：96.
　　② 张华. 课程与教学论 ［M］. 上海：上海教育出版社，2000：96-97.
　　③ "八年研究"的四项成果中包括："学校可以编制既满足大多数学生的兴趣和需要，又为学生进入大学后获得成功经验作好准备的教育计划。……教师在教一门课时，通常都寻求达到若干个教育目标……通过使用问卷、观察、产品样本和测验，都可以评定学生在每个主要目标上的进展情况。"参见泰勒. 课程与教学的基本原理 ［M］. 施良方，瞿葆奎，译. 北京：人民教育出版社，1994：15.
　　④ 张华. 课程与教学论 ［M］. 上海：上海教育出版社，2000：449.
　　⑤ 吴刚平. 校本课程开发的思想基础——施瓦布与斯腾豪斯"实践课程模式"思想探析 ［J］. 外国教育研究，2000（6）：7-11.
　　⑥ 吴刚平. 校本课程开发的思想基础——施瓦布与斯腾豪斯"实践课程模式"思想探析 ［J］. 外国教育研究，2000（6）：7-11.

确地提出了课程开发的多元主体，使课程开发集思广益，也开启了课程开发的民主化进程。

20 世纪 70 年代，在批判传统课程理论"客观性""技术理性"的基础上，出现了概念重建主义课程流派。以威廉 F. 派纳（William F. Pinar）为代表的"存在现象学"课程论认为课程是"具体存在的个体"的"活生生的经验"或"存在经验"，更主要的是个体的"自我知识"；以阿普尔为代表的批判课程论把课程的本质看作一种社会的"反思性实践"，认为"教师和学生具有创造课程的能力，具有对课程的批判意识"①。两个课程流派都追求"解放兴趣"，即解放理性，其核心是"自我反思"。概念重建主义课程流派以"解放兴趣"作为其基本价值取向，"意味着教师与学生能够自主地从事课程创造，能够在不断地自我反思和彼此交往的过程中达到自由与解放。一句话，教师与学生真正成为课程的主体"②。

2. 课程主体的多元化

从课程主体范畴的历史嬗变可以看出，课程主体正在从强调单一的学科专家或课程专家的课程开发主体地位，走向强调学科专家、课程专家、教育学家、心理学家、学校、教师、学生、社区或家长等为代表的多元主体格局。主体的多元化反映出课程的"共有性"，即课程是大家的共有课程。

课程主体不同，相应地，课程的权利不同，担负的课程责任也就不同。多元的课程主体格局使得课程权不再像传统的课程开发那样，赋予学科、课程专家以绝对的课程权利，而是让不同课程主体享有平等的、均衡的课程开发权利，既让学科、专家发挥其专业水平的引领作用，又让教师参与课程设计并理解和接纳课程计划，还让学生充分展现其爱好、表达其需要，并通过自身参与形成自己的课程。这样，不同课程主体的价值观都得到了保障和体现。

在从单一课程主体到多元化课程主体的嬗变中，教师和学生的主体地位正越来越被重视和肯定。从泰勒的"技术兴趣"到施瓦布的"实践兴趣"，再到派纳的"解放兴趣"；从对课程的"忠实执行"到课程实施的"相互适应"，再到"课程创生"。教师、学生由被动的、客体的人变为主动的、主体的人，师生的主体性得到尊重，价值得到肯定，课程的主体地位得到了真正确认。

---

① 郭元祥. 课程观的转向 [J]. 课程·教材·教法，2001（6）：11-16.
② 张华. 课程与教学论 [M]. 上海：上海教育出版社，2000：29.

二、 基础教育课程改革的主体

(一) 基础教育课程改革主体的多元化

从课程主体的嬗变可以看出，每一次教育改革，课程主体的范畴都有所变化，而总的变化趋势是主体的多元化。

我国自中华人民共和国成立至 20 世纪 80 年代初这段时间，国家对教材编写、选用、出版以及对教学计划、教学大纲进行统一管理与控制，实行"大一统"的课程设置。经历了"文革"时期的"教育紊乱"，改革开放后，基础教育课程与发展开始走上正轨，"坚持正确方向，兼顾社会与人"；"依靠信任教师，重视教师作用"；"重视课程实验，力求稳步推进"；"重视课程研究，服务课程改革""加强课程领导，提供组织保障"。① 但这段时期的课程改革的主体是国家教育主管部门，参与主体是学科、课程专家，课程主体基本是单一的，课程的价值取向是"专家""精英"知识价值观，而学校、教师、学生及其他社会团体或主体在改革中是阙如的。1996 年，我国颁布的普通高中课程计划和 2000 年的修订版提出了普通高中实行中央、地方、学校三级管理的理念，从根本上改变了我国高度集中的课程管理制度。与此相应，课程的主体扩展为国家教育主管部门、地方教育主管部门、学校以及学科专家、课程专家。20世纪的最后 20 年，基础教育课程改革"课程体系缺乏统整""课程体系尤其是义务教育课程缺乏弹性""课程内容……与现代社会发展和学生生活缺乏联系""课程实施方式单一与课程评价的发展性不足"② 等问题，严重影响了学生获得健康活泼、个性化的发展。虽然我国在世纪之交开始试行课程的三级管理，课程主体亦似乎多元化，但实质上，作为课程实施主体的教师和学生仍没有享有真正的课程主体地位。教师和学生缺乏真正的课程权，基础教育课程改革出现诸多问题也就不足为奇了。

新世纪，我国基础教育课程改革作为宏观教育改革的一部分，与社会发展

---

① 彭泽平，姚琳. 改革开放以来基础教育课程改革的历程与经验 [J]. 西南大学学报（社会科学版），2011，37（2）：122-127，192-193.

② 彭泽平. 真实成就与客观困境——改革开放至 20 世纪 90 年代末我国基础教育课程改革评析 [J]. 教育理论与实践，2005，25（13）：40-43.

的各个部分和相关利益群体密不可分。"一般来讲，参与教育改革的主体主要有政府（具体代表是各级政府主要的教育行政管理者）、学校（具体代表是学校的主要管理者）、教育者（主要是教师）、学生、家长、社会用人单位。"① 与之相对应，便存在着六种主体推动的六种形态的教育改革。教育部副部长王湛曾指出："课程改革应建立教育行政部门、教师、学生、家长以及社会各界广泛参与的有效机制。"② 在新课程实施推广过程中，"各实验区都建立了由行政人员、专家、校长、教师、社区代表、家长代表等多方面人员组成的课程改革工作小组，通过广泛、深入的讨论和宣传、动员，形成了积极支持课程改革、广泛参与课程改革的良好社会氛围"③。也有学者根据成员身份不同，将我国基础教育改革的现实主体划分为五种形态④：政策规划型主体、理论建构型主体、实践突破型主体、商业炒作型主体和社会公益型主体。

总的来看，新世纪我国基础教育课程改革的主体主要由三大部分构成：教育行政决策者、管理者，学科或课程专家，学校层面的教师和学生。教育行政决策者、管理者主要指的是教育行政主管部门、财政部门、国务院及其他相关行政机构力量，这些机构及人员通过制定、颁发课程制度、文件、文本，监测、监督新课程体系的运行，宏观调控新课程在不同层次不同地域的实施状况，并作出下一阶段的实施预测；学科或课程专家主要指的是学科、课程理论专业研究人员、教育教学研究者等，他们利用其专业知识、专业水平、专业思想对新课程改革实施实践进行专业的引领；学校层面的教师和学生是直接与新课程的实施发生作用，构成教学活动的最基本要素，双方以学科、课程专家设置的课程（内容）为中介而进行相互作用，他们是基础教育课程改革的"核心主体"。

（二）重视师生主体的地位及作用发挥

主体的作用和主体性一样是一种教育生成，即在教学过程中形成并在双方关系和活动中发生变化，呈现出动态性、周期性和强弱大小等特征。师生主体

---

① 明庆华，程斯辉. 教育改革必须突破的难点：教育改革主体的自我变革 [J]. 教育理论与实践，2009，29（13）：17-19.

② 朱慕菊. 走进新课程——与课程实施者对话 [M]. 北京：北京师范大学，2002：8.

③ 朱慕菊. 走进新课程——与课程实施者对话 [M]. 北京：北京师范大学，2002：228.

④ 张荣伟. 论我国基础教育改革的五种主体形态 [J]. 课程·教材·教法，2012，32（1）：23-30.

地位及其作用的发挥表现在课程与教学活动中。

1. 教师主体地位及作用发挥

主体性作为一个关系性哲学范畴，是主体的人在与他人、与客体以及与自身的复杂关系中所具有并通过各种各样的对象性活动而表现出来的，即主体性是一种活动生成，基础教育课程改革教学主体的主体性也是一种活动生成。"教学过程就是教师充分发挥其主体性逐步培养并增强学生主体性的过程。"[①]

教师主体地位的实现及发挥，表现在以下几方面：其一，组织实施教学活动，发展学生的认知与非认知能力。在课程的实施过程当中，教师通过教学，让问题变得清楚，对学生更加了解，并通过与学生进行个性差异和个体认知的方法论研讨，获得学生学习情况的反馈。同时，通过与学生的交往和平等对话，促进学生情意品质和个性的发展。其二，行使属于自己的课程权。教师作为课程的实施者，不仅仅是"执行者"的角色，教师还要参与课程决策、课程编制、课程开发、课程评价等环节。其三，实现专业发展。教师通过教师培训、反思教学、同伴互助合作等形式实现专业发展，从而更好地促进学生发展。

2. 学生的主体地位及作用发挥

新课程改革在目标旨在"实现我国中小学从学科本位、知识本位向关注每一个学生发展的历史性转变"，旗帜鲜明地突出了学生的主体地位。《国家中长期教育改革与发展规划纲要（2010—2020 年）》指出，深化教育教学改革，创新教育教学方法，探索多种培养方式，形成各类人才辈出、拔尖创新人才不断涌现的局面；并且明确指出，要以学生为主体，深化教学方式改革，落实学生的主体地位。

学生主体地位的实现及发挥，主要通过以下方面来实现：其一，积极主动参加教学活动。参加教学活动，既彰显了学生的学习权利，又体现了学生的"主人"地位，即成为学习活动的主人。其二，自我实现与自我发展。学生通过学习，自主掌握知识、技能，发展兴趣、爱好，这是任何外在的他人或机构所无法替代的。国家教育教学目标的实现，也只能在教师的协助下将知识、技能内化在学生身心之中，让学生自我发展、自我实现。

---

① 张传燧. 课程与教学论 ［M］. 北京：人民教育出版社，2008：112.

第二节 基础教育课程的未来改革从课程 到课堂走向之主体地位分析

基础教育课程改革牵涉方方面面的利益主体，不同的利益主体都有其各自的责任担当和权利分配。基础教育课程改革要想取得成功，需要发挥各利益主体的合力，从根本上讲，是要发挥基础教育课程改革之教学主体的活力。赋权教师和学生，让教师与学生回归基础教育课程改革之核心主体地位。

一、 教师主体地位分析

（一）教师应然主体地位的确立

教师从古至今就一直是教育教学的"主体"，尽管在我国古代还没有"主体"一词的说法，但这并不影响教师的崇高地位及主导功能。在教育教学活动中，教师发挥着传道、授业、解惑的功能，教学生做人、做事，为人师表，显然居于"主体"地位。且不同地方的教师各有其教学计划、方案、进度，有精选的或自编的教学内容。中华人民共和国成立后一段时期，由于统一的中央集权式的教育管理，多次教育改革都是由政府统一规划、发起、组织的，组织实施时强调自上而下、统一推进、统一行动，政府决策部门、教育主管部门成为绝对的教育改革主体，教师、学生居于实施课程的"工具性"地位，师生在教育改革中的应有主体地位逐渐式微。

新世纪之初，我国基础教育新课程改革开始实施，国家颁发了《基础教育课程改革纲要（试行）》，其中关于"教学过程"有这样的表述：教师在教学过程中应与学生积极互动、共同发展，要处理好传授知识与培养能力的关系，注重培养学生的独立性和自主性，引导学生质疑、调查、探究，在实践中学习，促进学生在教师指导下主动地、富有个性地学习。教师应尊重学生的人格，关注个体差异，满足不同学生的学习需要，创设能引导学生主动参与的教育环境，激发学生的学习积极性，培养学生掌握和运用知识的态度和能力，使每个学生都能得到充分的发展。这段描述以文本的形式表明了教师的主体地位和主导功能，也对学生的主体地位给予了肯定。

事实上，教师是教学活动中的主体，是学生知识和能力发展的主导者，是教学过程中师生关系的把握者，是学生个性与态度发展的关键因素，是引导学生参与教育环境的关键力量。没有教师的参与，教学主体的概念很难成立，在统一的、不可分割的教学活动中，没有对应的教师主体的理解，学生主体的概念就缺乏概念演绎的根基而难以成立。"离开了现实的教学活动，无所谓教师主体和学生主体。"[①] 同样，在基础教育课程未来改革的体系或课程体系当中，教师与学生一起依然是教学活动的主体。

（二）教师应然主体地位的要求

教师的应然主体地位，一方面，要求教师转变教育教学观念，包括：①真正将学生主体放在与教师主体同等的地位上，对学生主体从心底表示尊重，把学生看作具有主动性的受教育者；②摒弃"主知主义"的教学理念，增强教学活动中对学生情意品质的关照；③树立生命教学理念，正确认识到教学过程是师生主体双方共同创生的生命成长（包括教师生命成长）过程；④进行有创造性、有个性、有风格的教学；等等。另一方面，要求教师进行自身专业发展，表现在：①要有终身学习理念；②要有自主、自觉学习的能力；③要有教学反思能力；等等。

从教育变革的角度看，这两方面都属于教师主体进行的自我变革，即改变自己的思想观念、思维方式、行为习惯，改变自己的地位处境，改变自己的物欲、情欲以及自身的心理状态，改变自己的理想追求等。具体来说，就是要改变自己陈旧落后的教育教学观念和方式，改变日趋陈旧的知识体系和结构，改变居高临下的"权威"意识，改变以教谋生的心理状态，以及"靠山吃山，靠海吃海"的利益追求，不以学生牟利，不为考分谋荣，从心底做到以生为本，提升职业道德，提升对教育事业、职业的热爱和对学生的关爱。

---

① 和学新. 师生主体性双向建构与基础教育课程改革 [J]. 教育研究，2002（9）：69-70.

二、 学生主体地位分析

（一）学生应然主体地位的确立

长久以来，学生一直被看作学校教育教学活动中的受教育者，学生在教师的引导下接受知识、发展技能，并接受各种评价。实质上，在这个过程中，学生成了被动地接受知识的"容器"，成为教育的客体对象。改革开放后，我国出现了多种有关教学主客体关系的论争，如教师唯一主体论、学生唯一主体论、双主体论、主导主体说、符合主客体论等。[①] 新世纪《基础教育课程改革纲要（试行）》中提出，将"形成积极主动的学习态度，使获得基础知识和基本技能的过程同时成为学会学习和形成正确价值观的过程"，作为基础教育课程改革的一项具体目标，从教学活动的视角强调了学生的主体性，教师主体有责任、有义务引导学生这种主体性的发挥。

"人始终是主体"[②]，如同教师的主体地位，教学中的学生主体地位也是一种作为完整的人的"自主存在"。学生有自己独立人格、独立思想、独立意识、独立行为权，有独立的学习责任和义务，有独立的思维能力和批判精神。学生与教师作为"独立"的双方，以课程内容或知识作为中介进行双边或多边活动，并在活动中成就各自的主体性。因此，学生在主体人格的尊严、学习方法的选择、自主学习的权利、学习效果的评判等诸多方面享有与教师主体同等的地位。

（二）学生应然主体地位的要求

首先，要有参与教育教学改革的责任和权利意识。积极提升自己参与教育教学改革的能力，将自己对于教育改革的期待、愿望表达出来，把自己对于教育改革的建议、看法贡献出来，正确担负起教育教学改革的主体责任，并充分发挥和行使作为主体参与课程改革的各项权利。

---

① 李定仁，徐继存. 教学论研究二十年［M］. 北京：人民教育出版社，2001：93-120.
② 徐文彬. 教学主体新论——教学主体与教学活动中的主体辨析［J］. 教育理论与实践，2007，27（15）：52-56.

其次，要有民主、平等意识。在接受、体验教育的过程中，在与教师主体进行交流互动的过程中，能改变被动的学习处境，做到积极主动学习、主动思考和创造，不卑不亢地与教师进行基于问题的讨论，在尊重教师的同时尊重自身的主体人格。

再次，要有自由与个性意识。人本自由，"人的特性恰恰就是自由的有意识的活动"①。人的活动，学生的学习活动应是自由的，然而现实教育这样那样的目的让学生的学习越来越失去主体性，越来越不像学习了。学生只有自主地支配自己的学习、自主地决定所学内容、学习方式、学习进程等，学生的主体性才能够体现出来，也才能成为有个性和创造性的人才。

三、 基础教育课程改革主体的归位

（一）教学主体归位的表征

教学主体的归位，主要表现在课程设计、课程实施、课程评价三个方面。并且，在这几个方面，教学主体都能得到充分的赋权。

1. 教学主体拥有课程设计与开发权

教学主体拥有课程设计与开发权是教学主体归位的一个重要表征。长期以来，我国基础教育课程主要是由教育行政人员、学科课程专家、教育教学专家来合力设计，在设计的主体上，一线教师很少有参与的机会，广大教师的课程设计权严重缺失。新世纪基础教育课程改革实施后，课程改革的主体范围扩大，课程主体也呈现多元化。尽管在实行三级课程管理的背景下，教师获得了一定的校本课程设计权，但这并不意味着教师真正拥有了学校所有课程的设计权，毕竟，校本课程的比例有限。更糟糕的是，从前期的调查来看，很多学校特别是课程开发力量不足的学校几乎没有校本课程的设置。

教学主体拥有课程设计与开发权，"主要通过外赋权和内赋权两方面共同作用得以实现"。② 外赋权主要是指参与权，即教学主体参与课程设计；内赋权指的是教学主体自身拥有的权利，强调自身话语权的实现。相对于外赋权，

---

① 马克思恩格斯选集：第 1 卷 ［M］. 北京：人民出版社，1995：46.
② 王双兰，张传燧. 教师参与课程设计的价值及实现 ［J］. 教育科学研究，2006（10）：37-39.

内赋权是实现课程设计与开发权的关键。保障教学主体的内赋权和外赋权，让教学主体面对课程设计与开发愿意言说，且能言说，需要我们有新的制度和方案，如三级课程管理制度、必修课与选修课制度、教师专业发展制度等。一方面，通过外在的力量和形式赋予教学主体以外在动力；另一方面，通过教学主体的反思教学、反思学习、个人成长等催生主体的内在动力。做到这两方面，既能让教学主体有言说的欲望和心理，又能让教学主体有能够言说的本领。

2. 教学主体拥有充分的课程实施自主权

教师的课程实施自主权主要表现在：自觉地根据社会发展要求和个体身心发展特点和规律，自主选择教学内容客体并对其进行创造性加工、安排教学过程、采用各种教学方法手段，引导学生发展。教师对教学的静态客体（内容）、动态客体（学生）采取什么行为、以何种方式行为，不全受他人支配，即可自主选择自己的教学行为。事实上，教师的教学活动是相对主动的、自由的。也只有拥有相当的自主权，教师主体的能动性才有了延展的基础。

与教师主体的课程实施自主权相应，学生的课程实施自主权主要表现在：自觉地根据社会发展要求和个体身心发展特点和规律，主动参与教学活动，能动地配合教师的教学，并在教师的指导下对学习内容进行加工、选择、改造，并内化为自己的智识、能力、智慧和情感；自主地就学习计划和学习活动进行整体安排；自主选择学习方法、学习模式，形成自己的学习风格，获得健康发展。

3. 教师和学生成为课程评价的主体

教学主体成为评价主体的实质，是找回教师和学生对课程的主动权。在过去的评价中，教学主体扮演的是被"观看"、被"检查"的角色：学生经常性地被教师"检查"，教师经常性地被学校"审查"。教学主体处于被动、压抑的地位，始终是客体，而非主体。

随着国际国内教育教学改革的发展，教学的主体性日益得到彰显，客观上要求教学主体参与课程发展、课程决策，特别是参与所在学校的课程资源拓展与开发。课程改革不仅是少数精英的"顶层设计"，而是不同区域、不同层次学校的整体的、基于各自实情的、富有个性文化特色的、自发、自觉的课程改革。更确切地说，是学校更需要教学主体为课程发展和评价做贡献。

教师和学生拥有课程评价权，表明师生实际在从事课程改革行动：教师主动参与课程决策、课程资源开发，参与对同行的表现评价，参与对学校整体课程发展规划的评价，而不再仅仅是被评判者；学生通过表达自身意愿和学习兴趣，为课程发展提供建议、思路，参与课程决策、课程资源开发，参与对教师、对学校课程发展的评价。教师和学生面对课程评价，不再是被动的角色，而是积极主动的角色。"唯有当教师从被压迫者转化为积极主动的发言者时，教育改革才能更贴近真实的教育脉动。"① 通过课程评价，通过探究和反省，了解课程设计与实施的脉络，了解课程问题，改进课程，同时找出自身的定位与教学、学习的盲点，确保课程的品质，确保教师教学和学生学习的品质，为学校的课程发展和教育质量负责。

（二）教学主体归位的教育价值

1. 进一步释放教师和学生的主体性

基础教育课程改革需要广大教师和学生的参与，改革需要深入"群众"，需要意识到教学中的师生才是"课程改革大戏的主角"，需要充分发挥教学主体的主体性，毕竟，再好的课程还得要师生来"演绎"。师生作为教学主体，在一定的意识、目的规约下进行认识与实践活动。这种活动消除了教与学作为两极的对立，即一方的存在以另一方的存在为前提，双方统一于教学活动之中。

由于各主体在教学中的关系动态的、不断变化的，且任何一方都不是绝对的主体或客体，所以，新课程改革作为一个整体的、全面推进的教育改革，就应当认识到主客体在教学活动中的统一，认识到教学主体是教育教学改革成败的关键因素，并创造条件实现主体的"自由活动"及其个性发展。只有让教学主体从各种制度的藩篱和不合理的目的中解放出来，"本真的教学"样态才能获得，教育内在的真实性才能被释放。唯其如此，教育才能获得其应有的真义。正如泰戈尔所说，"在人类当中不朽的人将他自己永恒性的品质带到他的工作中"。② 据此而言，只有师生主体性的地位得到彰显，才能证明课程改革中的人的主体性得到解放；也只有人的主体性得到解放，课程改革中的"每一个学生的发展"才成为可能。

---

① 陈美如，郭昭佑. 学校本位课程评鉴 [M]. 兰州：甘肃文化出版社，2005：120.
② 泰戈尔. 人生的亲证 [M]. 宫静，译. 北京：商务印书馆，1992：46.

2. 为基础教育未来课程改革提供根本动力

"改革动力是在改革主体的相互合作中生成的，是在改革主体动力因素相互作用下生成的，是在改革主体与改革客体动力因素和改革环境动力因素的相互作用中生成的。"① 教育改革包括基础教育课程改革需要方方面面的努力，需要不同改革主体间的互动。教学主体的回归，无疑能促进主体与客体、与环境的相互协调，并形成进一步改革发展的合力。

教学主体的回归，使教学主体成为思想、制度、行为创新的主体，成为课程改革的根本动力。教师主体的思想观念和课程理念在教学实践中得到发展和检验，促进教学水平层次的提升和学生主体生命的健康成长；学生主体的学习理念、学习方式在主体性的学习体验中得到创新和发展。教学主体回归为基础教育改革带来强大动力，作为课程改革的主体，师生参与课程改革与发展，参与课程管理与实施，促进自我发展和社会进步，为"自己"，为"社稷"，都是必不可少的中坚力量。可以说，没有教学主体的回归，或轻视教学主体，或被动地让教学主体参与基础教育课程改革，都是不真实、缺乏原动力的。教学主体的回归，是我国基础课程未来课程改革的必然。

第三节　基础教育课程未来改革从课程到课堂走向之主体行为到位

基础教育课程改革不仅仅是政府、教育行政机构、理论专家等改革主体的行为和实践，也是课堂教学主体的行为和实践，从出发点来讲，后者的行为和实践更为重要。课堂教学主体的行为及其相互作用影响教学质量的提升，并最终决定课程改革鹄的的达成。我国基础教育课程改革正在实现从理念到文本再到实践的转型，即正在实现从理想的课程形态到文本的课程形态再到实践的课程形态的转变。这同时表明，基础教育课程改革的行为重心正在发生转移，即从以课程体系的构建为重心转向师生的课堂教学为重心。

---

① 周荣华. 改革主体与改革动力的生成 [J]. 南京理工大学学报（社会科学版），2015，28（1）：23-29.

一、 教师主体课堂行为到位

教师的课堂行为到位主要包括教师的教学行为到位和师生的互动行为到位两大方面。教学行为又包括教师的课堂教学行为、教学资源开发以及教师专业行为等方面；互动行为即师生的互动行为，包括教师的自我反思与师生、师师的社会性交往互动等方面。

（一）转变行为角色，促进学生发展

教师作为学生学习的促进者，即教师不再处于知识传授者的中心地位，而是以学习能力为重心的学生整个个性和谐发展的协助者和引领者。因此，教师的课堂行为也主要是以培养学生的学习能力和引导学生人生发展航向为中心的。

新课程重视对学生学习能力的培养，是时代发展的必然要求，尤其在信息资讯发达的 21 世纪。知识的获得已经超越了时空的局限，"秀才不出门，可知天下事"成为现实；教师作为知识化身的地位业已动摇，学生获取知识的途径多样。在这样的背景下，教师所需做的是走出知识论的限制，走进方法论的天地，将原本放在知识掌握上的精力转移到学生对知识获取和掌握的方法论上面，成为学生学习的激励者、协助者、启发者，激发学生的个性和潜力。

新课程更注重导引学生的人生航向。新课程要求教师"不能仅仅是向学生传播知识，而是要引导学生沿着正确的道路前进"，要求教师从过去的"道德偶像"和"道德说教者"解放出来，而"成为学生健康心理、健康品德的促进者、催化剂，引导学生学会自我调适、自我选择"。[①]

（二）加强反思实践，做好教学研究

教师作为课堂教学的研究者，即教师不仅传授知识，答疑解惑，培养学生能力，形成学生认知的方法论，更要对课堂中的教学行为进行总结反思、探究提高，以研究者的姿态置身于教学的情景。

进一步说，教师就是要将自己的教学置于自己的研究视域之下，像专家一

---

① 朱慕菊. 走进新课程——与课程实施者对话 [M]. 北京：北京师范大学出版社，2002：125.

样对自己所完成的教学任务进行"审核",不仅要求"自审",还要求同行、学生来"他审",或者参与研究团队去"审"他人。当然,这首先得要求教师不断提升自己的个人理论素养和专业素养,与基础教育课程共成长。教师在教学过程中要以研究者的心态置身于教学情境,以研究者的眼光审视和分析教学理论与教学实践中的各种问题,对自身的行为进行反思,对出现的问题进行探究,对积累的经验进行总结,使其成为规律性的认识。也就是说,教师需要做"行动研究",即以教学实践行动本身作为研究的内容和对象。只有在反思中学习、研究,有机地将教学实践和行动研究结合起来,教师才能获得持续的发展和进步,才能创造性地实施课程教学,让课堂充满活力。

(三)强化课程意识,开发课程资源

新课程实施国家、地方、学校三级管理,新课程文本的选择权也主要是地方教育主管部门,教师并没有真正的课程选择权和决策权。随之而来的问题是,新课程文本以一种强势的姿态出现在教师面前,在新课程改革推进的洪流中,广大教师只有学习新课程理念、熟悉新课程内容、把握新课程内涵的基础上才能实施新课程。在这一过程中,新课程究竟如何实施耗费了广大教师数年时间,尽管国家启动了多层次、多批次的培训,启动了"国培计划"、教师专业发展计划等,但时至今日,不可否认的是,许多教师仍不知如何实施新课程教学,仍将新课程文本当作"原来的教材",即"教新课程文本"。

这些问题的存在,有着多方面的原因,如教师很少或没有直接参与新课程改革课程编制和课程开发、教师参与各类培训的机会缺乏、新课程对教师的培训力度和效度不够、教师对新课程教材的认同度不高、教师对新课程教学实践的不适、教师不愿意或不能够做教学科研等。加之其他各类外部因素[①]的影响,教师无法适应新课程所要求的教师角色及行为转变,而所能做的也最容易做的就是"以不变应万变"——教授新教材。

新课程要求教师在课程改革中必须发挥主体作用,教师要有新的课程意识和参与意识,要将学科本位的执行者角色转变为课程的开发者和课程资源的创

---

① 这些外部因素如教学设备缺乏、缺少专业支持、教师间缺乏合作与交流、学生基础差、领导不重视、家长不接受、招生制度、考试制度等。代建军,王中男. 对基础教育课程改革运行情况的调查[J]. 教育科学研究,2010(11):42-45.

建者。只有当不同地域的教师尝试开发本土的、校本的课程，课程资源的丰富性、多样性才能展现出来，课程结构的合理性、学生对课程资源的可选择性、学生成长的个性、教师教学的个性、学校发展的个性才能表现出来。

（四）实现专业发展，指导教学实践

基础教育课程改革需要能胜任新课程教学的"新教师"，教师参加新课程培训是教师成长的一个有效路径，缺乏与改革相匹配的师资力量就难以保证基础教育课程改革的有效实行。然而，2010 年一份对上海、徐州、常州等城市的中小学教师的调查表明，教师参与培训的级别和频率不高，效果不明显。在被调查的 231 名中小学教师中，近五年来参加过教师培训的占 82％；另有 41 人五年来从未参加过一次教师培训。① 作为一线中小学教师居然五年来从未参加过在职培训，这势必影响其教学观念、教学思路的更新和教学方法的改进，尤其在如此重大的基础教育课程改革大环境下，竟然还有如此多的教师无动于衷。尽管全国都在新课程改革的大背景下进行着不同层级的培训，然而培训的力度、效度、形式确有诸多不如意之处。如 2005 年一份有 289 位小学老师和领导参与的山西省小学新课程实施现状调查发现，教师和校领导对有效的培训方式意见不一，73.91％的领导把现场观摩视为最有效的培训方式，而86.75％的教师则认为最有效的培训方式是指导性的讨论与研究。部分教师认为，"单一的集中讲授、阅读指导类文件的方式并不是很好的方法"。② 还有通过数据比较分析认为，"此次课改并没有针对教材编写和教师培训的多样性需求，对教材审查和教师培训做出特别的要求。"③

"外在的培训"固然必要，但教师"内在"、自主的专业发展及行为更重要，而后者乃是教师课堂行为到位的必然要求。教师专业发展的源动力来自其内在的价值尺度及价值取向，包括其敬业精神、职业道德——一种向善的专业精神等。教师课堂行为到位就是通过教师对课堂教育教学活动的认识，形成一定的教育价值观，培养相应的教育情感和社会责任感，孕育并养成教师专业精神，发展教师内在本质力量，进而指导自己的专业实践。

---

① 代建军，王中男. 对基础教育课程改革运行情况的调查 [J]. 教育科学研究，2010 (11)：42-45.

② 胡卫平，韩琴，温彭年等. 小学新课程实施现状调查报告 [J]. 课程·教材·教法，2005，25 (2)：8-15.

③ 杨爱玲. 基础教育课程改革存在缺憾的原因反思 [J]. 教育学报，2007，3 (1)：24-30，46.

（五）围绕课堂教学，增进交往合作

在传统的"教师中心"的课堂教学活动中，教师处于教学活动的中心，教师是道德、知识、能力的权威。教学是从教师到学生的单向度的简单传递模式，这种情况在信息技术不发达的情况下更是如此。时代在变化，技术在发展，面临新形势，新课程改革要求教师从单一向度的行为者走向综合性的社会交往者。教师在教学过程中面对的不仅是学生，还要与身边的其他教师合作，还要与学生的家长联系。概言之，就是交往合作。

在具体的课堂教学行为中，这种合作主要是教师和学生双方的教学主体是基于问题解决的研讨，是基于项目研究的合作，其主要特征是发现学习、探究学习和研究性学习等。传统的讲授性教学在一定范围一定时期内依然存在，但主要是方法论性质的，知识论性质的教学将不再是未来课堂教学的主要形式。教师在与学生的课堂交往中，也主要是组织并协助学生完成知识的内化、深化，更多地引导学生发现问题、分析问题、解决问题，引导学生进行批判学习、反思学习、合作学习，提高学生的实践操作能力。教师常常"游离于"学生之间，"隐藏"在学生背后，成为学生成长的"幕后推手"。

二、 学生主体课堂行为到位

学生课堂行为的到位主要表现为学习方式和交往方式的转变，其中的关键在于学生学习观和交往观的转变并落实到课堂教学过程中。从深层次来看，学生课堂行为到位，反映学生的主体性、能动性和独立性的实现，及创造能力和实践能力的突破。

（一）实现学习方式的转变

1. 从接受、他主学习到发现、自主学习

学习的基本方式有接受学习和发现学习两种。美国心理学家奥苏贝尔（David P. Ausubel）主张接受学习，他认为通过接受学习，学生可以建立起相应的认知结构。他同时也强调，接受学习要在"有意义学习"的条件和标准下进行才能达到学习的目的。而可接受性标准（criterion of acceptability）既不

完全是客观的，也不仅仅是主观的，而是一种"积极的接受"。^① 他指出，学习目的的达成还与学习中参与的积极程度有关。"很明显，将一种新的价值观整合至已有的价值体系当中时，需要作出批判、审慎的积极努力，并强化自我的意识状态（ego-status）。"^②

一直以来，我国的课堂教学主要是教教材，学习的内容也主要是以定论的形式呈现在学生面前。学生在课堂中基本是以知识的接受者身份出现，虽然在教师的讲授之后学生需要自己完成一定量的习题，巩固并掌握知识，探索解题的方法、技巧，并形成一定的解决问题的能力，但这主要是教师所控制、所主导、所要求的那部分知识和能力，且所掌握的知识和能力主要是一种"被要求的""静态"的知识和能力，迁移性差，与自主学习过程中的知识生成、建构是完全相反的路径。

因此，教师必须引导学生将静态的学习方式转换为动态的学习方式，需要将他主的学习方式转换为自主的学习方式，让学生在课堂上"动"起来。让学生"动"起来的一个重要前提是，教师必须转变自己的"陈述者"角色，并为学生做一些情境创设的"服务性"工作，即向学生提供问题情境，促进学生学习，引导学生"搜集证据"。学生在教师的精心设计与合理组织下，依托教材基本内容及结构体系进行"发现学习"。也就是说，将学习的主动性"还"给学生，教师则重在做一些指导性工作。通过发展学生的认知能力、激发学生内在动机、提高学生学习兴趣，以促进学生对已知和未知事物的探究，这正是美国教育、心理学家布鲁纳（Jerome Seymour Bruner）所倡导的"发现法"。他认为："发现不限于寻求人类尚未知晓的事物，确切地说，它包括用自己的头脑亲自获得知识的一切方法。"^③ 在他看来，发现学习就是培养学生探究性思维方法的学习，学习是对环境的一种主动的发现或再发现活动过程。

无论奥苏贝尔还是布鲁纳，他们皆反对机械的、死记硬背式的学习。他们将"意义的学习"和"发现学习"作为认知活动的重点，强调意义和理解，强调学习本身的内在联系，强调学习过程的主动性、自主性，这对于新时期学生

① AUSUBEL D P. Ego-development and the Leaning Process ［J］. Chile Development，1949（20）：173-190.

② AUSUBEL D P. Ego-development and the Leaning Process ［J］. Chile Development，1949（20）：173-190.

③ 林淑端. 布鲁纳与奥苏伯尔教学模式之比较［J］. 外国教育资料，1992（3）：32-36，39.

学习方式的转变无疑具有重要的启示作用。

2. 从分数学习到能力学习

分数，似乎天然地与教育教学评价连在一起。分数评价一直存在于教育教学的每一个阶段——学期阶段性考试、学业水平阶段性评价、选拔性评价等——无不与人的发展、成长、生活相联系。于是，静态的分数成了人的动态发展的标尺，唯分数至上成了许多学校的不宣口号。对于学校而言，高分数意味着更高的录取率，意味着更多的物质、经济、人脉资源，意味着更高的社会地位。

然而，这种局面似乎还在继续，以致有人认为，"生活直观和大众教育哲学告诉我们：分数就是素质"[①]。尽管分数具有素质显示的功能，素质需要分数的标尺，然而据此就得出"分数就是素质"并非形式逻辑的"逻辑"；而以"生活直观和大众教育哲学"为依据而得出"分数就是素质"的结论，更是掉入经验主义的泥沼后发出的呼喊。问题的根本：分数究竟在素质教育中扮演着什么角色？分数究竟是什么分数？学科知识分？实践操作分？文化素质分？道德素质分？行为素质分？如果分数与素质是对等的，按照分数高就是素质高的逻辑，那么高分数就意味着精通了学科知识、强化了实践操作能力、具有很高的文化品位、具备了高尚的道德情操、行为举止优雅得体等。这种用某一领域的高分代表其他领域的"高能"，用静态的分数来"驾驭"动态的发展着的人，用片面的认知来"丈量"发展着的人的非认知，这样的"生活直观和大众教育哲学"显然违背了逻辑常识，在学理上以偏概全，在实践上会导致"一刀切"的危险。看来，分数并不就等于能力，基于创新精神和实践能力的学习才是成长成才的关键。

3. 从封闭学习到开放学习

封闭学习既指传统的以被动应付、机械训练、死记硬背、简单重复等特征的学习方式，也指个人不吸取、不借鉴他人学习经验，不与他人分享经验，不与他人合作的学习姿态。在这样的学习方式下，学生对所学内容生吞活剥、一知半解、似懂非懂，学生花费时间长，学习状态表现为疲惫痛苦、兴趣不高、动力不足等；或掌握了一定的知识和方法，表现为妄自尊大、沾沾自喜、不愿

---

① 龙宝新. 分数就是素质——为分数的素质显示功能辩护［J］. 基础教育，2010，7（2）：29-37.

帮助他人等。

开放学习指的是现代学习方式，即"以弘扬人的主体性为宗旨、以促进人的可持续性发展为目的，由许多具体方式构成的多维度、具有不同层次结构的开放系统"①。开放学习具有主动性、独立性、独特性、体验性和问题性等特征。学生在学习活动中表现出"我要学""我能学""我会学"，表现为在观察中学习、在问题中学习、在操作体验中学习、在合作交往中学习，而不是要我学、强制学、拼命学，不是痛苦地学、孤独地学、盲目随意地学。

从封闭学习到开放学习是时代发展的必然。学会学习的一个重要方面就是，在面对当今知识爆炸的世界能做到有方法、有选择地学习，能够借力学习。当前，我们正处于各种事物相互交织、相互链接、网络化、信息化的 21世纪，任何封闭的学习都将被时代淘汰。

（二）实现交往方式的转变

交往方式的转变是学生课堂学习行为到位的又一重要方面。课堂是一个特殊的社会，从社会学研究所关注的问题来看，课堂教学不仅仅是个体性、规范性的问题，更是"现实性问题""社群性问题"和"事实性问题"②。那么，在这样的"社会"中，学生又应该是一种怎样的学习状态呢？鄙以为，一种主动的、交往的学习生活是当下和未来学生课堂行为的常态。

1. 由被动到主动

随着现代教育的发展，传统被动的学习方式的不足越发被暴露出来，加之外在诱因的单一性和威权式强制，被动的、任务式学习越来越抑制学生学习的兴趣，让学生感到"压力山大"，学生学习的兴趣不足，负担"有加"，以致学习效果往往事倍功半。

学习本是学生的应有之责。学生主动学习，就是将学习与自己的生活、生命、成长有机地联系起来，自觉担负起自己的"天职"，主动观察、思考，主动阅读、求问，主动交往、合作，主动感悟、体验，主动发展自己的批判、创造性思维，相互切磋，"相观而善"，变被动为主动，让自己成为现代学习方式的践行者。

---

① 朱慕菊. 走进新课程——与课程实施者对话 [M]. 北京：北京师范大学出版社，2002：131.
② 吴康宁. 课堂教学的社会学研究视角 [J]. 上海教育科研，1998（8）：11-16.

2. 由个体到群体

学生交往方式主要表现在课堂学习行为与课堂生活两大方面。不论是学习行为还是生活行为，学生都处在一种"交往"的状态之中。就学习行为而言，每个学生个体除了可以独立自主地学习之外，还可以借鉴仿照、"相观而善"，正所谓"独学而无友，则孤陋而寡闻"。学习不能闭门造车，全凭自己；学习需要广交学友，相互切磋，扩大视野，增益见识。

就教学交往而言，学生个体之间、个体与群体之间、学生与老师之间都以课堂生活为载体，践行着各自的和班级集体的价值观，在课堂生活的制度、规约下进行着社会化的活动，彼此进行主体间的合作、沟通、协调、交流。"一花独放不是春"，在交往的学习和生活中，"姹紫嫣红"才是课堂教学行为与课堂生活发展的应然样态。

第五章 中国基础教育课程改革从课程到课堂走向之实践策略

　　基础教育课程改革若不走进课堂，课程改革就会偏离整个教育改革的预期目标，课程改革的教学主体地位得不到保障，课堂教学质量也难以得到提高，学生的全面发展就不太可能实现。因此，基础教育课程未来改革要落到实处，就必须确立恰当的能引领课程改革实践的理念：以课堂为本、以师生为本、以发展为本；必须切实推动教师专业发展，积极促进学生自主学习，营造有利于基础教育课程改革发展的学校文化，从而实现我国基础教育课程改革从课程到课堂的应然走向。

第一节　确立"三个本位"理念，将课改落到实处

基础教育课程未来改革实现从课程到课堂，从理念课程、文本课程、制度课程到实践课程、行为课程、活动课程，需要恰当的、合适的理念导引，瞄准学生的全面发展目标而进行基于一定理念的课堂教学实践。

一、　课堂本位理念

新课改过程中，人们慢慢意识到，课堂不再是单纯的教学活动的场所或环境，课堂已成为课程与教学活动的综合体。离开了课堂这一特殊场域，新课程就失去了绽放风景的土壤。认识课堂、理解课堂、尊重课堂、聚焦课堂，以课堂作为基础教育课程改革的重心，是新课程走进课堂的必然路径。

（一）课堂本位的关键是学生成长

课堂的特殊性表现在其概念所蕴含的教育性、社会性、伦理性等方面。从教育性来看，课堂涵盖教学论所研究的各个范畴，包括课堂教学目的、内容、过程、方法、模式、评价以及师生关系等。新课程在课堂的实施，即课堂教学，正是教学论所关涉的范畴。师生在课堂上建构知识、发展认知能力和情意品质等。课堂的知识建构及学生认知与非认知的发展成就了学生"学习的履历"，而"作为开发课堂的场所，要求课程的创造，一种记录着教师和学生真迹的本真的创造"①。亦即，在学校范围内专门的、系统的、规模的、有组织的、相互学习的课堂是课程创造的前提。

当然，课堂不单单是以教育性教学为核心的学科教学活动，而是一种现代意义的理性实践尝试，具体说就是教学活动的组织。课堂之所以成为教育活动的基本场域，课堂教学之所以成为学校教育的基本活动，是因为有了师生的存

---

① 佐藤学，课堂改革：学校教学改革的中心课题［J］. 钟启泉，译. 上海教育科研，2005（11）：4-9.

在及基于基本社会性规范的相互活动、交往，正如涂尔干在寻找教育的定义时所说，"教育若想成为教育，就必须有成年人和年轻人这两代人的互动，有成年人对年轻人的影响"①。有了师生不同角色的扮演，以及一定的"表演顺序和规则"，让学生在特定的课堂场域有了一些"成人""规范"的基本交往形式，课堂教学才具有"成人"的社会性。

的确，新世纪基础教育课程改革实施以来，课堂教学还存在许多问题，而要找到解决这些问题的策略、方案、方法并消解困惑，无疑"走进课堂是处理理论与实践关系最可取的解决办法"②。毕竟，学生成长的主要空间在课堂，教师专业发展的场域在课堂。教学的生发过程亦在课堂；课堂是教育教学质量保证的关键场域，离开了课堂，课程理论便成了无源之水、无本之木，再好的课程理论体系建构亦如"空中楼阁"般缺乏相应的土壤和根基。当前，课堂与课堂教学改革正成为"学校改革的中心课题"③，而只有研究课堂、走近并走进课堂才能解决理论在实践中的困惑，也只有蹚过课堂这片教学改革的"深水区"，新课程改革才能迎接更加美好的未来。

（二）课堂本位的实质是尊重课堂的生命力

课堂的生命力，指由于课堂中师生交往而使课堂所具有的生命性和活力。它以知识掌握或能力发展为中介，表征为课堂中人的思想与精神状态，以及情感交流与课堂氛围等。课堂的生命力要求尊重课堂教学交往的主体生命性，尊重主体生命并由此所建立的课堂生命意义。

从认识论的角度来看，"教学是在实践基础上相对独立的特殊的认识活动，学生发展是教学认识的基本目的，教学认识是教学活动中学生发展的具体过程和方法"④。这表明了课堂教学实践与教师、与学生之间的基本关系。从生命性的视角来看，课堂的生命力已超越教学认识论的基本理解，而升华为生命与生命之间的互动及互动所迸发出的课堂生命活力，这与传统的课堂教学观将"丰富负责、变动不居的课堂教学过程简括为特殊的认识活动，把它从整体的

---

① 涂尔干. 道德教育［M］. 陈光金，沈杰，朱谐汉 译. 上海：上海人民出版社，2001：306.
② 张传燧. 课堂比课程更重要［J］. 湖南师范大学教育科学学报，2013（2）：扉页.
③ 佐藤学. 课堂改革：学校改革的中心课题［J］. 钟启泉，译. 上海教育科研，2005（11）：4-9.
④ 王本陆. 教学认识论三题［J］. 教育研究，2001（11）：61-64.

生命活动中抽象、隔离出来"① 有着本质的区别。有生命力的课堂，在认知上是从静态到动态，能激活师生的教学智慧；在人的发展上是从"物性"到"生命性"，是师生双方在教学中所经历的一段重要生命经历。

（三）课堂本位的执念是追求本真的师生课堂生活

课堂是师生共同学习、成长的地方，是基于认知又超越认知，实现个体和群体生活实践的特殊场域，师生在课堂中生活、沟通、成长。杜威曾提出"教育是生活的需要"，"生活的更新通过传递"。② 教育生活的传递即是一种"沟通"，"社会在传递中、在沟通中生存"，"社会生活不仅和沟通完全相同，而且一切沟通（因而也就是一切真正生活）都具有教育性"。③ 而"生活就是生长"，"因为生长是生活的特征，所以教育就是不断生长；在它自身以外，没有别的目的。学校教育的价值，它的标准就看它创造继续生长的愿望到什么程度，看它为实现这种愿望提供方法到什么程度"。④ 诚如所言，在课堂所进行的一切活动既是教师的教学生活样态，也是学生的学习生活样态，是师生课堂生活的本真需要。认识课堂的生活本质是实施新课程的一个重要前提。

二、 师生本位理念

师生本位理念的实质就是人本位，即以人为本，以学生为本、以教师为本。课程制度、理论、文本建设，课程开发与课程实施等，离不开对社会发展的各项功能，更离不开对学校教育中的人的关怀。

（一）必须重视师生的主体地位

以人为本，从本质上说，是重视对人的内在需要、情感、兴趣、爱好、尊重、价值感以及人的发展潜能的关注，说到底是对人性的关注。由于"每个人天生就有一系列的基本需求，包括生理需求、安全需求、归属关系和爱的需求

---

① 叶澜. 让课堂焕发出生命活力——论中小学课堂教学改革 [J]. 教育研究，1997（9）：3-8.
② 杜威，民主主义与教育 [M]. 王承绪，译. 北京：人民教育出版社，1990：2.
③ 杜威，民主主义与教育 [M]. 王承绪，译. 北京：人民教育出版社，1990：5-6.
④ 杜威，民主主义与教育 [M]. 王承绪，译. 北京：人民教育出版社，1990：56-57.

以及自尊需求"①，因此，关注人不同层次的需求恰恰是对人本性的关照。

课程具有"为人性"的特质（课程的本质），即为学生发展、为教师发展，重视教师和学生的各种"人性"的、合理的需求。就此意义而言，课程的发展本应是对人本性的关注，因为课程就是为实现教师和学生的发展而发展的。派纳在分析课程领域的问题时，引用了人本主义课程观："在课程思想的自我实现取向看来……学校教育成为个人实现的手段，旨在提供个人发现和发展其独特个性的情景。"② 这说明，课程取向的实质就是"为人"的取向、人本的取向。

重视师生的主体地位，基础教育课程改革的深入推进就不能不依靠师生。依靠师生，以师生的学习和发展为中心，实现教学方式和学习方式的转变，提高教师的教学效率和学生学习的质量，全面促进教师专业发展和学生的知识、能力和素养的提高；依靠师生，充分发展师生的智慧、才华和主观能动性，让师生肩负起属于自己的责任，达成属于自己的目标。

（二）充分发挥师生主体作用

充分发挥师生主体的作用，就是教学主体在教学交往与发展过程中，突出教师和学生的主体地位，重视教师专业发展和学生潜能发挥，尊重教师的教学个性与学生的学习个性，重视师生在课堂教学中的自主地位、自我价值、自我体验、自我发展和自我实现。

其一，积极转变教育教学思想，对师生发展进行全面设计。以师生为本要求，各种课程与教学理念、管理与服务理念、组织行为与制度制定、专业发展与自主学习等都要从教师和学生本身的客观需要和实际出发。在学校教育活动中，学生获得学校提供的学习服务，教师获得学校支持的专业发展，师生通过自己的消化、吸收而获得自身及家庭发展的需要，进而促进社会发展的需要。为此，我们需要制定有利于师生发展的政策、制度，创造有利于师生"教""学"的环境，营建良好的学校文化，为师生的成长搭建合适的平台。

其二，关注师生"教""学"方式的改变和"教""学"方法的改善。新课

---

① 霍夫曼·马斯洛传：人的权利的沉思［M］. 许金声，译. 北京：华夏出版社，2003：136.

② 派纳，雷诺兹. 理解课程：历史与当代课程话语研究导论［M］. 张华，译. 北京：教育科学出版社，2003：29.

程改革倡导教师教学方式从"教"转为"导"，改"教教材"为"用教材"；倡导学生从"记问"学习转向探究、合作学习，从"他主"学习转向自主、自觉学习。关注师生"教""学"方式方法的改善，就是要从师生主体的角度考虑，想方设法让师生在教学过程中更有意义地互动，更自主、有效地学习和发展。

其三，围绕师生主体，改革制度，调整政策。制度、政策对学校、教师、学生的发展具有导向作用，好的政策、制度能够促进教学主体更好地成长，反之，则起抑制阻碍作用。以师生为本位的要求，就是要把教学主体的发展放在第一位，学校教育的各项制度都要以此为中心。比如课程制度，应赋予学生更大的课程选择权，鼓励教师做积极的课程资源开发；又如评价制度，应改变纯粹的以知识考试的成绩来评价教师和学生的做法，将过程性评价与终结性评价、发展性评价与生成性评价等相结合，对师生进行综合评价。此外，政府应在政策上给予学校和师生发展以财力、物力、人力等各方面充分的支持。

三、 教学本位理念

（一）教学实践检验课程之优劣及预期成效

俗话说，"是骡子是马，拿出来遛遛"。理想的、观念的、文本的、制度的课程究竟有没有用，有多大作用，归根结底由教学实践说了算。各种课程不仅需要经受此处的教学实践，也要经受彼处的教学实践，还要经受不同层次、不同层面、不同条件的教学实践。课程只有落实到课堂中、落实到师生的课堂教学行为中，才能获得应有的和预期的效果。有活力的课程是来自实践并尊重实践的课程。

课堂教学检验课程。课程如何走进课堂，一直困扰着我国基础教育课程改革实践。新世纪基础教育课程改革将新课程理念、计划、方案付诸课堂教学实践，厘定了课程与教学目标、课程内容，组织教学并实施教学，改革了教学评价，改善了教学环境。这一系列举措的采取，旨在落实新课程改革所设定的"三维目标"，将课程放在课堂教学实践中去进行检验，以优胜劣汰并去伪存真。课程走进课堂，需要冲破各种制度的羁绊。新课程改革的实施主要依靠行政力量的推动，这是我国教育改革长期以来的特点。比如课程管理制度、教育评价制度等。而在我国高度集中统一的课程管理制度下，"教师和教育管理者不过是国家预定课程的具体实施者，教学只需要考虑如何将作为'法定文化'的课程如何有效地传授学生，并不需要如何设置课程，也不可能对课程加以颠覆性的改造"。从表面上看，课程是进入了课堂，师生在教课程，学生在学课程，而实质上教师和学生都是"单线"地在使用课程，师生都没有真正进入对课程的开发。

课堂教学实践是课程走向实践的核心环节，真正的走向实践的课程是师生参与课程设置、课程开发和课程选择的过程。唯有通过师生的课堂教学实践，才知道哪些课程理念的是合适的、哪些要求是必要的、哪些内容是正确的，哪些是不合适的、不必要的、不正确的，如此，课程才能得到真正的检验。

（二）课堂教学实践推动课程发展

实践检验并发展课程。课堂教学实践通过内在于情境之中的活动来实现一种精神，而"这种精神不可能由科学性或故事性来表达，而是渗透于情景之中并给予情景自己的生命力"。"所有的事实——即使那些物理学、化学、数学的事实——都存在于特定的社会、文化、历史、个人情境之中。而这些情境自身充满了美学性、不可言喻性和神秘性。我们应当认可与尊重生活和经验的这些品质。"① 多尔从"后现代课程"的视角来观察课堂教学，指出了课堂教学的实质，即课堂是"为人"的，它超越了学科课程，具有特殊的"美"和"难以言说的潜在性"。多尔的这种表述正是课堂教学当中存在着生命性。课程在教学中发展，教学中的人也在发展；课堂中的教师和学生在发展着课程，又借助课程发展着自己。师生的课堂"交互"活动赋予了课程的实践性，并促进课程的发展。

第二节　重视教师主体地位，发挥教师主导作用

新课程（主要是国家课程）在教育行政权力的推动下在全国中小学范围内的实施"所向披靡"，这一方面反映了国家课程行为的"强势"，另一方面也反

---

① 多尔. 后现代思想与后现代课程观 [J]. 王红宇，译. 全球教育展望，2001 (2)：42-45.

映了校本课程、师本课程发展的"式微"。尽管新课程在全国范围内普遍实施，教师的课堂教学行为并没有因此而发生根本变革，教师仍是课程的执行者，是新课程与学生之间的"中介"和"桥梁"，教师主体作用未得到应有的发挥，教师的作用与功能在新课改前后亦未发生质的变化。显然，教师主体地位不受重视、教师课程权利未得到应有落实，是导致当前困局的一个关键因素。因此，基础教育课程未来改革需要对教师给予"教育关切"，需要"武装"教师以各种知识，"关于学生、教学内容、教育学的知识以及课堂内外人际关系的知识"[①]。重视教师主体地位，落实教师课程赋权，让教师获得发展，这是基础教育课程未来改革的必然举措。

一、 鼓励教师自主成长

新世纪基础教育课程改革多年来，虽然教师的主体地位得到了一定程度的提升，但教师主体性作用的发挥和教师专业化水平仍不容乐观。"随着我国经济社会发展，教育改革的深入，中小学教师队伍建设总体上还有些不适应。教师专业化水平亟待提升，教师职业吸引力亟待进一步增强，教师资源配置亟待改善，教师管理机制亟待完善。"[②] 也正由于教师的专业化水平不高，相应地，教师的课程意识还不到位，在课程发展、课程评价等方面的"发言权"还远远不够。教师课程权的缺乏反过来又直接制约了教师主体功能的发挥。

（一）倡导教学反思与研究

"课程改革常常伴随有新的教学观"[③]，比如知识的建构主义教学策略、计算机辅助教学以及互联网的使用等。新世纪基础教育课程改革给广大教师带来了诸多教学新理念，这些理念也给教师的教学实践带来了极大的挑战。面对改革中的挑战，教师们期待提升自身能力以应对"新课程""新教学"以及"新

---

① SANTORO N，REID J，MAYER D，et al. Teacher Knowledge：Continuing Professional Learning [J]. Asia-Pacific Journal of Teacher Education，2013，41（2）：123-125.

② 刘华蓉. 制定教师专业标准 建设高素质教师队伍——教育部师范教育司负责人就教师专业标准公开征求意见答记者问 [N]. 中国教育报，2011-12-12（001）.

③ ONNO D J. Curriculum Reform and New Practices in Classrooms and Teacher Courses [J]. International Journal of Science & Mathematics Education，2004，2（4）：431-434.

学生"。而实现这一能力提升的关键，恰恰是教师的反思性教学。

教师进行自我反思和研究的内容主要涵盖：教师的自身素质，课堂中的教师教学行为与学生学习行为，自身成长状态与学生成长状态，教学计划与实施，教学结果与评价，教学风格、教学机智等。具体策略可以通过"自组织"实现专业成长，即"依托实践—反思、交往—对话、自我叙事、写作—科研等模式发挥对教师专业的促进作用"。① 教师进行自我反思与研究，可以采用反思日记、教育叙事、研究问题、个案研究、微格教学、课例研讨、行动研究等方法。不论采用哪种方法，教师都要保持思维的独立性，认清自我，审视自我，果断抉择，成为解决问题的主人。

教师成长的一个重要路径是在教学实践中进行反思和研究，其根本力量来源于个体内心的自我激励。"教师是专业的学习者而不仅仅是学校改善的工具。"② 引导教师从动态的、生成的教育情景中进行专业研究，对不确定性的、鲜活的课堂实践经验进行反思，并创造性地处理教学中出现的各种问题，是教师专业成长的重要环节。对复杂的教学实践进行反思，这种行为"能够推动反思性实践向批判性反思转变，能对实践情形中的自己有更清醒的认识，并重构更好的实践教学理念"。③ 在 21 世纪的教育教学中，实践教学中的反思是教师的一项重要教学素养，不会教学反思的教师将很难获得深入的专业发展。积极的教学反思受教师内在的自我激励与自我目标期待的双重力量驱动，能不断促进教师走向成熟。

（二）进行自主学习与合作学习

面对滚滚而来的课程改革大潮，基础教育领域一线教师们的困惑也日益增多：教师思想观念和基本素质跟不上，教师对新课程体系不适应，课程实施资源缺乏，学生配合不够及家长不理解，教学管理、教学评价改革滞后等。④ 为了消除教师们的这些困惑，目前主要的对策是教师培训。显然，单凭教师职后

---

① 阳泽，杨润勇. 自组织：教师专业发展的重要机制 [J]. 教育研究，2013（10）：95-102.

② CZERNIAWSKI G. Professional Development for Professional Learners：Teachers' Experiences in Norway，Germany and England [J]. Journal of Education for Teaching，2013，39（4）：383-399.

③ AKINBODE A. Teaching as Lived Experience：The Value of Exploring the Hidden and Emotional Side of Teaching through Reflective Narratives [J]. Studying Teacher Education，2013，9（1）：62-73.

④ 李新发，罗玉莲. 中学教师面对新课程的困惑及对策 [J]. 江西教育科研，2006（4）：59-60，71.

培训是无法达到提升教师素养的目的的。

教师主体性的发挥和专业发展需要终身自主学习。2011年，我国教育部研究制定了《小学教师专业标准（试行）》（征求意见稿）、《中学教师专业标准（试行）》（征求意见稿），提出了"师德为先、学生为本、能力为重、终身学习"16字的指导思想和专业理念，以及师德、专业知识、专业能力等三个"专业维度"，明确对各级教师提出了"终身学习"的具体要求。终身自主学习内含教师专业成长职前职后发展一体化，是构建教师专业标准体系和高素质专业化教师队伍的必然要求。终身自主学习可以让教师在不断专业发展中走向成熟，走向自觉，实现教师专业的可持续发展。教师终身自主学习是当今时代、社会发展、教育发展的必然要求，也是教师自身生存、生活和发展的客观需要。教育学生终身学习、自主学习、自觉学习，教师自己必先要确立终身自主学习理念，做到终身自主学习。

首先，教书育人的双重使命赋予了教师以崇高责任，要干好这份崇高事业，教师就必须不断学习、更新知识、提升技能、丰富自身、与时俱进、开拓创新。只有自己持续进步，才有能力为社会培养有创新精神和创新能力的学生。

其次，教师作为教育教学研究者的角色，要求对自己教学、对课程内容、对学生等都要进行研究，边实践边研究，研究实际问题，在研究中总结，在反思中学习。教师只有自身学会学习、学会研究，实力增强了，才能更好地指导学生。

最后，教师作为课程的建设者和开发者，也要求终身学习。"我们今天赋予学生的知识也许明天就被不同的理解方案所取代。"[①] 可见，即便是课程改革的"新课程"拿到手上时也不一定是新的。教师不应是新课程的"被动使用者"，不应是对新课程进行简单地"来料加工"和"二次加工"的工作者，而应是教学过程中的课程建设者和创造者。从某种意义上说，持有终身自主学习理念、自觉自主学习的教师，本身就是一部难以穷尽的"新课程"。

---

① CARSON R N. A Taxonomy of Knowledge Types for Use in Curriculum Design [J]. Interchange，2004，35（4）：59-79.

二、 呼唤教师课程意识

自中华人民共和国成立以来，我国实行统一的、自上而下的"国家计划课程"管理，广大中小学教师长期处于"忠实的课程执行者"地位，缺乏相应的课程意识和课程能力。新世纪基础教育课程改革呼吁尊重教师主体地位，呼唤教师课程意识，亦是为了释放教师课程能力，促进教师发展和教学发展。

（一）课程意识及其意义

尊重教师的主体地位，除了尊重教师专业自主发展、教学理念自主更新外，还要呼唤教师的课程意识。课程意识主要指"教师在课程与教学活动中所体现出来的对课程价值与课程系统的基本认识，是教师对课程设计与课程实施的倾向性和基本反映。它主要包括主体意识、目标意识、设计意识、生成意识、资源意识和反思意识等六个方面"[①]。课程意识是教师的一种基本专业意识，属于教师在教育领域的社会意识范畴。课程意识作为一种特定形态的社会意识，"是教师对课程系统的基本认识，是对课程设计与实施的基本反映，它包括教师对课程本质、课程结构与功能、特定课程的性质与价值、课程目标、课程内容、课程的学习活动方式、课程评价，以及课程设计与课程实施等方面的基本看法、核心理念，以及在课程实施中的指导思想"[②]。简言之，课程意识是对教育活动体系中课程体系的整体性认知和把握，是课程实施过程中的课程观和方法论。

教师具有课程意识，无论是对于静态的、"对象性"的课程，还是对于动态的"活动性"课程、发展性课程而言，都具有十分重要的意义。一方面，具有课程意识的教师能对静态的课程及其文本体系有更独特的理解：能深入地"透视"课程文本所体现的目标，能挖掘课程文本内隐的价值观，能对课程文本内容进行的二次、再次或多次"深加工"，能根据文本内容选择可能的教学方式，能整体把握评价的维度和多元性趋向。另一方面，课程不仅仅是一种静态的设置或用来实施课堂教学的对象性工具。由于教师的课程意识发展和教学

---

① 刘旭，王静静. 高校教师课程意识现状调查 [J]. 教师教育研究，2010，22（4）：53-58.
② 郭元祥. 教师的课程意识及其生成 [J]. 教育研究，2003（6）：33-37.

行为发展，课程也就赋予了教师能动的意义，也就是说，当教师具有课程意识，教师成为课程的主体，在教师的能动作用下，课程亦是即生即成的，具有了动态的意义。教学的过程即是课程发展、创生的过程。在这一过程中，课程不再是教师依赖的"圣经"，也不再外在于学习者。

（二）课程意识与教师主体性的彰显

教师的课程意识，关乎课程及课程资源的发展，关乎教师自身的专业发展状况，关乎课堂教学质量的优劣，关乎师生主体的教学创新，关乎课程改革的成败。

首先，课程意识让教师本身"融入"课程资源。教师的教育教学理念、教学风格、模式，教学行为样态等，相对于学生的学习活动而言，都是"活生生"的教材。教师的言行举止、交往方式、职业态度、人生态度、情感、关爱、价值观等都直接"辐射"给学生，都是学生赖以成长重要的"隐性课程"。从这个意义上来说，教师不是教育行政部门和课程专家的附庸，不是执行文本课程的"使者"，教师本身就是一本流动的书。因此，教师需要将自己这门"本身的课程"开发好，将自己作为学生"学习的对象"，作为学生学习重要的隐性课程之一。

其次，课程意识让教师成为更好的课程创生者。在课程的问题上，教师拥有一些基本的课程权利。"什么知识最有价值？""什么样的课程才是学生所需？""以何种方式让学生掌握这些知识、技能？"从专业自主权的角度看，这些问题恰恰表明教师是课程由静态设计到动态实施并进入学生生活领域的重要因素和设计主体。教师已超越"执行文本"（教教材）、"消费文本"（利用文本）而走向"创生文本"。

最后，课程意识让教学过程中的教师主体性充分彰显。课程意识作为教师对正在实施的课程系统的认识，一个基本任务是随时联系学生主体的生活经验及生活领域的各种有意义的背景对"给定的知识"进行改造。具体来说，就是对预设的文本内容进行持续、深层次的挖掘，使之符合学生主体的生活体验。就此而言，教师既是课程的主体，是课程的创造者和发展者，又是课程实施的主体，时刻用自己独特的眼光和心灵去感悟和体验课程，并将自己的体验渗透在课程实施之中，进而创造出全新的课程资源。

三、 维护教师课程权利

教师课程权，是指"教师作为一种专业，教育法律法规和国家课程政策赋予的教师参与课程实践活动的权力，以及践行权力的能力"[①]。课程权是教师参与课程改革的基本权利，也是教师主体地位的体现。新世纪我国基础教育课程改革的一个重大举措就是，赋予教师以课程权，力求课程改革之实效。

(一) 教师课程权的内容与来源

1. 教师课程权的内容

教师课程权主要包括课程决策权、课程设计权、课程开发权、课程实施权、课程评价权等。

课程决策是在课程发展过程中，对教育的目的与手段进行判断和选择而决定学生学习怎样的课程的过程。总的来说，课程决策是在国家层次、地方层次、学校层次乃至课堂层次等水平上进行的。[②] 由此，教师的课程决策权，指的是教师在课程发展过程中，对教育的目的与手段进行判断和选择而决定学生学习怎样的课程的权力。教师享有三个层面的课程决策权：参与国家课程决策权、参与地方课程决策权以及参与校本课程决策权。

课程设计指的是"拟定一门课程的组织形式和组织结构"[③]。课程设计权主要是指教师拥有对课程整合和完善课程结构的权力。具体来说，教师作为课堂教学的主导者和参与者，在对学校的课程设置与安排、课时比例及分配、学科整合与建议等方面拥有话语权。

课程开发权主要是指教师拥有对校本课程和校内外课程资源的开发权。一方面，教师作为课程开发的主体，与课程专家、学生主体等都是课程发展的"主动研究者"，是课程与教学活动的反思实践者，并在这一反思实践过程中追求自身价值、对象主体价值和社会价值的统一，追求个体与群体的教育理想。

---

① 李书学. 教师课程权力的本质、特征及其来源 [J]. 全球教育展望，2010，39 (10)：20-24.

② 丁念金. 论教师参与课程决策的保障体系 [J]. 河北师范大学学报（教育科学版），2005，7 (5)：84-88.

③ 江山野. 简明国际教育百科全书·课程 [M]. 北京：教育科学出版社，1995：144.

另一方面，教师拥有课程开发权是教师作为教学主体实现自身专业发展的重要权力，也是其主体地位的象征和保障。

课程实施权简单地说就是教师拥有教学的权力。教师根据一定的教育目的，基于课程标准，结合学情与条件实施课堂教学。课程实施权是教师职业的基本权利和权力。教师是课程实施的关键力量，除了对文本课程进行深加工之外，在课程实施的过程中还担负着引领学生学习的责任和义务。相关的具体实施权还包括撰写教案、加工课程内容、选择教学方式、选用教学手段、变换组织形式、调整教学进度、调节时间安排等。

课程评价权即教师有权对课程计划、课程决策、课程设计、课程开发、课程实施等的合理性和科学性作出一定的判断，对学生学习的过程和发展状况作出评判，并提出反馈信息。教师是课程实施的直接责任人，对整个教学过程和学生的发展状况最有发言权。因此，教师应当根据学科专业特点和不同学生的发展情况，突破机械的分数考试评价，实施多元、正面、积极的课程评价，促进学生发展。

2. 教师课程权的来源

从教师课程权的定义可知，教师的课程权主要有两大来源：一是教育法律法规文件的赋权和国家三级课程管理制度的实施；二是课程理论与教学实践发展的内在要求。

教师享有相应的课程权利和权力是我国新时期教育法律法规赋权的结果。1993 年颁布的《中华人民共和国教师法》第 7 条规定：（教师有权）进行教育教学活动，开展教育教学改革和实验；指导学生的学习和发展，评定学生的品行和学业成绩；对学校教育教学、管理工作提出意见和建议，参与学校民主管理；参加进修或者其他方式的培训。1999 年《中共中央国务院关于深化教育改革全面推进素质教育的决定》第 14 条指出，调整和改革课程体系、结构、内容，建立新的基础教育课程体系，试行国家课程、地方课程和学校课程。同年《关于基础教育改革与发展的决定》第 19 条再次指出，加快构建符合素质教育要求的新的基础教育课程体系，实行国家、地方、学校三级课程管理。2001 年国家颁发了《基础教育课程改革纲要（试行）》，在基础教育课程改革的具体目标中提出：改变课程管理过于集中的状况，试行国家、地方、学校三级课程管理，增强课程对地方、学校以及学生的适应性。三级课程管理制度实行的实质是课程权力和资源的再分配。相关教育法律法规和政策的施行，教师的课程权力的赋予有了事实上和制度上的依据。

课程理论发展与教学实践变革的发展需要教师参与其中，并发挥积极和关键作用。随着课程与教学实践的发展，教师角色发生了从传统的对课程知识的"忠实执行者"到"消费者"，再到"创生者"和"反思实践者"的转变。在这一转变历程中，课程从原来的被排斥在课程开发之外逐渐进入课程发展的中心，并由此而确立了自身的主体地位。亦即，在传统的"执行权"之外又获得了课程创设权，以及师生共同参与权。可见，教师的课程赋权是现代课程发展的必然趋势和现实教学实践的客观要求。教师拥有课程权，反过来又进一步提升课程意识，促进自我成长。

（二）教师课程权的维护与保障

尽管国家在法律法规和制度上赋予了教师一定的课程权，然而在具体的教育教学实践中，教师的课程权并没有得到相应的落实，比如教师的课程决策权、开发权、评价权等。落实教师课程权，主要有内外两个方面的措施。

"内"的方面，指教师自身方面，即教师通过自主学习、反思研究等途径，提升自己的理论水平与实践能力，促进自我专业发展。教师在课程实施的过程中肯定会碰到这样那样的问题，或理念的，或实践的；或知识的，或方法的；或自身的，或学生的；或学科的，或生活的。面对各种各样的问题，教师首先求助的是自己，通过自主学习、反思研究，增强解决问题的能力，努力寻找解决问题的方法、策略。只有自身的能力和水平提升了，专业素养提高了，专业技能娴熟了，教学中的问题才能获得较好的解决。反言之，如果没有教师的成长，缺乏必备的专业素养和技能储备，即便有国家教育政策、法律的赋权，教师由于缺乏相应的承接课程权的基础，仍不能有效行使其课程决策权、开发权和评价权等。因此，只有教师成长了，课程的赋权才具有真正的意义。

"外"的方面，主要有：①以校本课程建设为契机，发展教师课程设计权、开发权、评价权等。随着国家将课程管理权下放，学校课程管理与发展权增加，教师也拥有了较之于以往校本课程决策、校本课程开发、校本管理、校本教研、校本评价更多的机会、权力和自由。在这一背景下，学校可以通过资助、奖励等形式加大校本课程开发和建设力度，相信教师，并将课程权交给教师。此外，充分利用基础教育课程改革课程结构调整的有利时机，鼓励教师积极参与诸如综合课程的设置、综合实践活动的开展、研究性学习的探索等课程的建设当中，以发展教师课程权。②建立专业的支持环境，提升教师的专业发展能力。教师获得更多课程权的前提是，教师必须有相应的、或一定的专业能力基础。学校可以通过创建"专业发展协会"或"共团体"，通过中小学校际间合作、基础教育学校与高校间的协作来促进教师对课程设计、课程实施、课程评价等方面的发展和水平的提高。在专业共享、合作与交流中，教师打破了职业的孤立性，并"从不同的视角反思个体的课程行为，不仅能获得专业知识与技能的提升，而且也能获取专业信念和情感的支持"[①]。③继续完善可操作性的相关教师课程权的教育法律、法规，明确规定课程设计、开发、审定、实施、评价等环节的具体操作，以保障教师课程权落到实处。

第三节　凸显学生主体地位，促进学生自主学习

新课程改革从课程到课堂的走向，其根本旨意在于将课程改革的重心和落脚点移至课堂，关注课堂，关注课堂教学主体的成长和生活状态。不可否认，基础教育课程改革给予了教学主体相应的重视，但同样应看到，新课程改革至今，学生的学习方式总体上并没有发生根本性转变。本研究的调查发现，被动学习仍是中小学学生学习的普遍样态，探究学习、自主学习还没形成"气候"。可见，在如何重视教学主体，特别是如何促进学生主体自主学习等方面，仍是当前和今后教学实践的重要议题。

一、　凸显学生主体地位

（一）理解并尊重学生

尊重学生成长的规律和特性。学生是课程与教学改革的主体，正确理解学生的主体性，首先要理解学生作为一个鲜活生命的存在。学生作为生命的存

---

① 王威，温恒福. 论新课程背景下教师课程权力与赋予策略［J］. 教育探索，2012（5）：26-27.

在，有其成长的顺序性、不平衡性、阶段性、整体性、可变性和个别差异性等，基于此，我们要正确理解这些特性：①学生的身体成长、行为发展、记忆发展、情绪情感发展等是一个循序渐进的过程；②学生生理与心理的发展是不同步的，身心的各个方面的发展会出现加速或平缓交替的发展状态；③学生发展是从量变到质变的过程，一个阶段的量变积累到一定程度才会产生质的飞跃；④学生是包含知、情、意、行整体的人；⑤学生随着年龄的增长，心智也在不断向上发展并走向成熟；⑥学生个体因为遗传、环境、教育以及主观能动性因素在发展上具有不同步性和差异性。正因为学生成长的这些特性，学校、教师在教育教学中理当按教育的规律办事，对待学生主体就不能"凌节而施"、不能拔苗助长、不能搞"一刀切"，要看到学生的可塑性、发展性，尊重学生认知与非认知的全面和协调发展。

尊重学生的人格与个性。学生不单单是简单的"认知体"，或是知识与技能的发展者，而是有其丰富个性和完全人格的人。从实质来看，掌握知识技能和方法只是为修炼人的"外功"，而发展情意品质和"内在自我"、加强自我体验，成为有独立健全人格的人才是修炼人的"内功"。"一个人只有体验到了隐藏在他自身内部的生命趋向，他才能找到他自己。他愈是了解自身内部的情感和需要，就愈能认清周围的客观现实。"① 可见，"内功"是人得以成长和发展的根本，是人格形成发展的基础。因此，在教育教学活动中，激发学生个体潜能，注重学生自我体验，发展学生相应的智慧力量和人格力量，并让其体验完备的教育生活，是基础教育课程改革学校教育教学活动的实践旨归。

（二）关爱并呵护学生

关爱并呵护学生的实质是关注学生，并为学生的成长"保驾护航"。关爱与呵护，不仅仅是口头上的言语鼓励和保护，更重要的是对学生在学习能力、创造力、品质方面的肯定，是为学生学习生活中的需求给予支持，是为学生创设和谐的成长氛围。进一步而言，关爱并呵护学生是为了达成学生的自主学习，并为学生创造自我发展的可能性。有这样一个故事：②

---

①　欧阳谦. 20 世纪西方人学思想导论［M］. 北京：中国人民大学出版社，2002：231.

②　季苹."学生研究"是落实学生主体地位的基本方式——"学生研究"意义之一［J］. 中小学管理，2008（5）：8-10.

一位正在上高三的学生每天都在勤奋地学习，但成绩总也上不去，非常苦恼。我在和他一起讨论问题时发现，他不敢说话，甚至都不敢有自己的想法，只是亦步亦趋地跟着老师和标准答案走。一定要让他敢想、敢讨论！讨论政治课中的"城市化对经济发展的影响"时，我启发他说出看到"城市化"一词自己想到了什么。他说，想到了很多农民到了城市，他们需要工作；想到了城市规模不断扩大，需要更多的公路、邮局、商场等。说到这儿，他仿佛一下子就明白了，正好农民为城市建设提供了劳动力。接着，我再启发他，由"经济发展"又想到了什么呢？想到了更多的人就业，想到服务设施更加齐全……然后，他试着将自己想出来的东西进行梳理，形成了答案。他说，这是他做这种"大题"以来，第一次自己想出答案，他将自己的答案与标准答案做了对比，发现自己答对了绝大部分。这时我告诉他：你很聪明。你的头脑里有一把锋利的刀，可惜的是，你一直没有用过。开始用它吧，你的学习会进步的。

学生在发展中首先需要的是自信，学生成绩差并不意味着他的智力差，更不意味着他没有潜能。我们不能因学生的某一方面成绩差而低估他其他方面的能力，更不能因此而打击、损害学生的自信。作为教师，我们的任务应是通过各种方式让学生感受到自己心中的潜能和力量，维护学生的人格和尊严，从而使学生获得更多的自信和满足、兴趣和快乐。

所以，教师只有从心底地呵护学生，从"学生心底"的思考出发，才会让学生才会获得尊严感和快乐感，才会走入学生的内心；只有认真了解学生及其发展需要，全面关心学生，学生学习的积极性和自主性才会被调动起来。唯其如此，学生在学习中、生活中才能真正被触动，他们的主体地位也才能得到真正的落实。

二、 促进学生自主学习

学生自主学习，即学生主体发挥自我学习的积极性和主动性，根据预定的学习目标，制订计划、选用方法，采用个人探究或团结协作等形式，有针对性地解决学习问题的同时获得情感体验的活动。自主学习是一个过程，在这个过程中，学生在教师或同伴的协助下对自己的学习状况、行为、过程进行总结、评价、反思、调适，并逐步形成良好的自我学习习惯，为终身学习奠定基础。

（一）尊重学生自主学习的权力

《国家中长期教育改革和发展规划纲要（2010—2020 年）》指出：要遵循教育规律和人才成长规律，深化教育教学改革，创新教育教学方法，探索多种培养方式，形成各类人才辈出、拔尖创新人才不断涌现的局面；要以学生为主体。自主学习是学生主体的权利和责任，也是学生作为主体的身份和地位表征之一。"深化教学方式改革，当前最主要的问题是落实学生的主体地位。"[1] 学生享有学习自主权，即自主决定自己的学习，其思想和行动都不受他人的干涉和支配。

学生知识技能的学习、方法的掌握、素质的提升，靠简单地灌输、说教等外在影响和强制很难实现目标的内在转化。要实现这种转化，必须经历学生主体有意识地、自愿地对"精神养分"的消化与吸收。学生拥有自主的学习权。尊重学生学习的自主权，一是尊重学生主体对其学习对象、学习过程的支配和控制权；二是让学生主体对其行为进行支配、调节和控制，并根据教育教学目标作出自我评价与调适。尊重学生学习的自主权，同样是在尊重教师的教学自主权，即不篡夺学生的学习自主权，将自己从僵硬、冷漠的知识灌输的教学模式下解放出来，从畸形、被动、消极、紧张、片面的人才培养模式下解放出来。

尊重学生学习的自主权，就是让学生个性学习和兴趣学习的空间得到释放，让学生自我认识、自己做主、自我发展，让学生更自尊自信、自理自律、自主决断、自主参与、自我调整、自我创造。"未来的学校必须把教育的对象变成自己教育自己的主体。受教育的人必须成为教育他自己的人；别人的教育必须成为这个人自己的教育。"[2] 教育不再是从外部强加在学习者身上的东西，也不是强加在别人身上的东西，教育只能从学习者本身出发。

（二）培养学生自主学习的良好习惯

学习不仅仅是知识论和方法论的事情。犹如教学就是一种生活方式一样，

---

① 郭振有. 落实学生的主体地位 [J]. 中国教育学刊，2010（9）：扉页.
② 联合国教科文组织国际教育发展委员会，学会生存——教育世界的今天和明天 [M]. 华东师范大学比较教育研究所，译. 北京：教育科学出版社，1996：200.

学习本身"也是一种生活方式，一种思维状态，一种与行动协同的精神状态"①。当学生处于这样一种方式、思维和行为状态的时候，自主学习也就成了一种习惯。

培养学生自主学习的习惯，就是让学生在课堂教学、学校活动中感受到一种实在的学习生活。学校、教师所需做的则是创设一定的物理和精神空间，让学生在这一特殊的生活空间里进行认知与理解、体验与感悟。其一，创设舒适的课堂生活物理空间。比如教学组织形式的空间布局要方便师生、生生之间面对面的交流与互动；多媒体及其他现代教学设备需全方位覆盖教室空间及所有学生的观感和使用，同时，将"虚拟空间"的学习与现实课堂教学结合起来。愉悦的学习环境有利于学生自主学习习惯的养成。其二，教师和学校需引导学生进行超越"书本世界"的学习。通过知识养成能力、通过知识学会创造、通过知识养成人伦道德，学会生存，学会生活，学会共处。在不断的兴趣学习、能力学习、意义学习中，学生才可能养成自主学习的习惯。其三，人的成长是全方位的，自主学习习惯的养成需要较长的一段时间，因此，我们需关注学生知识包括公共知识、个体知识等的"潜移"内化，关注学生长期的实践行为操演，从而培养学生自主学习的内原动力。其四，建立良好的师生关系以促进学生自主学习习惯的养成。通过课堂教学和师生交往活动，"还教育以生活的本性，关注学生发展的真实需要，通过教育创新，使教育从以往单向的知识'授—受'的模式转换为基于真实情境的交往活动"②。与学生对话，主动沟通，自觉尊重，帮助学生建构知识。只有"建立了民主的、平等的、对话的师生关系，师生才可能成为价值共享、思维共振、情感共鸣、心情愉悦的对话者"③。在对话交往的基础上实现有意义的课堂生活，并在这种生活中养成学生自主学习的行为和习惯。

（三）利用网络或其他资源平台激发学生自主学习的兴趣和潜能

知识经济时代，网络数字资源给教育者和学习者提供了多样化的学习资源。在浩瀚的知识的海洋里，人们已从单纯地获取知识转向审慎地甄选所需知

---

① OLSON K. The Invisible Classroom [M]. New York：W. W. Norton & Company，2014：132

② 刘旭东. 对教育与生活关系的思考 [J]. 教育研究，2007（8）：53-57.

③ 焦炜，徐继存. 课堂空间：本质与重建 [J]. 当代教育科学，2012（19）：16-19.

识并对其进行序列化整理，进而获得信息处理的能力。"在高度整合的技术社会，利用媒介获得信息和创造信息正成为学习者的一项重要能力。"[①] 当作为教育者的教师和作为学习者的学生在"平等""公平""自由"地获得资源时，学生主体的潜能将极大地被激发出来。"是故弟子不必不如师，师不必贤于弟"，基于网络的现代学习型互助共同体能让学生实现知识的再造价值的同时，又能获得超越作为教育者的内在心灵满足感。

利用现代信息技术，创建基于网络平台的学习互助共同体，让学生广泛开展"线上""线下"学习交流，能很好地提升学习兴趣和效果。有研究表明，"基于在线混合学习模式的信息与交往技术能够带来教育功能的可预见性，即能够更有效地满足学生的学习需求"[②]。除了网络平台之外，其他的一些学习与交往平台，如图书馆、各类阅览室等课程资源库，读书会、戏剧社、文学社等各种社团，都可以带给学生更多选择，通过参与竞赛、评比、创造等活动来进行自我组织、自我评价，进而找到更多自主学习的乐趣。

（四）积极运用促进学生自主学习的教学策略

促进学生自主学习的策略多种多样，如支架式教学策略、抛锚式教学策略、探究式教学策略、合作学习策略、九段教学策略、动机教学策略、情景陶冶策略、情境教学策略、随机进入式教学策略等，这些策略的共同目的是让学生在主动、自觉、创造性的学习行为中不断强化、内化、积淀相应的学习素质。恰当运用这些教学策略，应注意以下方面。

其一，做好促进学生自主学习的教学设计。2014 年，詹姆斯等通过问卷调查发现，排名前五的教学专业设计人员技能有：目标调整、干预与评估能力；准备可测量目标的能力；与他人的协作能力；为达成预期目标而采取的专门策略；设计一门课程的能力。[③] 其中关于目标的有三项，与他人协作属方法论，设计一门课程属探究与创新。总体来看，这是围绕目标而进行的教学设

---

① TAYLOR L M, FRANTTO J M. Transforming Learning through 21ˢᵗ Century Skills [M]. New Jersey: Pearson, 2012: 23.

② BAILEY M, IFENTHALER D, GOSPER M, et al. The Changing Importance of Factors Influencing Students' Choice of Study Mode [J]. Technology, Knowledge and Learning, 2015, 20 (2): 169-184.

③ KLEIN J D, JUN S. for Instructional Design Professionals [J]. Performance Improvement, 2014, 53 (2): 41-46.

计。以目标为导向的，基于学生学力水平的课堂教学设计，对于具体的教学活动、内容、手段、方式、模式、评价等都具有决定作用。课堂教学设计的逻辑起点是学生现有的学力水平，"终点"是在教学过程结束时的预期目标或发展状态，有教学设计的教学过程就是实现学习者内部心理结构或者外部行为从现有状态向预期状态的转化或发展，所谓的教学设计"也就是选择促成这种转化和发展的最优化途径"[①]。不仅如此，教学过程还是"实际的设计者与情境不断对话的过程"[②]。因此，在教学设计和课堂教学中渗透目标意识，或紧紧围绕目标进行教学，促成学生"向预期状态转化发展"，实现学生自主学习能力和水平的提高。

其二，将问题意识贯穿教学过程，通过对问题的认知、探究与解决来促进学生自主学习。"问题意识是指主体在进行认知活动时，通过主体认识对象的深刻洞察、怀疑、批判等多种方式，产生了认知冲突，经过深入思考后仍困惑不解时，出现了一种具有强烈的探索情景的真实问题或想做出发现式创新的一种心理状态。这种心理状态又驱使学生不断地积极思维，直至问题解决。"[③] 问题意识是一种心理状态，特别表现为对问题或情景的强烈好奇心和求知欲望。当教学过程中充满疑问、好奇，同时引导学生尝试解决这些疑问和好奇，并有意识地将方法论和情意品质的培养融入问题的解决过程，促进学生自主学习能力的形成。

其三，强化学生自主学习的责任意识。自主学习不仅是解决认知问题和调动学习兴趣，更重要的是提升自我，融入 21 世纪全球知识经济与信息社会做一个现代人的问题。"因为 21 世纪要求人人都有较强的自主能力和判断能力，同时要求加强每个人在实现集体命运过程中的责任。"[④] 所以，学习不只是为自己，还为他人，为整个社会。每个人都是学习型社会的一员，学习是每个学习者的应然责任，自主学习正是新时代对学习者的要求。这一份责任属于学习者自己的，任何人都不能也无法"越俎代庖"。

---

① 盛群力，马兰，褚献华. 论目标为本的教学设计 [J]. 教育研究，2008 (5)：73-78.

② 钟志贤. 论教学设计定义的重构 [J]. 电化教育研究，2007 (7)：11-15，20.

③ 房寿高，吴星. 到底什么是问题意识 [J]. 上海教育科研，2006 (1)：24-25.

④ 国际 21 世纪教育委员会. 教育——财富蕴藏其中 [M]. 联合国教科文组织总部中文科，译. 北京：教育科学出版社，1996：10.

第四节　营建浓郁学校文化，推进从课程到课堂转向

基础教育课程改革的一个本质特征是文化变革。新课程改革给学校文化的发展和更新带来了新的契机和挑战，冲击着校长、教师、学生的思想观念，改变着各利益主体的交往与行为，促使着学校从封闭走向开放。一个值得关注的文化倾向是，课程改革"重视教师的赋权感和专业能力的发展，强化所有成员分享共同的价值观和规范；强调校长、教师和学生之间的合作与交流，建立尊重、理解、友爱、信任、民主、平等的对话机制"①。随着新世纪基础教育课程改革从课程向课堂重心的转移，课程文化与课堂教学文化在冲突与和合中也越来越紧密地交织在一起，共同建构起深化基础教育课程改革所需的学校文化。

一、营建浓郁的学校文化

长期以来，应试教育文化氛围在中小学校弥散，这妨碍了素质教育文化的发展，拒斥了先进的课程与教学文化，极大地危害了学生健康成长的环境。基础教育课程未来改革不仅仅是知识内容、方法模式、组织管理的变革，更重要的是深层次的文化变革，不仅是学校与社会、家庭的"内外"渗透，而且是学校内部优秀文化的继承与更新。

实现当前我国基础教育学校从应试教育文化到素质教育文化的转变，显然是一个长期的、充满冲突的过程。从宏观上看，基础教育课程与教学改革同样存在文化冲突，即"本土文化与外域文化、传统文化与现代文化的冲突"②。就学校文化而言，在继承学校优秀传统文化的基础上，培育学校"自在文化"，淡化分数考评文化，彰显主体个性文化，是学校素质文化发展的必然要求。

---

① 靳玉乐. 课程实施：现状、问题与展望 [J]. 山东教育科研，2001（11）：3-7.
② 辛继湘. 课程与教学变革中的文化冲突 [J]. 教育评论，2008（4）：54-58.

（一）培育学校"自在文化"

学校文化是学校特有的一种文化，是学校长期历史发展过程中所积淀下来且相对稳定的物质文化、制度文化、组织文化、行为文化、观念文化等，关乎并体现学校师生员工共同的价值信念、行为与活动方式等。学校文化的优劣关系到学校教育质量的高低，关系到学生、教师的健康成长与否。一般来说，有什么样的学校文化，就会孕育什么样的人才。

培育学校"自在文化"的实质是尊重学校的个性和自主发展。"自在文化"就是指学校在长期的发展历史中汲取本校优秀传统文化，包括学校制度文化、组织文化、行为文化、精神文化等，同时又根据自身发展需要吸收有利于本校发展的一些"外在文化"或外来文化。"自在文化"在这里包含有"内""外"两个方面的协调发展。

"内"有两层意思。一是指当下的学校文化对传统学校文化的传承与创新，即校内文化的"纵向"联系。"纵向"联系的关键是挖掘并批判继承传统优秀学校发展的文化资源为当今学校文化建设所用，即挖掘这种"独自创发，慢慢形成，非从他受"[①]的学校自身发展的优秀传统文化，深厚的历史文化显然是学校向上发展的根基。二是指学校内不同层面文化的相互交融，即校内文化的"横向"联系。校内文化"横向"发展的关键是将学校文化孕育的核心价值观[②]融进课堂，让师生员工对学校核心价值观产生认同，并形成凝聚力。学校"内"在文化的发展决定不同学校的个性和特点。

"外"主要有三层意思：一是学校文化与社会文化的联系；二是学校文化与家庭文化的联系；三是对国外优秀学校文化的吸收。首先，任何学校都不是、也不能独立于社会之外，学校文化与社会文化彼此影响、相互吸收、共同发展。其次，学校作为专门的教育场域，直接与学生主体的家长相互配合，家校双方的理念、文化、规约等所形成的同质或异质文化对学生有着关键影响。最后，当今互联网与信息教育时代，任何学校都不是封闭的，世界性资源的交流与共享已成为

---

① 梁漱溟. 中国文化的命运 [M]. 北京：中信出版社，2010：32.

② 学校的核心价值观具体包括：个性的培育（个性的尊重、培育、发展与自我实现等）；社会性的陶冶（包括职业能力、文化品格、政治认同和家庭生活的责任等）；国家认同（包括民族认同、国家认同和历史认同）；人类意识的唤醒及人类自主、自由、平等、宽容、和平及可持续发展等普遍价值的形成。参见石中英. 学校文化的核心：价值观建设 [J]. 教育科学研究，2005（8）：18-21.

学校教育提质的一个重要步骤。谁不融入世界，谁就会被世界遗忘。加强与发达国家先进教育学校的合作，是推进我国学校教育发展的重要方略。

（二）淡化分数考评文化

教学评价既是我国新世纪基础教育课程改革的一部分，从属并适应新课程改革；教学评价又有其相对独立性，担负着对新课程改革进行监督、检验和促进等功能。教育教学评价作为一种机制，有多种表现形式，如过程性评价与阶段性评价、形成性评价与即时性评价，终结性评价与总结性评价，物质奖励性评价与精神奖励性评价，口头评价与书面评价，自我评价与他人评价，互助评价与集体评价，单一性评价与多元性评价等。每一种类型或表现形式的评价都有其不同侧重的方面。对于课程与教学改革发展而言，我们应给予课程与教学改革以综合性评价，任何单一的评价都存在一定的弊端，更甚之，可能会误导课程与教学改革。

然而，一个不争的事实是，新世纪基础教育课程改革实施至今，基础教育领域仍大量地充斥着考试分数评价：周考、月考、期中考试、期末考试、单元测试、学科测试、段考、会考、高考等，尤以高考为重。而高考是彻彻底底的分数考试，因为大学仅凭分数来录取学生。在很大意义上，分数就意味着青少年的前程，而这种"意味"时至今日并未见减轻。显然，基于考试为主的认知方式让中小学课堂教学远离了学生的生活世界，脱离了他们的现实生活。问题的根源"在于将受教育者物化的学生观和为生活做准备的教育观"，"在于对学生生活的理性化和体制化，缺乏对学生完满生活世界的建构"，"逻辑地预设了学生的心路历程，科技理性几乎成为课堂生活唯一的文化源泉，养育着学生的一切行为"[1]。

尽管我们仍然需要分数考评，但分数考评的片面性和危害显而易见。分数评价只是作为促进教学、服务教学的一种监督和检验手段，而不能成为课程与教学的中心，更不能成为教学主体特别是学生前途命运的主宰。"中国的基础教育改革的中心问题是发展问题而不是评价问题，课程与教学改革也应以基本的课程与教学问题为中心。"[2] 因此，关注课程本身的问题，关注教学中的具

---

① 郭元祥. 论课堂生活的重建 [J]. 教育研究与实验，2000（1）：25-29，72.

② 吴亮奎. 实然与应然：课程与教学评价理论的现实性思考 [J]. 教育理论与实践，2007（20）：18-21.

体问题，淡化考试分数意识，改变分数至上的、片面的考评文化倾向，纠正围绕分数进行教学的竞争态势，并发展综合性评价，注重学生综合素养的培养，才能渐次让学校的课程与教学走向正轨，进而形成能促进学生健康发展的素质教育文化。

（三）弘扬主体个性文化

人作为时间性的存在是有限的，这也表明了人的生命的短暂和珍贵。也正因如此，在人类的时间和空间里，更应彰显人的本质、价值和意义。社会地位、财富，健康、智慧，就人的本质而言，都是无关紧要的，"惟一紧要的就是灵魂的意向、灵魂的内在态度"[①]。教育亦是如此，教育就是要在不断变动、不定的教育生活中寻找人的灵性生命成长的内在尺度，让教育教学主体性得到发挥，让教育教学主体的个性得到彰显，并在不断的学习过程中找到生活与学习的真正价值。

就此而言，学校应当为师生的身心发展创建良好的成长氛围和环境，以满足一个个鲜活生命体成长的需要，而不仅仅是把师生当作单一的"认知体"，当作"猎取"高分的机器来看待，而要"把人当作人，不当作物……恢复人的尊严"[②]。学校文化的发展必须关注师生生命发展的全部内容和整体历程，提升其生命境界与意义，而不仅仅是对知识和技能的追求。让教师乐于教学，让学生乐于学习，让师生产生共同的成就感和归属感，焕发其教与学的生命力和创造力，奉献并展现其才能和智慧。唯其如此，学校文化才能获得充分的发展。

二、 推进学校课程文化与课堂教学文化协同发展

推动课程文化向课堂教学文化转变，一方面，要求课程改革的实施主体，包括学校（校长）、教师及其他教育工作者正确认识并把握新世纪课程改革深入推进中课程文化与课堂教学文化内在的质的统一性；另一方面，要求教学主体在具体的课堂教学实践中自觉地将"主知主义"倾向的教学转为以文化为主导的教学。

---

① 卡西尔. 人伦 [M]. 甘阳，译. 上海：上海译文出版社，2004：11.
② 萨特. 存在主义是一种人道主义 [M]. 周煦良，译. 上海：上海译文出版社，2005：9.

（一）课程文化与课堂教学文化协同发展的基础

1. 课程文化与课堂教学文化本质的统一性

课程文化与课堂教学文化在本质上是统一的，即通过教学实践，将凝结在课程文本上的知识、理念、方法、价值观重新动态地显现在师生共同交往的课堂之中，促成教育者和受教育者身心的共同成长。

课程文化是一种怎样的文化呢？就课程改革的意义而言，课程文化是自在文化与自觉文化的交融。课程的自在文化是指课程在长期的发展过程中，吸取了传统文化、风俗习惯、经验常识等各种自在的养分而形成的文化，其形式表现为各种课程理念、课程文本、课程活动等；课程的自觉文化是指基于自觉的课程知识建构或自觉的理性思辨为背景的课程文化，比如系统的道德规范、指导实践的课程哲学等。中华人民共和国成立后，我国进行的第八次基础教育课程改革是前七次课程改革的基础上的自在文化与自觉文化的不断互动与交融，是课程实践中的自在自觉的文化形态与更高层次的有意识有目的的精神活动所赋予的文化的结合。作为新课程改革本质表征的新课程文化，即是"自在的课程文化与自觉的课程文化的交互作用和同步转型"①。

课堂教学文化又是一种怎样的文化呢？如果不加审慎地区分，就只可能找出其一般的"质"而不是区分于其他文化的"特质"，譬如"其特质主要有尊重、科学、创新、厚德、民主、自由、平等、实践等"②的说法，又有如"课堂教学文化具有根源性、隐蔽性、持久性、惰性的特点"③的表达，这些界定都属于与其他文化一样"平凡的质"。实质上，课堂教学文化首先是教学文化，它不同于商业、农业、娱乐等类型文化，其功能指向是为人的身心发展而进行的各种专门活动及其过程和方法；其次，课堂教学文化是指在课堂这一特殊场域生发并有一定自我维持功能的文化；再次，课堂教学文化是以课堂作为载体而"体验教学总体问题的一种方式"④。简要来说，课堂教学文化具有以下特

---

① 王德如. 课程文化自觉：意义、本质及特点 [J]. 教育研究，2007（9）：34-38，44.

② 李春红，平勇，孙守枝. 基于教学过程本质的课堂教学文化特质解读 [J]. 现代中小学教育，2013（10）：16-19.

③ 李秀萍. 课堂教学文化：教学转型的内在机理 [J]. 天津师范大学学报（基础教育版），2004，5（4）：14-17.

④ 徐继存. 教学文化：一种体验教学总体问题的方式 [J]. 教育研究，2008（4）：46-48.

质：①以知识、技能为基础的身心健康发展氛围；②以课堂为特殊体验场域的学生生活方式、风格；③以自由、平等为基础的开放型社会性交往规范与空间；④以包容为特征相对稳定又不断流动向前的文化生成样态。

从课堂教学的视域来看，教学即是教学主体在课程自觉文化及已有的教学哲学的导引下对课程自在文化，包括课程理念、文本、活动等的课堂解读。教学主体在对课程文化进行解读的同时即是在建构新的课堂教学文化。在这个过程中，教学主体自身获得认知和非认知的协同发展，无论是解读抑或建构，教学主体都是从文化开始，又都浸润于文化之中。

可见，在人的成长上，课程文化与课堂教学文化的功能、实质是统一的。

2. 课程文化与课堂教学文化特性的相似性

课程文化与课堂教学文化具有多种相似的特性。主要表现为知识性、教育性、多样性、选择性和生成性等。

其一，知识性。知识性是课程文化和课堂教学文化的基本属性和特性。离开了知识，就无所谓课程，也无所谓教学，也就失去了课程文化和课堂教学文化的根基。知识的结构、求知的方法、本体性知识、条件性知识、实践性知识、显性知识、隐性知识等，都是课程与课堂教学两种文化形成的重要组成部分。知识性作为两类文化的属性，是由知识的历史地位决定的。知识本身就处于"历时"之中，知识的"历时演变"性成就了自身的"历时文化"，这一点从知识的合法性和权威性的"争辩"中即可看出：什么知识最有教育价值？什么知识最适合青少年身心发展？课程知识如何被理解、编制并付诸课堂教学？课程知识能否得到终极的证明或证实？一个有意思的观点是："任何一种课程知识，从概念、命题、原理到公式、实验、程序等等，都不是唯一的知识形式，都有着自己的竞争性概念、命题、原理、公式、实验或程序，都有着自己与对手进行较量的历史故事（包括时间、地点、人物、过程、结局等各种要素）。"[①] 可以想见，知识的这一"斗争史"恰恰是半部课程文化和课堂教学文化的发展史。

其二，教育性。文化作为一种特殊的社会存在，无论社会文化、家庭文化还是学习文化都对人的成长有着潜在而深切的影响，所谓"润物细无声"。课

---

① 石中英. 当前基础教育改革的若干认识论问题 [J]. 学科教育，2002 (1)：1-5, 10.

堂教学文化作为学校文化的重要组成部分，特别需要课程文化的支撑，尤其是凝结在课程文本上的显性和隐性文化。学校里的课程文化，是有目的、有步骤、有策略、有针对性地对青少年、儿童的身心施加影响，在青少年、儿童的人生成长过程中起着其他各类文化所不具有的特殊的教育作用。

其三，多样性。首先，课程文化的形成是时间的产物，文化的形成需要经过长期的积淀，时间越长，课程所展现出来的文化也就越多样。譬如西周时期的"六艺"课程，其课程文化表现为人文文化（礼、乐）、军事文化（射、御）、科学文化（书、数）；民国时期，蔡元培提出"五育"的课程体系——军国主义教育、实利主义教育、公民道德教育、世界观教育、美感教育，课程文化又有了新的发展。新课程改革以来，随着信息网络技术的发展，课程文化甚至从"实"向"虚"蔓延。其次，课程文化的多样性受不同地域的影响。我国生源覆盖面广，不同地域不同学校的课程文化差异很大。再次，不同民族有着各自的课程文化。课程的发展重在因地制宜，正所谓合适的才是最好的。我国民族众多，不同民族都有各自的风俗、习惯、文化，民族文化、习俗的多样性赋予了学校以丰富的课程资源和课程发展的多样性，成为民族特色课程文化孕育的摇篮。

其四，选择性。课程文化的选择性有两层意思：一方面，课程能够成为一种文化，是经过一定的机制和决策而筛选出来的，是去除"糟粕"之后的"精华"，至少在课程被"拣选"出来时是这样——这也是"文"被"化"的过程机制。就学校教育而言，课程文化选择的核心是课程内容的选择，因为课程内容的选择是最直接地承担着培育年轻一代的历史使命和责任，同时也是在"激活学校课程的文化传承力和创新力"①。而选择的主要方式是通过教学。另一方面，课程文化的可选择性，是针对学生而言的一种"权利"，即学校提供给学生足够的课程，学生根据自己的喜好和专长，选择适合自己发展的课程，从这个意义上来看，课堂则是课程可选择的文化场。

其五，生成性。课程文化和课堂教学文化都有不断发展、生成、流变的过程。两者在发展的过程中，也都面临着类似的挑战：有不同民族、不同地域文化的碰撞与交融，有同一文化范畴内的优胜劣汰与更新；有单一文化的生成与建构，有多元文化的冲突与适应；有大众文化的融合与接纳，有精英文化的捍

---

① 王攀峰. 课程内容选择的文化学研究 [J]. 教育理论与实践，2015，35（10）：52-56.

卫与引领，等等。可以想见，课程文化与课堂教学文化的生成都存在一个吐故纳新、去芜存菁、流动建构、冲突和合、文化自觉的过程。

3. 课程文化与课堂教学文化内涵的交融性

课程文化，从文本内涵来理解，是指附着于课程内涵而引发的概念，主要是指学生从学校习得的全部知识、经验、活动、方案及学习的过程、方法和意义，以及师生在教学交往中形成的关系等，反映社会发展制度、思想、意识、价值等特定文化现象。这一理解可以称为"课程的文化依附"[①]。从课程体系范畴来看，它是指由课程理念与目标、课程标准与价值观、课程制度与文本、课程方案与设计、课程资源及开发、课程组织与实施、课程模式与评价等所构成的课程体系综合体及运行方式。从课程作为文化的下位概念来看，它与教学文化（包括教师教学行为文化和学生学习行为文化）、管理文化、制度文化等共同构成学校文化的主体部分。

课堂教学文化的内涵可以从不同角度来看。"课堂教学文化就是在课堂环境中，教师和学生在教学、学习、生活、交流等各个领域的相互作用中所创作出来的一切物质的和精神的产物以及创造过程。它是一个多层次的有机复合体，具有渗透性、整合性、持久性、自在性与自为性、民族性等特征。"[②] 从实践重构的角度看，课堂教学文化是"学习者文化""生活文化""对话文化""教学技术文化"。[③] 课堂教学文化"从文化自身的价值取向看，既有规范文化又有非规范文化；从文化的'相对社会地位'看，包括了主动文化和受抑文化；从文化的知识特性看，则又可区分为学术性文化和日常性文化。"[④]

综上所述，课堂教学文化可以从不同视域来理解。根据文化包含物质文化、制度文化、行为文化与精神文化四个部分的一般划分，我们也可将课堂教学文化大致划分为四个类别：①表征为各种教学设施、课堂教学条件的课堂教学物质文化；②表征为各种教学制度、模式、行为规范的课堂教学制度文化；③表征为教学主体行为方式、教学风格、学分的课堂教学行为文化；④表征为

---

① "课程与文化的天然联系产生了课程的文化依附。课程的文化依附包括本体论依附和实践论依附，其中本体论依附包括价值依附和资源依附，实践论依附包括功能依附和行为依附。"参见龙安邦. 课程的文化依附：意义、局限与超越对策 [J]. 教育学术月刊, 2012 (3)：96-99.

② 李斌, 孟凡丽. 课堂教学文化的内涵与特征 [J]. 教育学术月刊, 2008 (8)：80-81, 87.

③ 蔡宝来. 课堂教学文化：理论诉求及实践重构 [J]. 教育研究, 2008 (4)：54-55.

④ 吴永军. 课堂教学中文化结构的社会学分析 [J]. 上海教育科研, 1998 (4)：21-24, 11.

教学主体共同遵循的思想意识、价值观念、生活信念的课堂教学精神文化。从这四个类别所表征的内容来看，大致涵括了文化在课堂特定场域的"动态"和"静态"的基本方面。可以说，课程文化与课堂教学文化所囊括的内容范畴基本是相通的。

（二）课程文化与课堂教学文化协同发展机制

首先，由于在"育人"本质上的同质性和一致性，课程文化的"自在"与"自觉"与课堂教学文化一起作用于"共同的人"。历史长河中的文化积淀总是以各种文本或活动的形式展现在世人面前，这些"自在文化"持续不断地孕育着历史的实践者，并给后来人以生活实践智慧，从而让文化自然而然地走向"自觉"。

其次，基础教育课程改革的文化使命让课程文化与课堂教学文化产生了有机的粘连。可以说，课程改革带有文化"自觉"后"反哺""自在文化"的味道。当然，基础教育课程改革及新课程的实施本身就是一个"文化自在"的过程，尽管有学者提出"课程的文化处境"①这一讨论，但不可否认，新课程改革对知识与技能、过程与方法等方面的提出，即是对课程改革"自在文化"的肯定。

再次，学校文化在课程文化与课堂教学文化间的"互动"能带来彼此的融通。课程文化的先进理念和构想对学校文化的发展有重要的启示和引领作用，每个学校都有自己独特的学校文化，以及内在的教学文化和校园文化。而课程特别是国家课程、地方课程由于其"身份"的特殊性，常常"无障碍"地进入了课堂，学校"无条件地"接受国家课程、地方课程，这也让课堂教学文化与课程文化有了直接的融通。

最后，课程与教学主体的作用让课程文化与课堂教学文化"联袂共舞"。校长、教师、学生作为教学主体又作为课程主体，既是"文化中介"又是"文化生产者"，校长、师生通过课程与教学践行校园生活，丰富学校文化。

课程文化与课堂教学文化协同发展的关键在于师生的课堂教学行为。课程文化的知识性、教育性、多样性、选择性、生成性与课堂教学文化的知识技能基础、生活体验场域、交往规范、相对稳定的样态等"载体"之间本无一定的

---

① 丁钢. 课程改革的文化处境 [J]. 全球教育展望，2004（1）：16-19.

相向性，而使课程文化与课堂教学文化产生"共振"作用的恰恰是教师的教学行为和学生的学习行为。也就是说，课堂教学主体的活动让两种文化交融在一起并发挥作用。

教学主体功能的发挥让课程文化与课堂教学文化发生交融。在此过程中，文化本身的多样性又给不同文化的彼此交融提供了"触点"和渠道。教师和学生通过课程教学活动抓住这些"触点"，利用这些渠道，来重塑教育教学理念，改变不适教学行为，建构崭新课堂生活，实现课程文化和课堂教学文化创生。

第五节　加强校本培训，促进教师专业发展

教师在落实课程改革，推进教育教学方面起着主导作用；教师的素质决定课堂教学及课程实施的状况和质量。因此，必须制定相关制度，采取切实措施，加强教师培训，提高教师综合素质，推进教师专业发展。教师专业发展是当前和未来基础教育课程改革的一项重要而艰巨的战略任务。完成这一战略任务的一个重要举措即是校本培训。校本培训既是教师培训制度的重要组成部分，又是中小学大面积、高质量提高教师素质有效的途径。

一、　建立基于学校平台的同伴互助合作机制

教师不仅通过教学反思和研究促进专业成长，而且需要与同伴相互切磋，"相观而善"，互相帮助，在群体中获得成长。这种合作主要是教师同伴之间的互助合作。

教师同伴互助合作可以拓宽教师的理论视域，展延其理论思维，提升其理论境界，撞击彼此思想火花，促进彼此专业成长。就其功能而言，教师同伴互助有助于教师调节情绪，减轻压力；有助于提升教师的反思和研究能力；有助于教师的个体知识、实践知识的总结、推广和相互吸收。从策略上看，这种互助合作包括：开展集体备课；结合课例，进行"同事互助指导"；把年级组和教研组建设成为教师学习型组织；树立关爱学生、公正平等、生命意识的人本的学生观；构建探究性教学、建构性学习的教学观；变单向疏导为多向交流；

贯彻"教学相长"原则。①

建立同伴互助合作机制，有助于加强教师之间在教学活动中的协调和支持，有助于及时地分享教学经验、共同成长。其主要路径有三：①对话，即通过信息交换、经验共享、深度会谈或课改沙龙、专题讨论或辩论等形式，彼此交流心得、观点，总结经验教训，相互信任，敞开心扉，激发思想，集思广益。②协作，即通过共同承担教学或科研任务，实现团队合作，群策群力，在合作中成长。③帮助，即通过优秀骨干教师、学科带头人等带领年轻教师尽快适应新角色和新环境，来帮助新教师专业成长。唯有教师集体参与的研究，才能形成一种研究氛围、一种研究文化、学校教师共同的一种生活方式，这样的研究才能真正提升学校的教育能力、解决问题的能力。②

二、 继续推进专家引领的校本专业发展培训

专家引领的校本培训指的是专业研究人员与教师共同进行教学设计、教学观察、教学评价等，基于对一线教师实践教学情况的了解和把握，通过学术专题报告、理论学习指导、现场教学指导、教学咨询等形式，帮助一线教师分析问题、解决问题，引领一线教师自觉接受先进教学理论的指导，提高其理论素养，增强其思维能力，并为教学理论应用于现实教学打下良好基础，更好地发挥理论对实践的指导作用，促进学校整体教育教学水平的提高。

校本培训需要教学研究专业人员的专业引领。"校本培训是促进中小学教师专业发展、提高中小学教师质量和教学水平的有效形式和途径。但校本培训须力戒关起门来封闭地进行低水平恶性循环式培训的现象，而采取引进校外优质资源以弥补自身培训力量不足的开放式培训方式。"③ 每一个学校在其校本培训上都有其层次、水平的局限性，需要学校以外的专业人员来进行帮扶、协作。有了专门的教学、科研人员参与或大学相关专业研究人员的指导，学校的校本培训就更可能获得纵深可持续发展。教学研究专业人员的优势在于他们系统的教育教学理论素养，能够给"一线教师"的教学实践以深入指导，且让教

---

① 刘铁芳. 学校教育学 [M]. 北京：教育科学出版社，2011：163.

② 余文森. 自我反思 同伴互助 专业引领（一）——以校为本的教学研究的三个基本要素 [J]. 黑龙江教育（综合版），2003（28）：18-19.

③ 张传燧. 课程改革在路上：历史、现状与未来 [J]. 课程·教材·教法，2015（8）：3-9，42.

师不再只停留于以往的经验主义教学，超越狭隘的操作性、技术性和形式化的教学理解，摒弃对纯实用主义、功利主义的短视教学效应的追求。

三、 探索基于校本的"教学学术" 发展路向

一直以来，教师专业发展的主要路径依托于教师的职后培训。新课程改革实施以后，由于需要大量实施新课程的"新教师"，国家只有对部分一线"骨干"教师进行在职培训，即所谓的在职教师"国培计划"。这些"骨干"教师参加完课改专家们的讲座学习之后，再对本人所在校内的其他老师进行培训。这种情况持续至今。另外，从新课改初始到现在，高等师范院校在教师人才培养上并没有与基础教育课程改革实现"对接"，仍然按照以往的教师教育模式进行教师人才的培训，所培养出来的教师人才并不一定具备实施新课程所需的"特质"。

基于此，我们需要一种高等师范院校与基础教育对接的教师专业发展计划。《教育部关于深化中小学教师培训模式改革全面提升培训质量的指导意见》中指出："中小学教师培训要以实施好基础教育新课程为主要内容，以满足教师专业发展个性化需求为工作目标，引领教师专业成长。""各地要将提高教师教育教学技能作为培训的主要内容，以典型教学案例为载体，创设真实课堂教学环境，紧密结合学校教育教学一线实际，开展主题鲜明的技能培训"。① 这实际上明确提出了基础教育课程改革教师专业发展的"教学学术"路向，特别对职前教师专业发展而言。

"教学学术"的专业发展强调教师专业发展三大板块：中学学科知识、学科教学知识和教学技能。中学学科知识是中学教师需具备的特殊的学术知识，这类课程可开设中学教材分析、学科教学设计、学科习题教学、学科实验教学等；学科教学知识是"教师个人教学经验、教师学科内容知识和教育学的特殊整合"②，这类课程可包括学科教学论、学科教育学、学科教学心理学等；教

---

① 教育部. 教育部关于深化中小学教师培训模式改革全面提升培训质量的指导意见 [EB/OL]. [2015-04-16]. http: //www. moe. gov. cn/publicfiles/business/htmlfiles/moe/s7034/201305/151910. html.

② SHULMAN L S. Those Who Understand: Knowledge Growth in Teaching [J]. Educational Researcher, 1986, 15 (2): 4-14.

学技能可分为教学语言技能和教学动作技能，包括语言技能、讲解技能、提问技能、导入技能、结束技能，包括演示技能、板书技能、变化技能、强化技能、探究技能等。① 有关这些技能及其要求的课程都可以进行开设。

教师专业发展是一个职前职后一体化的过程。国家在实行中小学"国培计划"的同时，更要从教学学术的视角推动教师专业可持续发展，如此，才能保障基础教育课程改革所需的、保质保量的师资。

---

① 邢红军，刘锐，胡扬洋. 教学学术的视野：我国教师教育的发展路向 [J]. 教育科学研究，2005（2）：73-77.

第六章 ┃ 他山之石：基础教育课程 改革的经验借鉴

——一个亲历者的体验

　　不同时期的基础教育课程改革，从根本上讲，源自社会发展的时代驱动。教育教学改革行动既可能得力于国家的"顶层设计"与强制推行，也可能生发于学区、学校的教育实验以及每一次有生命力的课堂教学实践。不论是宏观规划还是微观行为，基础教育课程改革的落脚点始终都是以学生发展为中心的课堂教学，其核心旨意：学生发展、教师成长、文化育人。笔者曾于2014年8月至2015年8月访学美国佐治亚州州立大学教育学院。访学期间，在合作导师与友人的帮助下，笔者参访了十余所中小学并进行课堂教学观摩与师生访谈——这也是访学项目计划的一部分，真切体验了当地的"几块"课程与教学改革"试验田"。这些"试验田"所反映出的，与其说是落实政府教育制度或政策的宏大叙事，不如说是课堂教学与学校变革的常态实践，以及教师专业发展的高度自觉。

第一节　超越文本的课堂

——McClure Middle School 中学的一堂科学课

2015 年 3 月，笔者在美国佐治亚州西亚特兰大麦科勒尔初中（McClure Middle School）进行考察。该校以"打造一个富有同情心、自信、有创造力的终身学习者的强力社区"为校训。学校有六、七、八三个年级，近 800 人，为学生开设各类课程近百门，其中核心课程为数学、科学、语文和社会。笔者在该校听取了三堂课，其中一堂课为八年级的"基于项目的学习——火箭"。这一"火箭项目研究"课程为 2 课时，每课时 90 分钟。其中，第一课时的项目内容在课堂外进行，主要包括项目分组、知识理解、资源获取、"火箭"[①] 设计等方面；第二课时的项目内容在课堂内进行，包括设计检查、项目评分、发射实验、总结反思四项内容。本堂课主讲教师 1 人，合作教师 1 人，参与实验发射工作人员 1 人；该班共有学生 25 人。以下是项目的总体规划设计及实施过程。

一、 项目呈现与任务要求

（一）项目名称：基于项目的学习——火箭

（二）关键词：升空，升空，分离（Up，Up，AWAY）

（三）任务提示

该研究项目，需要参阅美国宇航局（NASA）火箭研究网 http：//exploration. grc. nasa. gov/education/rocket/BottleRocket/index. htm. 该网站有丰富的相关信息。

---

① "火箭"实际上为"水箭"，是用 2.5 升左右容量的塑料可乐瓶为主要外壳材料，经设计和改造后再注入水，然后通过加压装置使其升空。

（四）任务要求

在进行项目研究前，完成以下五个任务。

（1）火箭发展的历史。

（2）单独用一张纸列出火箭研究的大事年表，至少包括 10 项有影响力的科学家及相关发现。

（3）需要掌握的词语。以下是项目研究与设计过程中需要用到的知识点见下表，对下列知识点掌握了 90％以上才可以启动该项目研究。（合作伙伴互相抽查以保障知识点掌握达标）

火箭项目研究知识点

知识点	定义
牛顿第一定律	物体保持静止或匀速直线运动状态
牛顿第二定律	物体加速度的大小跟作用力成正比，跟物体的质量成反比
牛顿第三定律	两个物体之间的作用力与反作用力大小相等
速率	物体运动的快慢
加速度	速度变化快慢的物理量
能量守恒/转换	能量从一种形式向另一个形式转变
能量守恒定律	在化学反应中能量不能被创造也不能被消灭；能量只是转换或传递
重力	由于地球的吸引而受到的力
矢量	有特殊方向的数值
空气动力学	空气围绕事物运作的方式
扭矩	使物体旋转的力矩
压强	单位面积所受到的压力
密度	单位体积的质量的度量
地心引力	由重力带来的吸引力
推力	火箭产生的推动力
惯性	运动中的物体拒绝变化的倾向
质量	物体含有物质的总量
稳定性	物体可控和可预知的能力
重心	保证火箭重量均衡分布的平衡点
升空	在压力下引起物体向上的转换
力量	任何推力或牵引力
净力	作用于物体的总力量
阻力	妨碍物体运动的作用力
载荷	物体的总重量

（4）查询以下网站，获得建造"火箭"的提示。

http：//water-rockets. com/

http：//www. instructables. com/id/Soda-Bottle-Water-Rocket/

http：//www. siouxbsa. org/pubs/c/98 _ waterbottlerocket. pdf

http：//www. tclauset. org/21 _ BtlRockets/BTL. html

http：//www. uswaterrockets. com/

http：//www. npl. co. uk/upload/pdf/wr _ booklet _ print. pdf

（5）画出所设计的"火箭"模型。

（五）分组

2 位同学为一组，采用自由组合的形式。

二、 学生探究与发射体验

学生在理解并基本掌握上述参数概念之后，需要完成三组任务：其一，从理论上对自己设计的"火箭"进行参数说明并提出相关条目的解决策略；其二，回答问题；其三，原料说明。

（一）各组合作完成参数表见下表

参数与对策设计表

知识点	参数与对策设计
牛顿第一定律	
牛顿第二定律	
牛顿第三定律	
速率	
加速度	
能量守恒/转换	
能量守恒定律	
重力	

续表

知识点	参数与对策设计
矢量	
空气动力学	
扭矩	
压强	
密度	
地心引力	
推力	
惯性	
质量	
稳定性	
重心	
升空	
力量	
净力	
阻力	
载荷	

（二）完成火箭研究设计后，回答下列问题

（1）必须要用水吗？为什么不可以使用加压的空气？

（2）水是越多越好吗？

（3）如何改进"火箭"设计来保证它持久飞行？

（4）在发射"火箭"的过程中风会带来什么影响？

（5）"火箭"发射后是如何受到风的影响的？

（6）如何改进"火箭"设计来提高它命中目标概率？

（三）制作原料

学生需要在制作单上列出制作"火箭"所需要的材料。

(四)"火箭"发射体验

(1) 主讲教师与合作教师在教室对各组学生制作的"火箭"进行最后检查。

(2) 让学生将"火箭"装上水（水量由各组学生自己决定）。

(3) 带领学生来到教学楼后操场，与工作人员一道给学生展示"火箭"升空压力助推装置，并进行操作说明、安全说明（工作人员事先准备好气压装置在操场等候）。

(4) 教师和工作人员指导各组学生进行合作发射体验（1名同学手动打气并控制气压至60Pa，1名同学手拉控制线进行"拉线发射"）。

三、 问题解决与研究反思

存在问题：在"发射现场"，有的学生的"火箭"发射得很高，有的发射得很低，有的"降落伞"没打开，有的偏离了"航向"，有的还没发射就发生了"爆炸"以致学生"受伤"（因水喷洒出来而湿身），有的还因为漏水而发射不成功。

解决策略：针对"火箭"发射过程中出现的问题，主讲老师会采取"现场双主体分析"策略，即学生先进行问题反思并提出改进策略，老师再进行评价分析，及时地将问题解决在教学过程之中。

项目研究反思：发射体验之后，主讲教师针对本项目研究的目标设置了五个反思性问题，要求学生用完整的句子回答。

(1) 牛顿的三个定律是如何应用于本次的"火箭"发射的？

(2) 已知 $F=ma$，在整个飞行中加速度一直不变吗？在整个飞行中质量一直不变吗？

(3) 为使数据（计算）更可控，还需要做哪些设想？

(4) J"火箭"发射得更高，还需做哪些设计上的改变（只凭借水和空气）？就你的"火箭"而言，可能会有什么变化？

(5) 请附上"火箭"的相关数据表。

四、 项目评价

主讲教师与合作教师就学生的项目产品与合作行为进行综合评分，作为该课程总体分数的构成部分。评分设计见下表。

"火箭"名称＿＿＿＿＿＿＿＿＿＿＿＿＿＿＿＿＿＿＿＿＿＿＿＿＿＿＿＿＿＿

团队队员姓名＿＿＿＿＿＿＿＿＿＿＿＿＿＿＿＿＿＿＿＿＿＿＿＿＿＿＿＿＿

项目研究情况及产品质量评分表

类别	4分	3分	2分	1分
装备补给	建造当天所有装备补给到位			建造当天部分装备补给到位
创造力	设计有趣，有吸引力，有独特且合适的命名	有吸引力，灵巧；设计清晰；有独特命名	灵巧但不一定有吸引力；设计清晰；有独特命名	不灵巧，没有吸引力；没有独特的命名
吸引力与技术	创造者对自己的工作感到非常自豪；设计与建造看起来经过精心的规划；整洁无瑕疵	创造者对自己的工作感到自豪；设计与建造看起来经过规划；有几处瑕疵但不影响整体美观	进行了设计与建造规划；有几处瑕疵但不影响整体美观	"火箭"最后还是发射出去了，但没什么设计或规划；工艺技术糟糕
全面研究	用完整句和科学术语对所有问题进行了全面回答	对所有问题进行了回答但缺乏扎实理解；能经常使用完整句和科学词汇	对大多数问题进行了回答但缺乏扎实理解；能经常使用完整句和科学词汇	没有提交数据
发射过程情况	"火箭"飞离了发射平台	"火箭"提前飞离了发射平台	"火箭"储满压力但没有发射成功	"火箭"压力舱泄漏
合作	团队成员很好地合作，没有任何问题	团队成员很好地合作，但有问题	团队成员勉强在过程中合作	团队成员在完成项目上有很大困难
展示（说明精确，标签清晰，至少7个科学词汇和全部牛顿定律的形象化标明）	90%以上的规定要求得到了展示	75%—89%的规定要求得到了展示	65%—74%的规定要求得到了展示	规定要求的展示低于65%

续表

类别	4分	3分	2分	1分
任务专注度	100％的时间（包括发射）专注于任务	75％的时间（包括发射）专注于任务	50％—75％的时间（包括发射）专注于任务	低于50％的时间（包括发射）专注于任务
场地清理	整个项目期间材料安排有序；"火箭"发射后进行了场地清理			整个项目期间材料安排无序；"火箭"发射后没有进行场地清理

注：总分36分；为"火箭"安装了降落伞的，额外加5分。

五、 教学启示

通过近距离的课堂教学观摩，笔者发现以下几个值得借鉴的方面。

第一，教学目标清晰。教师事先告知学生本项目研究要达成的目标，并依据目标在教学进程中对学生的项目设计、准备工作、任务进展、团队合作、成果展示及后勤服务等进行逐项对标评价。

第二，任务要求明确。本次教学涉及的任务包括项目研究前的四项任务，探究活动中的三项任务，项目完成后的五项总结性反思任务。每一大项的任务里都有诸多高难度的挑战性内容，如术语知识点的理解、参数与对策的设计、设计后的问题回答以及最后的反思性问题等。

第三，学生有效合作。事实上，学生若不进行有效的合作，很难完成这样多工种、多任务的"火箭"系统项目：材料支持、设计论证、参数检验、问题解决等。此过程不但检验了小组成员的深度探究能力和协调能力，也培养了小组成员的领导力和协作意识。

第四，教师的协同教学。主讲教师和合作教师分工有序。主讲教师主要负责学生的学术认知和学术能力发展，合作教师则协助组织课堂、修正学生设计、协助实验准备、帮助小组答疑、记录实验数据、配合主讲教师进行课程评价等。

第五，充满生命气息的课堂氛围。这主要表现在以下几个方面：其一，教师语气柔和且指令清晰；其二，教师穿梭于各个学习小组，并蹲下来跟学生商讨；其三，教师及时发现并表扬有创意、有个性、有情趣的项目设计；其四，教师当众即时评分，贯彻评价的公平、透明性原则等。

总体来看，"火箭"课程展现出来的不是科学过程中的冰冷的数值和结果，而是一堂有准备、有预设、有生成、有温度、有激情、有想象力的项目活动课。

第二节 翻转课堂与伊瑟·S. 杰克逊小学教师专业成长

在合作导师妮耐特·克曼德（Nannette Commander）教授的安排下，2015 年 4 月 21 日，笔者（Adam）就"翻转教学与教师专业发展"的议题，约请了美国佐治亚州伊瑟·S. 杰克逊小学（Esther S. Jackson Elementary School）的 Ms. Shelton、Ms. Brand 和 Ms. Zappulla 三位老师进行访谈，她们均在课堂上采用"翻转教学"模式。该校为佐治亚州数十所试行"翻转课堂"与实行"常规课堂"并行的学校之一。

一、 访谈撷要

Adam：据了解，2007 年"翻转课堂"在科罗拉多州林地公园高中（Woodland Park High School）兴起后，经可汗学院（Khan Academy）的推动，这种教学模式很快在全美大中小学得到了采用。请问贵校何时开始采用这一教学模式？哪些年级、哪些科目的教师采用了此种模式？

Zappulla：我和 Brand 是两年前开始采用"翻转教学"模式的，Shelton 是去年开始采用这一模式。两年前，校长问有没有老师愿意采用"翻转教学"模式，当时我和 Brand 举了手，之后我们参加了一段时间针对性的集中培训。目前，采用"翻转教学"模式的老师只有我们三人。

Adam：这段集中的培训时间多长？谁来培训？怎样成为一个相对成熟的"翻转教师"？这个时间大概要多久？

Shelton：集中培训会持续 2 个月；我们学校现在有专门进行"翻转教学"培训的教师；Zappulla 和 Brand 现在算是有经验的"翻转教师"了。

Brand：我们现在比最初进行"翻转教学"时的情形好多了，慢慢适应过来了。这个过程开始时很辛苦，其一，需要针对课程内容学做微课程资源开发，又需要做精心的教学设计；同时，要在头脑中始终保持"学生中心"的教学理念，很多时候是将自己当作学生、从学生的视角来对课程进行设计。其二，在培训期间会进行模拟"翻转教学"，即通过老师们彼此的互助模拟教学并研讨以提升能力。其三，在实际的课堂教学中对学生实施"翻转教学"，边实施，边反思，边总结。这样经历两个学期，才变得顺畅些了。

Adam：如何保证你们"翻转课堂"的教学质量达到州课程的核心标准？

Brand：我们会根据州课程核心标准的要求来进行教学，同时对学生进行定期的阶段性测评。根据前几次的测评我们发现，学生成绩明显提高，学生对这种教学模式和学习方式更感兴趣。我们还发现，学生的学习态度较以往也有了更积极的改变，这个却是核心标准无法测量的。

Adam：学生家长对他们孩子参与"翻转课堂"持什么态度？

Shelton：在实施"翻转课堂"之前，我们事先都会跟家长进行沟通，告诉他们我们这期会实行一种新的教学模式和学习模式，并做相应的解释工作，获得他们的理解和支持。尽管现在仍有家长抱怨孩子作业任务重，在课后缺乏辅导的情况下作业完成得也不好，但我们给孩子的家庭作业各门课程加起来也就 30 分钟左右。一个不可否认的事实是，了解并参与"翻转"模式的家长增多了，而且家长们也可以及时了解孩子每天知识掌握的情况，有的家长甚至同孩子一起观看教学视频并辅导孩子做作业。家长们对"翻转教学"模式的关注也在促使我们不断进步。

Adam：你们自愿选择尝试在课堂中实施"翻转教学"，当时是出于怎样的考虑？经历这两年的"翻转教学"，此时又有怎样的体会？

Zappulla：我之前对"翻转教学"的模式有些微了解，它聚焦学生的学习，也关注学生彼此间的学习合作，老师则"隐藏"在其身后做一些"服务性"和引导性的工作。我愿意在教学上做一些审慎思考并尝试改变，接受新的改变带给自己的挑战，能让自己获得新的教学体验和专业提升。现在教学一切顺利，我特别为学生所取得的进步而高兴。

Brand：我非常赞同 Zappulla 的看法。从根本上说，学习是学生自己的权利和责任。当学生、教师和家长都意识到这一点时，很难想象，这个社会将产生怎样的变化。

Shelton：只有自己做得更好，才能让学生学得更好，学得更积极、更主动、更有活力、更有激情、更快乐，我一直以来都这么认为。自采用"翻转教学"以来，Brand 和 Zappulla 给了我很多帮助，让我很快地找到了"翻转教学"的状态。现在我们三人经常一起研讨，共同成长。

二、访谈启示

第一，在依据课程标准的情形下，赋予教师更大的课程选择权和课堂教学决断权。比如自主选择课堂教学模式，是促使教师专业成长的前提，也是教师的权利和责任。在美国，无论是全国性的教育改革法案推行，如 2001 年开始的《不让一个孩子掉队法》，还是具体的某项教育方式的采用，如特许学校的教学测评改革，地方州政府和学校有权根据各州的实情作出决断，其中最关键、最根本的决断权则是学校的自主改革权和教师的自主选择权。而且，学校作出教育教学改革举措之前，还需要对家长委员会进行特别说明、解释，并获得同意，然后再报地方县市教育局备案。在各具特色的地方学校改革当中，学校、教师、家长三方共同构成的"基层力量"，是学校改革中最有发言权的"实体"和"实干家"。另外，每个学校的教师都做课程资源开发，他们开发了大量选修课程和各类活动课程。教师在课程资源、课程教学等方面享有很大自由。相应地，教师在专业发展和教学改革中亦拥有极大的"发言权"、课程选择权和决策权，学校尊重教师的这些权力。因此，面对新的教学方式变革时，Ms. Shelton、Ms. Brand 和 Ms. Zappulla 三位老师选择进行"翻转教学"并获得学校、家长的支持，也就在情理之中。事实上，这样的选择，也成就了她们的专业成长。

第二，师生的教学行为成为教育改革关注的焦点。从有效性的角度看，教师教学行为有以下考量：①教学的热情；②社会道德层面；③反思型的实践者；④有效的教学计划与管理；⑤对孩子们的爱[①]。在基于标准的课堂教学中，课程文本不再居于课堂教学的支配和中心地位，而只是课堂教学的素材和参照，教师的教学行为才是学生成长成才的关键。

---

① DEVINE D, FAHIE D, MCGILLICUDDY D. What is "Good" Teaching? Teacher Beliefs and Practices about Their Teaching [J]. Irish Educational Studies，2013，32 (1)：83-108.

第三，教师专业成长的路径主要是实践中的同伴互助与自觉反思。一方面，教师需要在新的教学实践中"三省吾身"，不断提高自身的教育素养、教育能力、专业能力、交往水平，不断从理论的和实践的层面反省日常教学生活中出现的具体问题及其对策，不断通过研究性、反思性学习丰富自己、感染学生。另一方面，同伴互助是实现教师快速专业成长的有效渠道。较之于理论专家"理念引领式"的培训，同伴教师在教学实际、学科素养、资源共享、心理及行为距离等方面对彼此的促进都具有无可比拟的优势。同伴互助让教师的专业发展有了依靠，教师在前进的道路上不再觉得孤单。

第四，家长参与学校管理是促使教师专业成长和提高课堂教学质量的重要力量。笔者考察的伊瑟·S. 杰克逊小学就设有专门的"家长教师委员会和执行委员会"，该委员会工作内容包括成员资格审查、日常管理、捐赠筹资、活动组织、教学监督、安全监督、学生评估、课程咨询、定期会议、家长学习资源等。以教学监督为例，家长可以要求教师公开其专业资格信息，信息包括教师是否具有州专业标准委员会规定的所任教学科领域和年级水平的资格；教师是否还在凭已过时的州资格认证标准在进行紧急或临时状况的教学；教师在大学时的学习专业及教师取得的毕业证或学位证；如果给学生提供了专职辅导，专职辅导人员是否有相应资格；等等。[①] 为了孩子的健康成长，家长们参与学校管理，在强化家校紧密合作一面的同时，也客观上敦促了教师的专业发展，长期看，有利于教育教学质量的提高，有利于教育的民主与公平。

---

① JACKSONE. Parent Handbook & School Calendar（2014—2015）［DB/OL］.［2015-05-16］. http：//school. fultonschools. org/es/estherjackson/Documents/Parents％ 20Tab/2014—2015％ 20Parent％20Handbook-English％2007-07-14. pdf.

结　语

　　我国新世纪基础教育课程改革以来，我们重点关注了理念课程、制度课程和文本课程的建设，过多地将关注的焦点和重点放在"课程"方面，而对课堂教学特别是教学中主体行为的关注远远不够，以致新课程改革的实效性并没有得到广泛的认同。"新鞋老路"之争成为对课程改革实效性质疑的注脚之一。2011年，《国家中长期教育改革和发展规划纲要》颁布，它一方面指引着广大教育理论与实践工作者对头10年基础教育新课程改革的利弊得失进行总结和反思，另一方面则以2011年各科义务教育课程标准的修订为契机，努力推动基础教育课程改革的"教学中心"走向。

本研究在文献检索、现状调查与理性思考的基础上，梳理并总结了新课程改革所取得的成就；分析了新课程改革存在的重课程轻课堂问题及其原因；运用课程与教学论的基本原理，对基础教育课程改革从课程到课堂的未来走向进行了应然性分析；针对基础教育课程改革从课程到课堂的走向，对其关键要素即课程改革的主体地位及其行为进行了深入探讨；还从实践的层面，对实现基础教育课程改革从课程到课堂走向的策略进行了深入研究。

一、 对新世纪我国基础教育课程改革进行了成就梳理、 问题把握及原因分析

基于文献检索、现状调查和理性省思，研究发现，我国新世纪基础教育课程改革取得了一些成就：促进了先进教育理念的传播；基本建立了具有中国特色且符合时代要求的新课程制度；制定并颁行了新的课程计划和课程文本；建立了相对完善的教师培训制度。但同时，基础教育课程改革存在着严重的重课程轻课堂的问题，主要表现为重理论课程轻实践课程、重制度课程轻行为课程、重文本课程轻体验课程等。究其原因，一是"文本中心主义"的框囿；二是"知识中心主义"的误导；三是"考试中心主义"的桎梏。

二、 从应然的角度论证了我国基础教育课程未来改革从课程走向课堂的必然性

研究进一步指出，为实现这一走向，必须重视课程改革主体即师生问题，进而提出了主体归位及行为到位的观点。

实现基础教育课程改革的预期目标，课程改革的重心就必然要从课程转向课堂。这种必然性的判断基础，既来自大量研究文献的逻辑理论分析及其囊括的实证数据资料分析，更来自研究者本人对基础教育课程改革一线学校及师生的观察交流和调查研究。马克思说，"人对一定问题的判断愈是自由，这个判断的内容所具有的必然性就愈大"[①]。正因为前期调研及研究过程中的实践调

---

① 中共中央 马克思 恩格斯 列宁 斯大林著作编译局. 马克思恩格斯选集：第三卷 [M]. 北京：人民出版社，1972：154.

查，才得出这一必然性的"自由判断"。调查发现，新课程改革课堂教学实效性不高的主要原因，是传统教师教学行为与方式和学生学习行为与方式在新课程理念的广泛传播下并没有发生根本改变；教师的主体地位及其课程力问题没有得到应有的重视；学生的主体地位也没有受到应有的尊重；教师专业发展问题与矛盾相对突出；等等。

因此，必须重视课程改革的教学主体即师生的地位问题，尊重教师的主体地位，维护教师的课程权力，包括课程决策权、课程设计权、课程开发权、课程实施权、课程评价权等；尊重学生的主体地位，维护学生的自主学习、合作学习和探究学习。基础教育课程未来改革，不仅需要教学主体归位，更需要师生主体的行为到位：于教师而言，需要积极转换角色，加强反思实践，提升课程意识，做好课程开发，增进课堂交往，实现专业发展；于学生而言，需要积极转变学习方式和交往方式，做到自主学习、合作学习、探究学习，实现从分数学习到能力学习、从封闭学习到开放学习的转变。只有让师生主体地位得到尊重，才能"使师生的生命活力在课堂上得到积极发挥"①，从而促进基础教育课程改革重心实现从课程到课堂的转向。

三、 提出了实现基础教育课程改革从课程到课堂走向的"三大理念"和"五大策略"

三大理念：课堂本位理念、师生本位理念、教学本位理念。五大策略：确立课堂、师生、教学"三个本位"理念；重视教师主体地位，落实教师课程赋权；凸显学生主体地位，促进学生自主学习；营建浓郁学校文化，推进从课程到课堂；加强校本培训，促进教师专业发展。

四、 需要进一步探讨的问题

本课题主要是从课程与教学论的视角对我国新世纪基础教育课程改革从课程到课堂走向进行了一定程度的研究。对这一论题的继续研究，如下方面值得深思：①课堂是基础教育课程改革的中心，关于课堂的重要性，还可以从社会

---

① 叶澜. 让课堂焕发出生命活力——论中小学教学改革的深化 [J]. 教育研究，1997（9）：3-8.

学、生态学、管理学、伦理学等视角来进行研究。②充分挖掘指引基础教育课程未来改革从课程到课堂走向的教学理论，特别是本土优秀的、传统的或时代的课程与教学理论。毕竟，基础教育课程改革需要先进的、科学的、合适的理论指导，而不仅仅是实践操作的问题。③教师专业发展的根本路径问题。教师专业发展不仅仅是外在的培养、培训，更主要的是教师在教学生活中的学习自觉和教师自主专业发展。从终身学习的角度看，教师主要是通过"内力"的作用来实现自主专业发展。因此，"我们必须把专业发展的责任交给教师自己"①，让教师进行自我主导的专业发展。同时，"将更多的重心聚焦于解决本校实际的和课堂中的具体问题"②，而不是更多地求助于外来专家，这样，才更可能促进教师专业发展。没有教师的专业发展，很难实现基础教育课程未来改革从课程到课堂走向。④实现基础教育课程从课程到课堂走向，还需要研究教学主体本身及其活动作为一种特殊的课程或课程资源存在。作为教育者的教师和作为学习者的学生，在课程发展方面，彼此都需进行结构性反馈和深层次反思，让课程走向对话和深入，让教学对话渗透于民主式的讨论之中，"通过个体与集体间的真实对话而相互作用——正如建构主义者所言——构建一种扩展与复杂对话的课程"③。深入研究师生作为"课程"和课程资源的观点，不仅可以深层次地看待师生主体的地位问题，更是维护师生课程权的一个新的契机。

---

① 卢乃桂，陈峥. 赋权予教师：教师专业发展中的教师领导 [J]. 教师教育研究，2007，19（4）：1-5.

② ROSELER K，DENTZAU M W. Teacher Professional Development：A Different Perspective [J]. Cultural Studies of Science Education，2013，8（3）：619-622.

③ BLEAKLEY A. Curriculum as Conversation [J]. Advances in Health Sciences Education，2009，14（3）：297-301.

附录 **作者发表的相关基础教育
课程改革的部分论文**

《颜氏家训·勉学》论学习及其现代意蕴

《颜氏家训·勉学》（以下简称《勉学》）中蕴含着学习的认知加工机制及深刻的动力意向心理。《勉学》在秉承"先意"的基础上，倡导识记、思维、"观""行"的知行统一学习观，认为学习当效行古人之孝行、态度、气节、情感、诚信等榜样并自省反思。学习不是纯粹的认知，而是一种生活，学习的过程亦是一种生活的过程；学习是个体"本体生命"与"意义生命"的有机黏合；个体生命的发展是建立在实践基础上、认识与实践相结合的博专"兼美"性学习。《勉学》从个体认知出发，协同"情""意"发展，并推己及人，联系实际将所学施于社会，这于现今我国教育改革倡导学生学习方式的转变，对学生创新精神和实践能力的培养及学习论体系的初步构建，提供了传统借鉴和诸多现实启示。

我国古代诸多典籍从不同侧面论及学习，相关论述主要是围绕学习的认知特点、规律、功能而"线性地"展开，即发于"感知"，合乎"情意"，而止于"行为"的知先行后学习观。《论语》讲"学而时习之"[①]；《大学》谈"物格而后知至，知至而后意诚，意诚而后心正，心正而后身修"[②]；《中庸》说"博学之，审问之，慎思之，明辨之，笃行之"[③]。《勉学》倡导行先知后、知行统一的学习观，认为学习当效行古人之孝行、态度、气节、情感、诚信等榜样，将知识性与非知识性的学习相结合，融于生活并反思提高。《勉学》还强调勤学，从做中学，自我体认，设计目标，把握学习的规律和范畴等，对学习论体系的初步建构作出了有益的探索。

《颜氏家训》共二十篇，为我国南北朝时期著名教育家颜之推所著，它"上承汉魏六朝以来的'诫子书''家诫'的遗风，下开唐宋元明清诸朝士大夫之家训的先河"[④]，是一部流传深广、影响久远的著著。《勉学》是《颜氏家

---

① 管曙光，陈明. 四书五经精华本［M］. 北京：宗教文化出版社，1999：23.
② 管曙光，陈明. 四书五经精华本［M］. 北京：宗教文化出版社，1999：3.
③ 管曙光，陈明. 四书五经精华本［M］. 北京：宗教文化出版社，1999：16.
④ 毕诚. 中国古代家庭教育［M］. 北京：商务印书馆，1997：81.

训》中极有传统教育价值亦极具现实教学意义的一篇。该文开篇明义提出"自古明王圣帝，犹须勤学"[①]，"凡庶"更是如此。学习旨在"欲其多知明达耳"，从而"增益德行，敦励风俗"，进而"匡时富国"。退而言之，"人生在世，会当有业"，"积财千万，不如薄技在身"，从正面阐明学习的生存论意义，又以梁朝全盛之时贵胄子弟"多无学术"，以致"孤独戎马之间"终为"小人"的反面教训告诫子弟："父兄不可常依，乡国不可常保"，"当自求诸身耳"。

而"夫所以读书学问，本欲开心明目，利于行耳"，做到"能言""能行"，且"博览机要，以济功业"；"吟啸谈谑，讽咏辞赋"对于"军国经纶""略无施用"；"便自高大，凌忽长者，轻慢同列"者乃"以学自损，不如无学"，但学"古人勤学"，而致博专"兼美"。由此观之，《勉学》中关于学习思想的相关论述不仅是基于社会心理学视野对"臣民""不学，不知道"[②] 的历史考察，而且从教育心理学的视角对个体学习心理如思维加工、学习动力及个性心理发展等进行了深入探讨。本文基于个体身心发展对《勉学》所隐含的学习思想及其所关照的个体生存意义作一粗略分析，以期能为现代学习理论发展提供些许传统智慧借鉴。

一、 由"记""诵""薄技" 到"观""行""思效" 的认知加工学习

古代教育家或思想家承认学习必须以感知为基础，如孔子主张"多闻阙疑""多见阙殆""学而不思则罔"[③]，通过"闻""见"以获取感性知识，进而通过"思"对感知的知识分析整理、概括提高到理性知识水平，将认识深化。孟子提倡"权，然后知轻重；度，然后知长短"[④]，即通过实际操作以感知事物之轻重和长短。他又说，"思则得之，不思则不得也"[⑤]，强调用心去思。荀子认为，学习犹如"登高山""临深溪"，需要获得直接体验，不然，"不知天之高""不知地之厚""不知学问之大也"[⑥]；他还认为，理解、把握事物的本

---

① 颜之推. 颜氏家训 [M]. 长沙：岳麓书社，1999：80.

② 王媛，徐阳鸿译注. 大学·中庸 [M]. 广州：广州出版社，2004：35.

③ 张燕婴译注. 论语 [M]. 北京：中华书局，2006：18.

④ 管曙光，陈明. 四书五经精华本 [M]. 北京：宗教文化出版社，1999：137.

⑤ 管曙光，陈明. 四书五经精华本 [M]. 北京：宗教文化出版社，1999：228.

⑥ 孟宪成. 中国古代教育文选 [M]. 北京：人民教育出版社，1985：82.

质和规律尚需"思索以通之"①。《大学》认为，学习的第一步是"格物"，因为"物格而后知至"②。

《勉学》不但秉承"先意"，而且在感觉、知觉、记忆、思维等学习的认知加工等方面有更为全面的概括。如在论述"早教，勿失机"时谈到了"注意"这一品质："人生幼小，精神专利，长成已后，思虑散逸。"说的是人在年龄较小时，能够专注，精神集中，长大以后，心思散逸，学东西就不够专一。记忆亦如此，年轻时要胜过年长时："吾七岁"，"诵《灵光殿赋》"，"至今日，十年一理，犹不遗忘"，"二十之外，所诵经书，一月废置，便至荒芜矣"，因为"幼而学者，如日出之光，老而学者，如秉烛夜游"。《勉学》重视学习的思维品质，以学如"薄技"例证思维的可贵，谓之"易习而可贵"，从生存论的视角将知识的学习与技艺类的习得相比较，"一旦流离，无人庇荫"，当可"自求诸身"；倘要"涉百家之书""增益德行，敦励风俗"，则必先"明《六经》之指"，即通过深入思考，对已有知识进行思维再加工，建构新知识，才能领悟其中的核心旨意。况"生而知之者"少，若"欲其多知明达"，掌握更多道理，必须"学而知之"，见识之增长、事理之明白皆是由表及里、深入学习所致。

《勉学》还提出了知行统一的思辨性认知学习观，认为对知识的掌握需要见之于实践中，即知行统一，知在行中检验，其基本路径是"欲其观"而"起而行""思欲效"。这与荀子"入乎耳，著乎心，布乎四体，形乎动静"③④ 的意蕴似有同工之妙。"欲其观"是通过观察来学习，观察的对象皆为"古人"之"先意承颜，怡声下气，不惮劬劳，以致甘腝"；"守职无侵，见危授命，不忘诚谏，以利社稷"；"恭俭节用，卑以自牧，礼为教本，敬者身基"；"贵义轻财，少私寡欲，忌盈恶满，赒穷恤匮"；"小心黜己，齿弊舌存，含垢藏疾，尊贤容众"；"达生委命，强毅正直，立言必信，求福不回"；即观摩古人之孝行、态度、气节、情感、诚信等榜样力量，并通过实际效仿、自省反思以达身体力行、学以致用，居敬持志，豁达心胸。这种学习观已超越纯粹的认知学习，而直接倡导对非认知的体悟，在体悟的过程中达到认识与实践的和谐。

《勉学》从不同角度、不同程度论述了学习的感知、注意、记忆、思维等

---

① 孟宪成. 中国古代教育文选 [M]. 北京：人民教育出版社，1985：85.
② 王媛，徐阳鸿译注. 大学·中庸 [M]. 广州：广州出版社，2004：179.
③ 孟宪成. 中国古代教育文选 [M]. 北京：人民教育出版社，1985：84.
④ 张燕婴译注. 论语 [M]. 北京：中华书局，2006：9.

心理活动过程，揭示了学习的认知加工机制，尤其重视"思"在认知能力发展过程中的作用，通过"思"将认识深化，并在"思""古人"之知行体悟中完成"洒扫应对"。

二、 由"奶学"、 不"自大""轻慢" 到"不知厌倦""切磋起明" 的动力意向主张

除了阐释学习的认知加工思想外，《勉学》对现代心理学所涵盖的学习的情志等非认知因素亦有相当明晰的论述。

《勉学》认为，学习包含有一种内部心理过程的动机、目标和理想①，是激励个体积极主动学习的内在推动力，即一种精神动力，它在学习中起着推动作用，是学习得以进行的先决条件。② 而不同层次的动力来源于不同层次的需要，"需要是动机产生的基础"。同样，"个体把目标的价值看得越高，由目标激发的动机就越强"③。《勉学》认为，学习动力这种意向活动来源于三个目标需要层次：最底层（基本动力）的"得以自资"，可"为人师""不耕田养马"；中间层次的"开心名目""增益德行，敦励风俗"；最上层的"为将""为相""治民""平狱"，这与《学记》中"建国君民"之意一脉相承。

《勉学》提倡"好学"的学习态度。"君子食无求饱，居无求安，敏于事而慎于言，就有道而正焉，可谓好学也已"，说的也就是这种态度。④ 有道是"知之者不如好之者，好之者不如乐之者"。⑤ "魏武、袁遗，老而弥笃，此皆少学而至老不倦也。"梁元帝"年始十二，便已好学"；"幼而学者，如日出之光"，"曾子七十乃学，名闻天下"；"荀卿五十""游学"；"公孙弘四十""登相"；"朱云亦四十"，"皇甫谧二十"。可见，好学是获取知识、开启心智的重要条件，亦是学习产生快乐情感的源泉。

虚心是《勉学》的又一学习主张。学习要谦逊，"知之为知之，不知为不

---

① 彭聃龄. 普通心理学［M］. 北京：北京师范大学出版社，2001：320.
② 张传燧. 中国教学论史纲［M］. 长沙：湖南教育出版社，1999：62.
③ 彭聃龄. 普通心理学［M］. 北京：北京师范大学出版社，2001：326.
④ 张燕婴译注. 论语［M］. 北京：中华书局，2006：9.
⑤ 张燕婴译注. 论语［M］. 北京：中华书局，2006：79.

知"①。学习是为了有所收获，增长见识，倘若"读数十卷书，便自高大，凌忽长者，轻慢同列"，则人们会"疾之如仇敌，恶之如鸱枭"。与其这样学习而损坏自身，还不如不去读书、不去做学问。虚心的同时还要勤奋。"自古明王圣帝，犹须勤学，况凡庶乎！"学习不用功，"犹求饱而懒营馔，欲暖而惰裁衣也"。只有勤勉，才能达到学习目标，"握锥投斧，照雪聚萤，锄则带经，牧则编简""然明夜读""吞纸""实腹""抱犬而卧"等勤苦学习的事例即为明证。若不勤奋学习，或许会陷入"长受一生愧辱"的境地。

《勉学》对学习的动机、兴趣、态度、意志等心理品质进行了较为详细的论述，并注意到在学习的过程中，充分调动认知与非认知因素，将二者有机地结合起来以达成个体身心之和谐发展。这种和谐发展，不仅个体本身是这样，个体与个体、个体与群体间亦是如此，"独学而无友，则孤陋而寡闻"②。《勉学》倡导，个人在学习中除了做到"闻""见""记""思""行"和"志""好""虚""勤""恒"外，还要做到与他人"盖须切磋相起明"，学习需要相互切磋，相互启发，"相观而善"，唯其如此，才能促进个体自身的全面发展以及个体与群体之协同发展。

三、 生活、 生命与博专"兼美"《颜氏家训·勉学》 的学习意蕴

《勉学》丰富的学习心理思想，不仅蕴含对个体生命升华的"内圣"诉求，也蕴含着对经世安邦的"外王"期待。学习既是一种务实的生活状态，又是一种生命的生存姿态，不仅为自己，还为家人，更为社稷而博专"兼美"。

学习即生活。学习即生活的实质是学习在生活中：其一，学习本身就是一种生活；其二，学习的过程即是生活的过程。正源于此，学习活动在对过往经验的学习中也就具备了现时的和过程的意义，甚至将来的价值意义指向。所以，《勉学》在谈到"惕然惭惧""恻然自念""瞿然自失""赧然悔耻""茶然沮丧""勃然奋厉"时，继而的实际情境（行为）是"起而行""思欲效""敛容抑志""积而能散""若不胜衣""不可恐慑"，说的都是体验"修身利行"的生活状态本身；而"夫学者是犹种树也，春玩其华，秋登其实"，强调的是一

① 张燕婴译注. 论语 ［M］. 北京：中华书局，2006：19.
② 王媛，徐阳鸿译注. 大学·中庸 ［M］. 广州：广州出版社，2004：42.

种学习的春华秋实过程。在学习生活中，学习者体验个体知识和社会知识的成长，实实在在地养成从做中学的习惯，而这种习惯下的生活特征就是成长，学习生活"在它自身以外，没有别的目的"①。《勉学》的这种生活学习观表明了个体学习的现时必要性和终身学习的价值关照：学习不仅为当下，同样为将来。

学习即生命。首先，学习作为保存并延续个体物质生命而存在。"有学艺者，触地而安"，"知读《论语》《孝经》者"慌乱时期"尚为人师"；而"不晓书记者"，犹如"离乱之后"那些"耻涉农商，差务工伎"的贵胄子弟们，只能"孤独戎马之间，转死沟壑之际"，"年与时驰，意与日去，遂成枯落"②。作为个体生命而存在的表征，按照笛卡儿"我思故我在"的逻辑，学习着即存在着，学习本身也就成了生命的一种属性。其次，学习作为一种"意义生命"而存在。颜之推"以学为教"告诫思鲁等切勿"弃学徇财"，即使是"家无积财"之时，唯有"勤劳经史"，才能食之甘、衣之暖。在保有"子当以养为心"的前提下，只有学习并"务先王之道，绍家世之业"，才能体现建立在责任与义务基础上的生命存在的意义。学习既为个体自身，也为亲人家庭。学习不仅仅是作为个体生命而存在，它还"有超越生命自身的能力"③，在"开心明目""增益德行"的基础上所建构的"意义生命"拓展至"以济功业""敦励风俗"并"匡时富国"，犹如孟子所说"穷则独善其身，达则兼济天下"④。学习还是终身性的"意义生命"："曾子七十乃学，名闻天下"；"荀卿五十游学"；"公孙弘四十"；"朱云亦四十"。由此，学习即生命的这种"生命性"注脚诚然是一种"本体生命"与"意义生命"的有机黏合。

学习即博专"兼美"。《勉学》认为，学习必须在"专精一职"的基础上，进一步做到"博涉为贵""博览机要""博而求之""广学博闻""贵能博闻"且"皆欲寻根"，成为"朝廷之臣""文吏之臣""军旅之臣""蕃屏之臣""使命之臣""兴造之臣"⑤ 这样有利于国家实际效用而非"空守章句，但诵师言，施之世务，殆无一可"之人。"人性有长短"，倘若"能守一职"，有一专长，便

---

① 杜威. 民主主义与教育［M］. 王承绪，译. 北京：人民教育出版社，2001：61-62.
② 赵忠心. 古今名人教子家书［M］. 武汉：湖北教育出版社. 1997：28.
③ 刘放桐. 新编现代西方哲学［M］. 北京：人民教育出版社，2000：128.
④ 管曙光，陈明. 四书五经精华本［M］. 北京：宗教文化出版社，1999：239.
⑤ 颜之推. 颜氏家训［M］. 长沙：岳麓书社. 1999：154-155.

可为"国之用材"。然颜之推站在士族的立场上又反对专精一艺，"夫巧者劳而智者忧，常为人所役使，更觉为累"，但"可以兼明，不可以专业"①。

基于此，颜之推提出：①"明《六经》（《诗》《书》《礼》《乐》《易》《春秋》）之指，涉百家之书"，兼学"真草书迹""算术""医方之事"，偶玩"围棋""弹棋"②；②习"四史"（《史记》《汉书》《后汉书》《三国志》）；③学"字书"：《仓颉篇》《尔雅》《急就篇》《说文》《方言》《小学》《通俗》《广雅》等；④求学"农商工贾，厮役奴隶，钓鱼屠肉，饭牛牧羊"等"先达"。这些学习内容和要求的提出，按现代学科理论的划分看，已涉及教育学、心理学、伦理学、语言学、艺术学、体育学、政治学、历史学、文学、算学、医学等；从其知识学科体系看，亦可谓人文科学引领下的自然科学与社会科学相结合，即学习以人文课程为主、自然课程与社会课程为辅。美国社会学家罗斯曾认为，"中国旧式教育主要注重于中国历史和古典文学，在学校里见不到自然科学、地理、他国历史等基本学科"③。但从《勉学》之内容看来，其对学习范围之深广要求，当时中西方的相关著述却难出其右。

建立在实践基础上，认识与实践相结合的博专"兼美"的知识性学习，是一种常识性学习与专长性学习相结合，是博雅性教育与技能性教育相结合，现代教学意义上看，是通识性教育与专业性教育相结合，其实质是个体身心、个体与个体、个体与群体之和谐全面发展观。因而，《勉学》中的博专"兼美"也就是通过对知识的认识与实践而促进个体品德与智慧、知识与能力、生理与心理的自我完善，进而达成个体与群体之全面和谐发展。

四、《颜氏家训·勉学》 学习思想的现实价值

基于个体认知发生机制和个体学习的现实生命意义，《勉学》所显现的学习思想并没有禁囿于单个个体的学习层面讨论，而是以个体作为学习对象来宏观考察。整个学习理论包括学习的功能、作用，学习的规律、内容、形式、方法、目的、途径，思维能力培养等的一般性原理。尽管老子、庄子、孟子、荀

---

① 颜之推. 颜氏家训 [M]. 长沙：岳麓书社. 1999：254.
② 颜之推. 颜氏家训 [M]. 长沙：岳麓书社. 1999：254-265.
③ 周谷平，季小琛. 外国人眼中的晚清教育：观念，课程与教法 [J]. 课程·教材·教法，2004 (1)，82-85.

子、司马迁、王充、韩愈、朱熹等也提出过学习的一些见解和思想，特别是荀卿的《劝学篇》、韩愈的《师说》，但这些关于学习的思想"并没有形成科学体系"①。然《勉学》的学习思想相对于"尚未形成一种建立在心理实验基础上的、具有我国特色的学习理论"② 来说，不啻一次较为系统且积极有益的探索，极具现代参考价值，尽管《勉学》学习思想的形成在当时没有也不可能"建立在心理实验基础上"。

　　《勉学》关于学习思想的论述，涉及学什么、谁来学、如何学、何时学、何处学、为什么学等问题，对这些问题的不同侧面回答便构成了学习论和教学论的基本范畴，涵盖了学习内容的更新、学习方式的转变、学习主体间互动、学习场域的优化等问题。而我国新一轮基础教育课程改革所倡导的"改变课程实施过于强调接受学习、死记硬背、机械训练的现状，倡导学生主动参与、乐于探究、勤于动手，培养学生搜集和处理信息的能力、获取新知识的能力、分析和解决问题的能力以及交流与合作的能力"③ 等理念，在不同程度上契合了《勉学》的上述诸多问题域。

　　现代学习理论从学习的基本问题域出发，强调学生主体反思性学习，超越学科体系结构的学习和学科思维的模式化训练，淡化学生学习的"主知"倾向，释放学生学习的精神自由，不屈从于"一种令人无法抗拒的具体的、非人格化的精神"④，让心灵"沉思与自我审视，这样人才能把握自我并体味到自身的力量"⑤。《勉学》在主张"观""行""思效"体验式学习和反思性学习的同时，将日常生活的经验性知识与"寻常的行为动机和人生观融为一体"⑥，更多地关乎个体生命本体和主体性意义的生长。推己及人，全体社会成员基于个体生命的发展，都需学会认知、学会做事、学会共同生活、学会生存，特别是要学会处理人际关系、社会行为、集体合作态度、主观能动性、交际、管理

---

①　刘典平，于云才. 学习学［M］. 北京：新华出版社，1999：5.

②　施良方. 学习论［M］. 北京：人民教育出版社，2001：13.

③　钟启泉，崔允漷，张华. 基础教育课程改革纲要解读（试行）［M］. 上海：华东师范大学出版社，2001：4.

④　弗里斯比. 现代性的碎片：齐美尔、克拉考尔和本雅明作品中的现代性理论［M］. 卢晖临，周怡，李林艳，译. 北京：商务印书馆，2003：105.

⑤　车玉玲. 总体性与人的存在［M］. 哈尔滨：黑龙江人民出版社，2001：115.

⑥　杜威. 民主主义与教育［M］. 王承绪，译. 北京：人民教育出版社，2001：378.

和解决问题等综合而成的能力，做到知、情、意、行相统一。[①]

《勉学》不仅从教育心理学的视野对个体学习的认知加工机制及动力意向心理进行了阐发，而且从教学论的视角对学习的基本理论体系建构给予了初步论证，更好地彰显了基于生活实际的个体"本体生命"和个体学习的"意义生命"，这无疑对我国当前学习型和谐社会的构建有诸多现实启示。

（原文载《大学教育科学》2013 年第 3 期）

---

① 德洛尔. 教育——财富蕴藏其中 [M]. 联合国教科文组织总部中文科，译. 北京：教育科学出版社，1996：80-87.

教师角色及其实践图谱：翻转课堂的视角

　　教学范式的转换带来教师角色的相应转型。翻转课堂以学为本、先学后教的教学范式为教师角色的转型提供了新的质性描述：教师是课程的开发和设计者而不仅仅是课程的执行者；教师是教学活动的组织和协助者而不仅仅是知识的传授者；教师是学生学习的督促与交流者而不仅仅是学习的评判者；教师是学生智慧的启迪与发掘者而不仅仅是道德的教化者。教师角色的上述转型有赖于三重实践的保障：一是精心设计基于"标准"的教学视频；二是立体构建基于网络的交流平台；三是充分开展基于知识和生命价值的课堂交往。

　　每一次教学改革都延展了人们对教师角色的形象期待，然如何实现教师角色的实践转变似乎存在"两张皮"现象——理念与实践脱节。如何打破好的教师理念不能引领基于"学生中心"的好的教学实践怪圈，不仅需要我们摒弃"以教为本"的思维老路，更需要我们在教学实践中去真正认识教师，毕竟，在所有的教学活动中"教师是关键性因素"[①]。

　　基于慕课和微课资源，"翻转课堂"正受到西方教育发达国家众多大学的热捧，其中缘由之一是它进一步释放了教师教学的活力。具体来说，即从"翻转教学"的视角对教师是什么、不是什么、教师该做什么、如何做等问题给予了角色重塑，对当代信息社会下的教师教学及其"实践轨迹"进行了图谱式描摹，让人们明确了教师的可为与能为及教师可能迸发的潜能。其所倡导的基于实践向度的教师角色定位及行为模式，对于我们进一步理解教师、发挥教师之于课堂的关键作用、推动迷津中的我国课堂教学改革不啻一种借鉴。

一、"是什么"与"不仅是什么"：教师角色的质性描述

　　在翻转课堂的教学模式中，教师角色的"反转理解"依附于"翻转课堂"的概念表达，因此，厘清翻转课堂的"是"与"不是"关乎教师角色"是"与

---

① 　吴刚. 奔走在迷津中的教育改革［J］. 北京大学教育评论，2013，11（4）：20-50.

"不仅是"的前提。

(一) 翻转课堂的"是"与"不是"

"翻转课堂"一词的出现是在一篇论文中，该文在介绍迈阿密大学的经济学入门 (The Introductory Economics Courses) 这门课程的教学模式时，提出了一种旨在"创建包容性学习环境 (creating an inclusive learning environment)"的"颠倒课堂 (inverting the classroom)"，即"传统课堂内发生的情况现在发生在课堂之外，反之亦然"。[①] 见下表描述。

狭义翻转课堂

风格	课内	课外
传统	讲授	习题练习与问题解决
翻转	习题练习与问题解决	视频讲授

显然，表的概念并不足以反映师生面对面的活动状态和学生自主学习的情况，但其教学模式与 2007 年两位化学老师乔纳森·博格曼 (Johnathan Bergmann) 和亚伦·萨姆斯 (Aaron Sams) 在科罗拉多州林地公园高中 (Woodland Park High School) 所实施并通过互联网推动的"翻转课堂 (the flipped classroom)"基本模式具有大概的一致性，即为学生录制可以在家观看的讲授视频而利用课堂时间指导学生作业，"彻底翻转化学课堂 (turning chemistry class inside out)"。[②] 为反映学生"自主"的情况，一些研究者引用"学生中心"学习理论又将基于分组的相互学习活动纳入"翻转课堂"见下表。

广义的实际翻转课堂

课内	课外
问题与解答	视频讲授
基于分组的/开放式的问题解决	封闭式的测验与习题练习

① LAGE M J, PLATT G J, TREGLIA M. Inverting the Classroom: A Gateway to Creating an Inclusive Learning Environment [J]. The Journal of Economic Education, 2000, 31 (1): 30-43.

② BERGMANN J, SAMS A. Remixing Chemistry Class: Two Colorado Teachers Make Vodcasts of Their Lectures to Free Up Class Time for Hands-on Activities [J]. Learning & Leading with Technology, 2009, 36 (4): 22-27.

由于各种学习活动的属性不同，学生在课后的"家庭作业"形式亦多样。随着网络的普及，翻转课堂的内涵得到进一步扩展，不同时段基于网络视频的讲座及封闭式问题与测验构成的"课后内容"也被涵盖了进来。由此，翻转课堂实质上由两部分构成：课堂内相互作用的团组学习活动和课堂外直接基于电脑的个别教学。①（见下图）。其具体操作模式：教师事先录制课堂教学视频上传至网站，学生在家或在课外将视频作为家庭作业来完成，教师则利用课内时间帮助学生答疑解惑。②

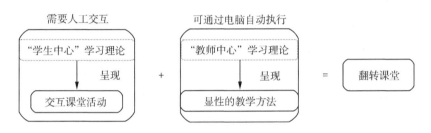

翻转课堂构成

虽然没有凝练出一个确切的概念，但博格曼和萨姆斯及分信的拥趸者从翻转课堂的形态上对其做了进一步的描述：翻转课堂不是在线视频或在线课程，不是用视频取代教师，不是学生在孤立学习，不是"在家看教学视频和在课堂做家庭作业"③；翻转课堂是"教师亲身参与课堂小组实践并增加与学生讨论互动时间"④ 的活动，是教师作为"学生身边向导"身份的一个角色扮演平台⑤，是促使学生"对自己课堂内外学习负责"⑥ 并"根据自己步调进行个性

① BISHOP J L，VERLEGER M A. The Flipped Classroom：A Survey of the Research ［R］. Atlanta：120th ASEE（American Society for Engineering Education）Annual Conference ＆ Exposition，2013.

② BERGMANN J，SAMS A. Flip your Classroom：Reach Every Student in Every Class Every Day ［M］. Washington，D C：International Society for Technology in Education，2012：5.

③ BLACKMAN D. Flipped Classroom Making a Splash in American Schools ［J］. Curriculum Review，2012，52（3）：2-3.

④ BUEMI S. Microflipping：A Modest Twist on the 'Flipped' Classroom ［J］. Chronicle of Higher Education，2014，60（32）：6-7.

⑤ SPARKS S D. Schools 'Flip' for Lesson Model Promoted by Khan Academy ［N］. Education Weekly，2011-9-28（1）.

⑥ BRUNSELL E，HOREJSI M. Using Online Data ［J］. Science Teacher. 2012，71（8）：10-11.

化学习"① 的一种场域。

（二）教师角色的"是"与"不仅仅是"

基于翻转课堂内涵及"是"与"不是"的描述分析，我们对教师形象做如下勾勒。

首先，教师是课程的开发与设计者而不仅仅是作为课程的执行者。作为开发和设计者，事实上教师仍然是课程与教学的主导者而不仅仅是以教教材为主要任务的课程执行者，课程在教学之中而不是"游离于教学之外"②。在翻转课堂的模式中，教师的首要任务即制作课程微视频——翻转课堂的前提，因为这些"大致由讲课或演示、叙事幻灯片或有声截屏等构成"的简短而紧致的微课是"混合与翻转课堂实践成功的关键因素"③。可见，开发微课程是翻转课堂的第一要务。而传统的课程执行者角色依然是以课程文本为中心，教师无法超脱于"教师—学科（知识）—学生"的课程讲授模式之外；课堂上师生的大部分时间仍囿于本体性知识的建构而非方法论知识的生成，这既不利于释放教师的教学热情和生命力，也不利于学生学习个性的激发与自主性的培养。

其次，教师是课堂活动的组织和协助者而不仅仅是作为知识的传授者。由于依托学科的课程知识传授转入课堂之外，教师在课堂给学生"面授"的角色形象，逐渐淡化，也就是说，教师作为知识的"先知"和掌握知识的"权柄"地位会逐步下降。在这种情形下，教师需要做出相应角色转变、做好课程设计以适应与学生"面对面"的课堂。比如，课堂上教师可以针对性地对学生的共性问题进行释疑，也"可以使用更加积极的以学生为中心的学习策略"④ 来组织相关课程主题活动。只有当课堂教学任务由讲授转为组织学生进行小组活动

---

① CHIN C A. Evaluation of a Flipped Classroom Implementation of Data Communications Course: Challenges, Insights and Suggestions [EB/OL]. [2015-01-04]. http://www.spsu.edu/cte/publications/publications2014/sotl_2014_chin.pdf.

② FULTON K. The Flipped Classroom: Transforming Education at Byron High School [J]. The Journal, 2012, 39 (3): 18-20.

③ SWEET. Microlectures in a Flipped Classroom: Application, Creation and Resources [J]. Mid-Western Educational Researcher, 2014: 26 (1): 52-59.

④ CHIN C A. Evaluation of a Flipped Classroom Implementation of Data Communications Course: Challenges, Insights and Suggestions [EB/OL]. [2015-01-04]. http://www.spsu.edu/cte/publications/publications2014/sotl_2014_chin.pdf.

和混合学习时，教师在课堂中的角色和地位才会悄然转型。

再次，教师是学习的督促与交流者而不仅仅是作为学习的评判者。翻转课堂实质上由课堂内外两部分构成："在教室内，教师运用一种或多种方法让学生进行翻转学习"①，即通过与学生一对一交流或参与小组讨论等形式，让学生明了知识的生成原理以及知识的习得路径；课堂外，教师还要组织学生进行在线交流互动，同时督促检查，并依不同学生的知识基础和学力水平，决定其课堂上的"翻转"任务。由于教师在课后"承担"了这种"线上"督促、交流与检查的角色，课堂上的翻转学习也就有了"因材施教"的前提。

此外，教师还是智慧的启迪与发掘者而不仅仅是作为道德的教化者。随着大部分的课堂讲授时间从传统课堂中"剥离"出来，师生在课堂上的活动时间也随之大量增加。显然，这是教师启迪学生的最佳时间：让学生在彼此协作及师生探讨中获得交往、爱与被爱的智慧，学会尊重与获得尊重的智慧，争取平等权与话语权的智慧等。在这段时间里，一个人的说教让位于不同差异、不同任务、不同兴趣的团组活动，教师所应做的则是智慧聆听、敏锐发现并适时导引。

二、"做什么"与"如何去做"：教师角色的实践图谱

"从传统课堂到翻转课堂的转变需要师生双方彼此的重大适应。"② 在"翻转教学"模式下，教学主体特别是教师的教学理念及行为将发生重大转变，教师该做什么、如何做，除了考验其一如既往的责任伦理外，还有其至关重要的实践智慧。

(一) 精心设计基于"标准"的教学视频

教师如何设计内容视频，"慕课"似已提供些许参照，如慕课与微课间共通的一些设计理念，然慕课并没有改变教师教的实质及从 A 到 B 的单向度传递功能，亦缺乏虚拟社区中的多边互动及课堂内的意义交流。由于传统课堂的

---

① The Four Pillars of F-L-I-P™—What Is Flipped Learning [EB/OL]. (2014-03-12) [2015-01-26]. http://www.flippedlearning.org/definition.

② MULDROW K. A New Approach to Language Instruction—Flipping the Classroom [J]. The Language Educator, 2013 (11): 28-31.

复习、导课、上课全都在视频中体现，教师角色从"显性"转为"隐性"，成为学生进行认知的"幕后推手"。为此，教师在制作教学视频时要秉持超越为认知而认知的课程意识，从"科学—兴趣—情意—操作"四方面做深入的教学内容视频设计。

就"科学"来讲，教师需结合各科课程标准的目标要求和内容标准，在制作教学视频时要确保知识内容的准确，知识编排有序而不杂陈，知识选择符合学生身心发展规律等，同时在知识的难易程度上还要把握好学生认知的"最近发展区"。从"兴趣"来看，视频作为学生自学的"教材"，其内容的趣味性无疑能增强科学知识的渗透力。多尔曾以"满足学生需要与兴趣的适当性"[①] 作为评判学科内容的一条标准，正是看到了兴趣在学生认知过程中的巨大作用。除了凭知识本身吸引力外，视频中还可辅以优美的音画形式，让知识更形象地调动学生的感官，进一步激发他们的好奇心和探究心。从"情意"来讲，知识所表达的不仅仅是知识本身，其根本旨意在于学生成长；换言之，知识承载着人的身心发展功能。因此，教师在注重对知识的科学性、趣味性进行开发的同时，也要"植入"对学生情感和意志品质起良好作用的"缄默知识"。就"操作"而言，教学视频制作不仅要考虑教师对学生学习完成的结果监控，还要考虑学生在自主学习过程中的阶段性自我评价和个性化可控学习。譬如，在微视频教学中通过嵌入某种检测系统软件，"让学生即时检测对文本的理解，并通过交互文本获得正确反馈；而且，在结束前先要完成小测验以助于学生对材料的综合感知"[②]。

（二）立体建构基于网络的交流平台

构建在线网络交流平台是促使教师自我角色转变的又一重要实践。如下图所示，在线交流的主体由教师、学生和家长构成，交流的内容主要是围绕但不限于讲课视频所承载的内容。具体交往图景如下：①对学生进行操作指导，即通过前期指导和过程中指导让学生知道如何操作视频、控制进程、记录笔记、提出问题、诊断评价、总结信息等。②监督并检测学习进度和效果，即通过嵌

---

① DOLL R C. Curriculum Improvement [M]. London：Allyn & Bacon，1989：147.

② ARNOLD-GARZA S. The Flipped Classroom Teaching Model and its Use for Information Literacy Instruction [J]. Communications in Information Literacy，2014，8（1）：7-22.

入微视频的阶段性检测软件，比如"回答正确并领取奖励继续向前"的进阶式学习设计，以掌握学生的学习动态和进展；而且，视频学习结束时学生还必须点击"提交"按钮，教师便可总体把握学生的初步学习效果——哪些已"通关"、哪些在什么"环节"上还存在障碍等，为课堂内研讨和分组确立基础。③学生与学生的交互学习，即 A 学生除了独自学习也可通过平台与 B 同学协作学习，或向他人求助获得问题解决。④家长参与讨论，即利用互动平台，了解、支持并参与翻转课堂；家长亦可同步向老师提出问题、交换意见和经验，协助孩子进步。

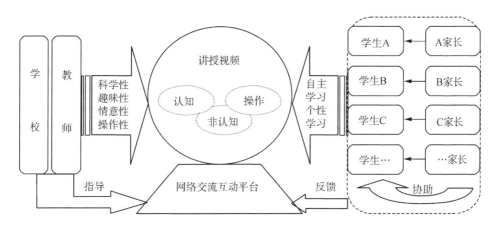

课堂外教师角色实践图

在线网络平台的构建，不仅可以建构起学生在线学习的互助共同体，而且也建构起了一个由实体对象围绕学生学习为中心的虚拟社区。在这个社区里，教师需要"获得学生的支持"才能够掌握学生的能力状况并作为课堂内"有的教学"的依据；需要家长的理解、配合、参与，才能更好地促进学生的成长，促进家校合作，彰显教师作为"社区型开放的教师"的现实意义。学生通过这个平台获得了跨时空的学习指导和同伴互助，强化了自我管理，满足了个性学习，实现了自我评价和教师评价的有机结合。家长通过这个平台，能及时地了解教师的教学动态；能更好地与教师合作并对孩子进行因材施教；能从学校获取教学资源提升自己，增益学习兴趣。学校通过教师与学生及学生家长的合作，传播先进的办学理念和校园文化，提供优质课程资源，共建家长学校，助推建成学习化社会。如此，一个由教师与学生、教师与家长、学生与学生、学生与家长、家长与学校构成的多元立体交互学习型网络在翻转课堂的模式下建立起来。

（三）充分开展基于"价值"的课堂交往

面对很少甚或根本不讲授的课堂"空置"时间我们又如何处理呢？这也许是传统教学思维模式下的最大困惑和担忧。对此，博格曼的策略是，"按照布鲁姆（Bloom）目标分类理论，我们将'较低价值'的东西在视频中呈现而将'更高价值'的东西留在课堂"，因为"课堂时间是与学生在一起最有价值的时间"。①

1. 增益知识价值

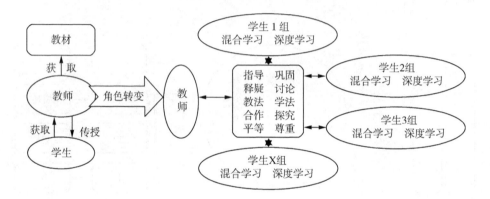

课堂内教师角色实践

在翻转课堂的样态里，教师不再居于知识的中心，学生也不再是被动接受知识的容器，师生双方的角色和地位逐渐转变为围绕知识而进行对话交流的合作者、探究者。相应地，原本课堂外知识内化的个体行为在"翻转"模式下转变为课堂内知识个体内化与集体内化相结合。集体知识内化又分两个环节：其一，教师对网络平台互动中的一些共性问题进行厘清，对重点、难点问题进行专讲；其二，学生在分组讨论中分享自己对知识的理解、学习的方法、解题的技巧、收获的资源，甚至困惑与喜悦等。通过集体内化，知识由具体到一般，本体性知识得到巩固，方法论知识得到拓展，从而在深度学习中实现知识的增值。

2. 尊重生命价值

教学的要旨是以知识为中介促成学生综合素质的养成，包括认知、情感、态度、价值观、身体等方面。良好的培育环境又是学生综合素质养成的关键。

---

① RATHS S. 9 Video Tips for a Better Flipped Classroom [J]. The Journal. 2013，40（11）：12-18.

在翻转课堂"学本"理念指引下，一方面，教师带领学生追求知识并"让学生自己对其学习负责"，"培养学生的自主学习能力，让学生自己，而不是教师和家长对其学习负责，是学生学习成功的关键所在"①，即尊重学生的自主权和选择权。另一方面，师生面对面的课堂，教师需要精心组织分组活动，尊重学生能力和个性差异并分类指导，让不同学生在各自的能力范围内得到应有的发展。同样在课堂，教师还要关注并参与各小组内的交往，一则因为"相观而善之谓摩"，二则因为学生事先已翻转学习且集思广益而"不必不如师"，如此，教师也只能以平等、合作者的姿态促进各组同学间的互助合作。尊重差异，因材施教，是对不同生命的关爱和尊重；平等交流，互助合作，是对不同个体社会性交往价值的肯定。

三、 结语

翻转课堂给当今信息社会的教师描摹了一幅现实的行为图谱。在以学为本的行为图式下，教师的教学实践不仅解放了"传统"的自己，也解放了"现代"的学生，在形塑自我角色的同时，也维护了属于学生自己的权益，增强了学生的责任意识和主体意识，尊重了学生的个性差异与能力差异。教师角色的这一转型及实践定位，突出了教师"导"的功能和服务意识，强化了学生"学"的价值和自主能力，在"导—学"的过程中进一步彰显了课堂教学的生命活力。

（原文载《高教探索》2015 年第 11 期）

---

① 陈玉琨，田爱丽. 慕课与翻转课堂导论［M］.上海：华东师范大学出版社，2014：108-109.

论小学英语教学设计的意识与实现

在核心素养时代，为了更好地激发学生学习的内在动力、有效析出英语语言的文化蕴意，小学英语教学设计亟须强化四种根底意识，即目标意识、学生意识、文化意识与活动意识。目标意识的实现要回应三个基本命题：要到哪里去、如何到那里去、是否已到达那里；学生意识的落实重在两个分析：学生的差异性及学生需求的有效性分析、单元课时内容与学生成长的关联性分析；文化意识的渗透隐现于对文本内容的深度设计，包括音、形、义相结合的知识文化设计，跨文化交际功能性内容的语用文化设计，以及多模态语篇教学的语境文化设计；活动意识的实现要略有二：一是指向学生真实生活的教学情景创设，二是引领基于生活情景的语言交际行为。

义务教育英语新课标在课程基本理念上提出，要重视语言学习的实践性和应用性，关注学习者的不同特点、个体差异和综合语言运用能力，体现语言学习对学生发展的价值。[①] 作为英语学习起始阶段的小学英语教学，由于学科本身的特殊性和学生认知的差异性，教师需要作出符合学生身心发展规律的教学设计，以保护学生语言学习的原初兴趣，进而促进异域文化的个体内化。有意识地做好小学英语教学设计，能在单位时间内极大提升学生的综合语言运用能力和学科的育人价值。

一、 小学英语教学设计意识的教学价值

教学设计是一项有目的、有意识、有计划的创造性活动。小学英语教学设计，即基于一定的二语习得理念和二级目标要求[②]，遵循小学生日常行为经验、语言认知规律和学习心理特性，有意识地对英语学习内容、阶段学情、教

---

① 中华人民共和国教育部. 义务教育英语课程标准（2011 年版）[S]. 北京：北京师范大学出版社，2012：2-4，26-27.

② 义务教育英语课程标准对学习目标要求共分五级，其中小学阶段为 1—2 级。参见中华人民共和国教育部. 义务教育英语课程标准（2011 年版）[S]. 北京：北京师范大学出版社，2012：10-24.

学目标及教学结构等进行分析与规划，以保证小学英语教学朝着预定的学科目标方向前进。

语言学习与意识活动有着天然的关联，毕竟"语言和意识具有同样长久的历史"①，至少在"真实分工"② 之前，意识活动与语言活动是相伴相生的。随着"真实分工"的出现，意识摆脱了对既有俗世的反映而在精神层面上更加"纯粹"，即"已经观念地存在着"，它"不用想象某种真实的东西而能够真实地想象某种东西"③。作为"存在着"的观念且能"真实地想象某种东西"，意识无疑彰显了它的目的指向性和主动创造性。在这个意义上，语言教学设计的意识在其功能属性上显然具有指导教学实践的目的性和能动性，有着独特的教学价值。

小学英语教学设计意识的独特教学价值主要体现在以下几个方面：

其一，具有实现学科教学目标的内在意向。这种意向一方面指向学科教学结构的设计，即基于学科课程标准和1—2级综合语言运用能力目标要求，对文本内容和技能性内容的教学进行结构化设计——在教学中表征为教学过程的组织结构和内容呈现的层次结构；另一方面指向学科育人价值的挖掘，即挖掘英语学科知识的内在逻辑与文化蕴意、语言的学习机制与生发规律及其异质性的表达方式等——这些不但可以提供给孩子们唯有在这个学科的学习中才可能获得的经历和体验，还能够提升学生对英语语言美的发现、鉴赏和表现能力。

其二，潜在激发学生学习的内在动力。"意识对人体生理活动具有调控作用"④，这一命题在生理心理学上表明了意识这种"先天机制"对于学习的潜在性功能，譬如作为个体生存的基本感知以及审美、舒适、愉悦等情感方面的深层欲望；"在进化心理学中，如果没有特定的先天机制，学习就无法发生"⑤，这进一步表明，意识的潜在性对人的显意识如语言、思想、学习方式等也有着实质影响，甚至决定人的行为。可见，有意识的教学设计能够导引学

---

① 中共中央马克思 恩格斯 列宁 斯大林著作编译局. 马克思恩格斯选集：第一卷［M］. 北京：人民出版社，1972：35.

② "分工只是从物质劳动和精神劳动分离的时候起才开始成为真实的分工。"参见中共中央马克思 恩格斯 列宁 斯大林著作编译局. 马克思恩格斯选集：第一卷［M］. 北京：人民出版社，1972：35.

③ 中共中央马克思 恩格斯 列宁 斯大林著作编译局. 马克思恩格斯选集：第一卷［M］. 北京：人民出版社，1972：36.

④ 徐光春，梅荣政. 马克思主义大辞典［Z］，武汉：崇文书局，2017：16.

⑤ 平克，语言本能［M］. 欧阳明亮，译. 杭州：浙江人民出版社，2015：434.

习的原动力，并使之"建立在学习者的知识、经验、兴趣和动机之上"①，从而带给学习者以相应的成就动机和自我价值认同感。

其三，建立促进语言交际的行为心向。除了指向个体的生物机能特性，意识还有指向其社会属性的一面。语言不论是作为教学活动的交际工具还是作为交际活动的内容载体，都发生在特定的情景建构之中。语言教学中的情景建构既是一种社会现象也是意识活动的对象。在布迪厄看来，意识在建构教学情景时能带来学习外国语的社会实践感，这种实践感"是对行为或言论进行控制的要做或要说的事物，故对那些虽非有意却依然是系统的、虽非按目的来安排和组织却依然带有回顾性、合目的性的'选择'具有导向作用"②。简言之，即意识的内在活动能够建立学习者在情景交际过程中的行为心向。

二、 小学英语教学设计的根底意识

(一) 目标意识

目标意识是小学英语教学设计首要的、导向性的意识。教学设计作为"一种目标导向的系列活动"③，其基本主张是帮助学习者学习，"目的在于揭示达成预期目的之最优路径"④。教学设计的目标意识有三大要素：目标厘定、目标实施与目标评价。目标厘定是对教学活动预期目标的有向设置，是落实小学英语二级目标定位的阶石；目标实施是指将预设目标渗透于教学环节与进程之中，并使之在教学活动中体现出来；目标评价即对目标达成程度的价值判断，是对课堂教学实效的必要检验。

小学阶段的英语课程目标将语言知识、情感态度、学习策略、文化意识厘定为 2 级，语言技能为 1—2 级，每一级皆有详细的标准描述。不同版本的小

---

① 吴军其，刘玉梅. 学习设计：一种新型的教学设计理念 [J]. 电化教育研究，2009 (12)：80-83.
② 布迪厄著，实践感 [M]. 蒋梓骅，译. 南京：译林出版社，2012：93.
③ 盛群力，马兰，褚献华. 论目标为本的教学设计 [J]. 教育研究，2008 (5)：73-78.
④ 盛群力. 贯通学习理论和教学实践之间的联系——赖格卢特论教学设计的学科性质与特征 [J]. 远程教育杂志，2009，17 (1)：25-34.

学英语教材，如人教版、外研社版以及一些地方版本的教材①，均有基于二级目标要求的学习项目设置（见下表）。现实教学设计中，由于目标意识的羸弱，课堂实践多出现"顾此失彼"的现象②，如有的注重教学任务和形式的多样性而忽视对重难点内容的突破，有的过多偏向于词、句的诵记解析而缺乏对语言基本结构的掌握和运用，有的强调对语言的浅表认知和应试操练而较少关注学习者的内在兴趣和成就动机，等等。可见，教学设计的目标意识能在较大程度上避免教学方向的模糊性和教学过程的随意性，从而保障单位时间的教学效能和学科目标的有序实现。

二级目标要求下的小学英语学习项目

学习项目（内容）	实施形式/学习手段 （技能性内容）	目标要求
语言基础知识 语言技能 语篇基础	听 说 读 写 玩演视听	语言技能（1—2级） 语言知识（2级） 情感态度（2级） 学习策略（2级） 文化意识（2级）

（二）学生意识

根据课题组近几年参与的教研活动与观察发现，小学英语教学主要是以课时为单位的"基于任务的教学"，且单元（课时）目标也是以每个单元（课时）完成了多少任务为标志。显然，这种任务驱动型教学背后的"蓝本"无疑是基于任务的教学设计，实际上是将"完成任务"而不是将"学生学会""学生会学""学生好学"作为教学设计的出发点。

"学生学会""学生会学""学生好学"是学生意识体现于教学过程的三个

---

① 不同版本英语教材的新授内容单元设置：人教社义务教育教科书《英语》（三年级起点）每级上、下各6个单元（六年级下册为3个单元）；外研社义务教育教科书《英语》（三年级起点）每级上、下各10个模块20个单元；沪教版九年义务教育课本《英语》每级上、下各4个模块12个单元（六年级下册为3个模块11个单元）；湘少版义务教育教科书《英语》（三年级起点）每级上、下各12个单元（六年级下册为9个单元）。

② 这些现象基于课题组2016—2020年期间对H省CS市、CD市、XT市四所知名小学共200余节"新基础教育"英语教研活动课的观察和发现。

重要"标尺"。"学生学会",在权责关系上,强调学生的权利、义务、责任及主体性;在结果表征上,注重学生"学会了多少"而不强调教师"教完了多少",教师可督促、引导和维护但不可僭越。"学生会学",在过程方法上,注重认知动机、思维品质、体验探究等主动意义下的"学会",而不倾向强制灌输、反复操练等被动意义下的"教会"。"学生好学",在学习心理上,主要是关注学生学习过程中的兴趣爱好、动机偏向以及个性化的学习旨趣等。从整个教学过程来看,学生意识所蕴含的力量在于"为每个学生提供具有内在动力和思维张力的学习空间,实现从知识掌握走向能力发展,直至智慧生成"①。

(三)文化意识

语言作为"人类最重要的一项文化创造"②,在很大程度上隐喻了语言的文化特性。甚或,语言还更可能是"人类的一种生物属性或一种本能"③,在人类自身的演进过程中本能地创造、形成、传递着文化。就此而言,英语学习在本质上可谓异域文化之习得,学习者借此进行文化感悟、文化体验和生命滋长。当然,在我国近现代和当代社会境况下,认识到语言文化作为外语学习之根基实属不易,从"洋泾浜英语"的简单交际及之后以京师同文馆为代表的翻译人员培养目标取向,到民国时期张士一、邹韬奋等对英语学习的实用性和"工具理性"主张,再到中华人民共和国成立后至 20 世纪末"听说读写训练"的目标要求,无不一以贯之地注重英语语言作为生活之"器"的具体运用,而似有意无意地忽略了其作为"道"——文化及其脉理之演进。也正因如此,新世纪我国基础教育课程改革对英语语言的"文化根底性"才给予了前所未有的关注,其重要注脚是不同版本的义务教育英语课程标准对"文化"分级目标的明确表述(见下表)。

---

① 冯茹,马云鹏.基于真正学习的教学设计三维要素分析 [J]. 教育理论与实践,2019,29(10):58-62.
② 史蒂芬·平克,语言本能 [M]. 欧阳明亮,译. 杭州:浙江人民出版社,2015:5.
③ 史蒂芬·平克,语言本能 [M]. 欧阳明亮,译. 杭州:浙江人民出版社,2015:11.

义务教育英语课程标准中不同分级目标的文化要求

级别	《英语课程标准》（实验稿）	《英语课程标准》（2011 年级）
一级	对英语学习中接触的外国文化习俗感兴趣	对学习中接触的外国文化习俗感兴趣
二级	乐于了解异国文化、习俗	乐于了解外国文化和习俗
三级	能意识到语言交际中存在文化差异	能意识到语言交际中存在文化差异
四级	在学习和日常交际中能注意到中外文化的差异	在学习和日常交际中能注意到中外文化的差异
五级	进一步增强对文化差异的理解与认识	进一步增强对文化差异的理解与认识

　　小学英语教学设计的文化意识指向于语言学习过程中的文化现象、文化语境、文化习俗、文化心理、文化理解以及文化建构等要素，旨在强化学生对异域文化观念和行为方式的感悟与实践。操作层面上，即通过教学设计将语言文化现象同环境、语境、情景、心境紧密结合起来，超越基于语言形式的语象境界而"达到情象、甚至心像境界"①。诚然，"学习一种语言实际上也就是学习一种文化的过程。"② 在功能与主题频繁交融的小学英语教学中，如何彰显语言的文化魅力并让学生自觉去体验这种异域特质文化，需要在教学设计中秉持特别敏锐的文化意识。

（四）活动意识

　　语言学习及实践活动有其特定的服务性功能，即为学生语言运用能力的提升而筑基，其外在形式表征为"能用英语做事情"。《义务教育英语课程标准（2011 年版）》在实施建议中提出，为促进学生的认知能力、思维能力、审美情趣、想象力和创造力等素质的综合发展，教师要创设接近实际生活的各种语境，采用循序渐进的、交流目的明确的、交流意义真实的且操作要求具体的语言实践活动。③ 显然，语言实践活动是形成学生综合语言运用能力和提升跨文化交际水平的重要载体。

　　小学英语课堂教学设计的活动意识有两个重要指向：一是活动的内容、形

---

　　① 王奇. 文化意识——提高英语教学效率的新空间 [J]. 教育科学研究，2002 (8)：42-45.

　　② 束定芳. 论外语课堂教学的功能与目标 [J]. 外语与外语教学，2011 (1)：5-8.

　　③ 中华人民共和国教育部. 义务教育英语课程标准（2011 年版）[S]. 北京：北京师范大学出版社，2012：26-27.

式、场景、氛围等指向学生的真实生活，因为教学活动"在本质上是一种特殊的生活过程"[①]。二是语言的理解、操练、交际、体验等指向学生的行为变化，换言之，就是通过教学设计"使语言在被儿童'使用'的途中进入生活，获得生活的意义"[②]。

三、 小学英语教学设计意识的实现

（一）实现目标意识的命题回应

小学英语教学设计的各个环节，包括内容分析、学情分析、条件分析、策略设计、过程设计、板书设计、作业设计等，都需要目标意识的潜在引领。目标意识在各环节上的实现总体上要回应三个基本命题。

其一，"要到哪里去"，即课程目标的定位及层级设计。英语学科课程标准设定小学阶段英语课程目标为二级。落实二级目标，宏观上，要对学期目标进行分层规划；中观上，要厘清学期目标与模块目标、模块目标与单元课时目标之间的内在关联；微观上，要进行模块目标的整体性设计和单元目标的课时化设计。相关目标关系流程如下图所示。

其二，"怎样到那里去"，即实现课程教学目标的路径与策略设计。教学目标的达成有赖于两大方面的设计：过程结构设计和内容教学设计。过程结构设计主要是考虑如何按步骤有序推进教学环节（如 WPPCSH 结构和 PWP 结构[③]）以及如何在"愤""悱"之时引发学生的语言认知冲突。内容教学设计有三方面的考量：一是依据单元课时目标做好知识性内容与听、说、读、写、玩、演等技能性内容的重心设计；二是基于学生身心发展规律与学习兴趣，做好教学方法与策略的采用及多种形式的情景教学活动设计；三是立足思维品质和文化素养目标做好文本内容的潜在逻辑及其文化脉理的有效析出设计。

---

① 王攀峰. 教学活动的本质：一种特殊的生活过程 [J]. 课程·教材·教法，2009，29（10）：36-41.

② 刘良华. 教育、语言与生活 [J]. 华东师范大学学报（教育科学版），2001（1）：29-34.

③ "WPPCSH"结构即 warming-up-presentation-practice-central task-summary-homework（热身—新学习项目呈现—语言操练—任务实施—学习小结—作业布置），这是小学英语教学综合语言能力运用新授课中最常见的一种结构；"PWP"结构，即 pre-reading-while-reading-post-reading（阅读前—阅读中—阅读后），这是英语阅读新授课型常采用的教学结构。

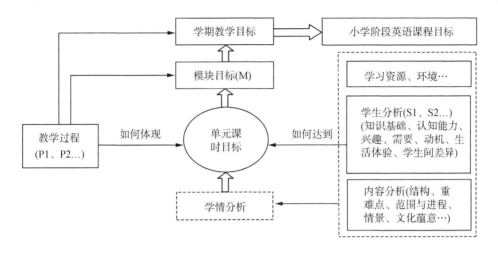

目标意识下的教学设计思维图

　　其三，"是否已到达那里"，即检验目标达成的教学评价设计。就单元课时目标评价而言，主要有即时检测与作业反馈两大设计策略。即时检测可采用学案辅助（如词汇英汉互译、语言结构输出、阅读信息抓取等）和学情展演单个、同伴、小组等形式；作业反馈则重在考查语言在学生实际生活中的运用情况、学生语言学习兴趣是否可持续发展以及语言学习态度的强弱变化等。

（二）落实学生意识之两重分析

　　一是学生的差异性及其需求的有效性分析。学生不仅在认知方式、学习能力、兴趣偏好以及学习动机等方面存在很大差异，而且彼此学习的目的与诉求亦不尽相同。因此，在确认学生"已知"状况的基础上，对其进行"聚类分层"：哪些擅长口语交际？哪些喜欢视听跟读？哪些认知能力较强？哪些学习兴趣不浓……由于各自心性不同，学生对学习的起点、容量、进度、方法等的有效性需求上表现迥异，因而，在教学设计时需更进一步对其进行"需要分析"，即了解学生在语言学习中究竟需要什么。教师在施教之前若知其"心之莫同"①，并对其进行分类关注，便可在教学实践中做到"自然分材"②并因材

---

　　① 《学记》在分析"学者有四失"时指出，不同的人有不同的学习心理，即"心之莫同"。

　　② "自然分材"即"教师让学习任务随学生差异自然分化并引导学生针对自己存在的学习问题进行研究的教学理论与实践形态，旨在弱生上进、优生更优，全体学生齐发展"。熊川武. 论自然分材教学［J］. 华东师范大学学报（教育科学版），2007，25（2）：1-7.

施教。

二是单元课时学情①与学生的相关性分析。包括：①学生能从单元课时内容中获得什么；②学生生活与单元课时教学有着怎样的关联；③针对"聚类分层"之后的学生该如何设计教学的层级性。本质上看，这些问题都有一个共同诉求，即教学设计要"目中有人"。转而言之，学生究竟要掌握哪些内容结构与素养知识，学习内容对于学生现实生活有何价值，不同层级水平的学生在同一单位时间内如何实现学习效益的最大化，等等。只有从学生的需求和立场来进行教学设计，才能迸发出课堂教学的生命活力。

（三）渗透文化意识之深度设计

首先，做好音、形、义相结合的知识文化教学设计。音、形、义相结合的语言学习是外语学习初始阶段的基础性环节，大致遵循"从感觉（音、形）到知觉（义）"的认知路径。音、形、义是一种文化的本真表征，寻找这一语言的本真即是最有效的学科文化设计缘起。在语言学习的初级阶段，人们常"用手势表达那些看得见和移动的事物，而用声音来模仿听得见的事物"②，由此来实现音、形、义的转换。譬如，"Point to your head/eye/nose/ear/mouth"或"Give me your pen/book/erazer"等句式的操练，bus、mama、sofa 等词的音义联想，two、twelve 与 twenty 等词的意义关联，等等，这些都蕴含着精妙的发声表义逻辑和独特的异域文化特质。

其次，做好基于跨文化交际功能性内容的语用文化设计。小学英语教材中包含大量的跨文化交际功能性语用板块③，其要义在于通过教学培育学生不同场域下的恰当言语行为，进而形成"有效沟通所需具备的多元文化价值观、同理心和认同感"④。为此，教学设计应有如下设问：①义务教育阶段小学英语

---

① 学情分析主要有学期学情、模块学情、单元学情、课时学情之分，由于单元（一般包含 1—4 个课时）学情的相对完整性以及课时学情在学理分析上过于细化，所以我们把单元学情和课时学情统称为"单元课时学情"，重在单元层面的分析，这既符合教材编撰的模块范畴和课标要求，也关涉每个课时的教学目的和任务。事实上，不同版本的小学英语教材在模块（M）与单元（U）的比例设置上差距很大（参见外研社版和沪教版的教材），存在模块少单元多或模块多单元少等现象。所以，作为模块（M）分支和课时构成的"单元"（U），才是具体课堂教学设计学情分析的关键对象。

② 卢梭. 论人类不平等的起源 [M]. 高修娟，译. 上海：上海三联书店，2011：34.

③ 如 2012 年外语教学与研究出版社义务教育教科书《英语》（六上）中的 M1、M2、M5、M10 和 2013 年上海外语出版社义务教育教科书《英语》（三上）共 12 单元中的 U1-U6 等。

④ 何德华. 英语通用语视角下语用教学的新思维 [J]. 外语与外语教学，2015（2）：1-6.

课程不同层级的功能性内容涉及怎样的主题、文化与伦理？②相关功能表达如何正确使用才符合特定语境和语用对象？譬如，询问他人"去哪儿"是用"Where do you go"还是用"Where are you going"？③要求、命令、请求、号召等功能性表达又分别体现了怎样的交际场合和语用文化性质？等等。在交际教学法的视角下，功能性内容的教学设计实质上体现的是一种动态的语用文化。

再次，做好多模态语篇教学的语境文化设计。语篇教学的重要目的是实现学习者语言交际能力的提升并促进目的语言的文化渗透和融合，进而"达到音合、形合与神合的三合一体的语言学习境界"①。随着社会的高速发展和信息摄入的多元化，我国小学英语教材在语篇板块上也呈现出"多模态"② 设置（听、说、读、写均有涉及），囊括主题陈述、故事、节奏、图画、图表等内容，以致"原来的陈述状态在语篇中已不那么显著了"③。虽然语篇在形态上有诸多变化，且"陈述状态"也"不那么显著"，然语段（独白或对话、口头语或书面语）、句子、思维导图等语篇教学的实质并没有发生根本变化——依然是以学习者为中心并发展其文化悟力。毕竟，在语言交际过程中"对发话者交际目的和意图的判断和理解很大程度上是取决于受话者，以受话者为中心的"④。若不能让受话者迅即理解发话者的意图，那么"我们教给学生的是中国人和中国人之间的英语对话，尽管语法结构、语音语调是英语的，但人的心理习惯、语词概念、思维逻辑却是中国的"⑤。文化语境建构缺失的严重性可见一斑。然如何设计才能将学生摄入到具体的语境文化之中呢？试举一例如下：A 教师走进 B 班并挥手对毫无英语基础的同学们用问候语"Hi"打招呼，

---

① 程路. 语篇分析与语篇文化在英语教学中的应用 [J]. 中山大学学报论丛，2006（3）：157-159.

② 著名功能语言学家韩礼德（Halliday，1985）在谈及多模态语篇的存在时，认为除了语言，绘画、雕塑、音乐、舞蹈等都是人们表达意义的方法。他还"把在情景语境中起作用的任何一个语言实例称作语篇"，并认为语篇可以是口头或书面的，也可以是其他的表达媒介。语言学家克里斯蒂安. m. i. m·麦蒂森（Christian m. i. m Matthiessen，2007）也认为，"表达模态包括手势、面部表情、眼神、发音等"，多模态的特征可从表达层、内容层和语境三个视角来审视。多模态已成为人类语言交际的普遍特征。"由于科学技术的发展和人类社会生活发展的变化，当代语篇的多模态性更加明显。在多模态语篇里，语言的地位发生了变化。意义不仅仅出现在语言里，语言不再是呈现经验和交际的唯一手段。"杨信彰. 多模态语篇分析与系统功能语言学 [J]. 外语教学，2009，30（4）：11-14.

③ 胡壮麟. 语篇的评价研究 [J]. 外语教学，2009，30（1）：1-6.

④ 陶炀. 交际的目的与语篇的功能 [J]. 解放军外语学院学报，1993（2）：6-10.

⑤ 龚亚夫. 文化悟力——一个被忽视的方面 [J]. 课程・教材・教法，1988（2）：10-13.

起初学生并不一定能听懂，但如此反复几次，同学们就可以根据教师的手势、微笑甚至在等待反应的时间里，逐渐体悟到这是一种"别样味道"的简单问候与互动交际。类似的"Nice to meet you. /Nice to meet you, too." "What's your name? /My name is ×××." 等这些对话语篇，皆能建构起特定的语境文化。

（四）体现活动意识之情景交往

语言学习效能与情景交往活动紧密相关。因为语言学习需要借助一定的交往情景且直接指向学生的真实生活，借助操练、展演、交流、合作等多种形式的外显行为活动，能有效培养学生的语言兴趣、学习习惯，增强其跨文化意识、交际体验及成就动机等。

创设指向学生真实生活的交际情景，是落实活动意识的重要前提。以对话语篇为例，相关设计思路大致可遵循：①模拟情景建构，即将教材内容或教学内容中的情景素材与学生的生活经验相关联来创设情景；②情景辅助配置，即根据学科目标和教学情景需要来增加影音、图片、文字、实物、背景、旁白等辅助设施或条件素材；③角色拟剧代入，即让学生以参与者而非"他者"的姿态预先置身于功能交际或主题情景之中，比如对话活动中的名称、时间、地点、活动、场景等均可依据学生的交际需要予以置换设计。

引领基于生活情景的语言交际行为，是实现活动意识的根本保障。以交际为功用的语言学习，其设计逻辑为"主题—情景—行为"，其过程实质是学以致用的语言实践导向。以外研社 2012 年版义务教育教科书《英语》（六年级上）模块十第一单元（M10U1）的"Don't talk in the library"对话语篇为例，相关操作性设计可作"三步曲"：第一步，预备交际，即在 Warming-up 环节直接利用"Don't…"祈使否定句式引导学生进入预备交际状态；第二步，分工模拟，在明确 U1 内容、目标、完成任务的规则及要求的前提下，让学生自主分工合作，模拟操练三组祈使功能句式和两组疑问功能句式①；第三步，拟剧表演，即根据置换角色或真实自我、采用小组合作或情景剧形式，运用"Don't…"和"Please…"两类功能句式对文本内容或与学习生活相关的各种

---

① 三组祈使功能句式："Don't talk in the library." "Please be quiet." "Please come here and stand in line." 两组疑问功能句式："Where are we going?" "What did you find?"

主题进行拓展输出和行为表达。这"三步曲"的教学设计，意在让"外在的教学过程可以促进内在的学习，从而实现教学功能"①。

四、 结语

小学英语教学设计是落实学科育人、让学科核心素养"落地"的关键中介环节，它必然要超越语言的工具性和人文性的双重规约，进而关注"将学习作为教学设计的中心"② 这样的系统性问题。由此，小学英语教学设计除了要寻求目标意识、文化意识和活动意识的引领，还要秉持全新的学生意识，以实现教学以语言学习者为中心。

在当今核心素养时代，无论是对课堂教学行为的微观关注，还是对整个小学英语学科教学目标、学生学习、语言文化等问题的系统关注，小学英语教学设计的出发点都已不是一个知识点、技能点或一篇课文，而是指向学科核心素养起统师作用的"大"的观念、项目、任务、问题。③ 这进一步要求教学设计者在强化其设计意识和设计能力的同时，还必须有较深的观念水位和较高的历史站位，即从英语学科的育人价值和学习者的人生发展长程出发来对小学英语进行深度教学设计，如此才能更好地促进学生语言能力、学习能力的发展，并提升其思维品质和文化品格。

（原文载《课程·教材·教法》2021 年第 4 期，人大复印资料《小学英语教与学》2021 年第 7 期全文转载）

---

① 鲁子问. 提升英语学习成效的有效策略探析 [J]. 课程·教材·教法，2010，30（6）：68-72.

② 薛二勇，盛群力. 教学设计的宏观转向 [J]. 教育发展研究，2009（8）：84-87.

③ 崔允漷. 如何开展指向学科核心素养的大单元设计 [J]. 北京教育（普教版），2019（2）：11-15.

后　记

本书是教育部人文社科项目"从课程到课堂：新世纪基础教育课程改革的未来转向研究"（13YJA880098）结题的主要成果，张传燧教授为课题主持人；本人以其作为博士学位论文主题并在张传燧教授指导下承担了该课题的主要研究任务。本书是在我博士学位论文的基础上修改而成的。

总有一些力量在推着我向前走，尽管走得慢，也时常彷徨，但本人一直在路上。

从教育学来关注教育的理论与实践问题，真切地讲，始于恩师张传燧教授对我的引领。后来，随着学习的深入和师友的促进，逐步地从哲学、社会学、心理学、伦理学等领域来展延自己对教育问题的多维探视。诚然，对教育问题进行系统梳理和多维审视会让事情本身变得敞亮，也更可能接近事物的本质，而在此基础上推动教育问题在实践层面的解决，则需要更为复杂的思维能力和更高的决策站位。

记得当初导师建议我选择"基础教育课程改革从课程到课堂转向"这一研究主题时，我略一思忖便欣然地接受了，一是因为对新课改的反思性研究彼时正值热潮；二是因为基础教育课程改革正是自己从事课程与教学论专业学习所关注的；三是因为想做宏大而抽象的研究论题来激发自己更大的潜能。然而，研究一正式启动就被两个看似简单的关键词给卡住了——"课程"与"课堂"。论题中"课程"与"课堂"的含义显然不是在各类词典和书籍中能查到的"常解"，新课程改革的语境下它们已全然被赋予了崭新的时代内涵。慎而言之，如果不能准确把握这两个关键词的含义及它们的所指与能指，以及彼此之间的内在关联和互动机理，那么接续的研究也就很难往下立论。冥思苦想，不知何往，思维困顿至极。《学记》讲"学者有四失"，而我正"失之寡"！每当"愤""悱"之时，恩师都给予我点拨启发，"其言也，约而达，微而藏，罕譬而喻"。然弟子愚钝，屡不得要义，至后来恩师说："你把我的话录下来吧。"现在忆起，仍感动不已。

浅入深出地论析"课程"与"课堂"两个关键词，差不多花费了我一年左右的时间，有关课程与课堂关系的新认识这部分内容构成了拙著的第一章，夯实了全书的立论之基。释然之心，唯己能怀。正因为基于全新的"课程"与"课堂"理解，后续章节才有了理论课程、制度课程、文本课程和实践课程、行为课程、体验课程的分类比照框架的提出，并在此框架下对新课程改革的成就与问题进行了综观整理，进而论证了我国基础教育课程改革从课程走向课堂的必然性，最后提出了相应的实践策略。

当宏大的论述戛然而止，脑海中仍萦绕着不少有关课程改革的问题：譬如，如何才能有效解决课程理念与教学实践"两张皮"的问题？究竟是什么（谁）让老师和学生"戴着镣铐在跳舞"？课程改革究竟是"削足适履"的国际化还是基于国际视野的本土化？"应试教育扎扎实实"的基本面貌在何种程度上才能得以改观？等等。问题似乎越来越多了。

对于上述问题，我有一些初步想法，顺便在此赘言几句。

新世纪我国基础教育课程改革的发展路向，必须走出"只缘身在此山中"的视域局限和思维藩篱。因为，基础教育课程改革的问题不仅仅是基础教育课程改革本身的问题。首先，教育改革不是"分程改革"。随着改革从实验到全面实施，课程理念渐入人心，课程功能开始转变，课程结构愈加合理，课程内容关照生活，学习方式有所改善，但当轰轰烈烈的课程改革走近基础教育阶段的末端时，单一的考试分数评价却掐住了基础教育课程改革后半程的"咽喉"，无情地"冰镇"了人们对基础教育人才培养的美好期待。其次，教育改革不是"分段改革"。基础教育改革和高等教育改革都是教育改革的子系统，各有各的阶段特征和改革重心。改革需要联动，而不是也不可能是"独自跳舞"。然时至今日的境况是，基础教育和高等教育除了以学生的考试分数作为彼此"无温度的交往中介"外，这一方不知道另一方需要怎样的人才，另一方也不知道这一方正在培养怎样的人才。再次，教育改革不是"量化改革"。如果教育改革还是将学生长时间"圈养"在校园里，长时间进行精确到分秒的学科学习，长时间处于"听话者"而不是"对话者"的学习姿态，那么，这种改革是物性的、僵化的、工具性的，是"头痛医头脚痛医脚"式的，它远离了灵动的时代文化和多元文化，远离了基于儿童天性的自由交往和自主创新。

近二十年来，基础教育课程改革经历了从"双基"目标到"三维目标"再到"核心素养"的转换，当前，"学科核心素养"也被积极地落实于课堂教学之中。基础教育课程改革正经历着从"制度课程"到"文本课程"再到"实践课程"的改革进路，这无疑令人惊喜。"甘瓜苦蒂，天下物无全美。"惊喜之余，我们还要看到：改革与问题相伴相生。而正视问题、透析问题，并在此基础上审慎地提出建设性解决方案或建议是促进课改向前发展的重要动力。

拙著基于课程改革的国际化与本土化、理想与现实之间的张力，尝试从教育学一隅来管窥我国新一轮基础教育课程改革的现状及问题，进而阐释我国基础教育课程改革从"课程"走向"课堂"的原理、条件及行动机制，以期与教育中人分享思想、共勉互进。本书附件中还增加了几篇有关基础教育课程改革的文章，它们已经被刊用过，有的做了些许修改，涉及课程与教学改革基本理论、基础教育课程改革价值取向、课堂教学模式变革、学科教学设计等方面。这些成果是我对本课题的持续思考，同样也是近些年来我们投身于基础教育教学实践和小学老师们共同进行教研的思想结晶，它们见证了教师们的成长，也带给孩子们以满眼的憧憬。

从"课程"到"课堂"的课程改革转向不仅是一种理念和理性的呼唤，还可能引领教育领域乃至社会领域的宏大实践。它关联的是一个复杂的巨系统，包括观念系统、组织系统、决策系统、操作系统、支持系统，等等。这些系统的力量如此强大、如此不可控、如此难聚拢，以致我脑海中时常冒出"基础教育在危机中"的念想，但我始终告诫自己：坚定目标，坚持努力，坚信在各种合力下我国未来基础教育变革会越来越好！

我把这本书献给我的父亲和母亲以及其他家人们，特别献给两个儿子Shuker 和 Jason。

再次感谢恩师张传燧教授、师母肖菊蓉女士以及师兄弟姐妹们的关心和抬爱；还有很多要感谢的人，恕不一一提及，感激已在吾心。

湖南大学出版社领导及各位编辑对本书出版给予了很大帮助，感谢他们。

感谢书中提到或未曾提到却又被本书引用过的一切文献的作者们。

限于研究能力与研究条件，我对相关主题论述尚欠深入，不当之处还请读者多多批评指正。

张绍军

2021 年立秋日于梅溪湖壹号